Os antecedentes da tormenta
Origens da crise global

EDIÇÕES FACAMP

EDITORA
Liana Aureliano

EDITOR EXECUTIVO
Pedro Martins

CONSELHO EDITORIAL
Carlos Alonso Barbosa de Oliveira
Eduardo da Rocha Azevedo
Frederico Mazzucchelli
Fernando Novais
João Manuel Cardoso de Mello
Liana Aureliano
Luiz Gonzaga Belluzzo
Sônia Draibe

CAPA E PROJETO GRÁFICO
Moema Cavalcanti

EDITORAÇÃO ELETRÔNICA
Bárbara Fonseca da Rocha

REVISÃO
Frank Roy Cintra Ferreira

FUNDAÇÃO EDITORA DA UNESP

PRESIDENTE DO CONSELHO CURADOR
Herman Voorwald

DIRETOR-PRESIDENTE
José Castilho Marques Neto

EDITOR EXECUTIVO
Jézio Hernani Bomfim Gutierre

CONSELHO EDITORIAL ACADÊMICO
Antonio Celso Ferreira
Cláudio Antonio Rabello Coelho
José Roberto Ernandes
Luiz Gonzaga Marchezan
Maria do Rosário Longo Mortatti
Maria Encarnação Beltrão Sposito
Mario Fernando Bolognesi
Paulo César Corrêa Borges
Roberto André Kraenkel
Sérgio Vicente Motta

EDITORES ASSISTENTES
Anderson Nobara
Arlete Zebber
Christiane Gradvohl Colas

Luiz Gonzaga Belluzzo

Os antecedentes da tormenta
Origens da crise global

1ª edição
Campinas, 2009

Edições Facamp
Direitos de publicação reservados à:
Promoção do Ensino de Qualidade S/A.
Estrada Municipal UNICAMP-Telebras, km 1, s/n. 13083-970 – Campinas
Caixa Postal 6016
Tel.: (19) 3754-8500 – Fax (19) 3287- 0094
www.facamp.com.br

© 2009 Editora UNESP
Praça da Sé, 108
01001-900 – São Paulo – SP
Tel.: (0xx11) 3242-7171
Fax: (0xx11) 3242-7172
www.editoraunesp.com.br
feu@editora.unesp.br

CIP-Brasil. Catalogação na fonte
Sindicato Nacional dos Editores de Livros, RJ

B388a Belluzo, Luiz Gonzaga de Mello, 1942-
     Os antecedentes da tormenta: origens da crise global/Luiz Gonzaga Belluzo.
  - 1.ed. – São Paulo: Editora UNESP; Campinas, SP: FACAMP, 2009.
     312 p.

     ISBN 978-85-7139-961-7 UNESP
     ISBN 978-85-62819-03-2 FACAMP

     1. Capitalismo. 2. Crise econômica. I. Título.

09-4323   CDD: 330.122
                                                                CDU: 330.142.1

Reservados todos os direitos. Nenhuma parte desta obra poderá ser reproduzida por fotocópia, microfilme, processo fotomecânico ou eletrônico sem permissão expressa da editora.

2009

Editora afiliada:

Asociación de Editoriales Universitarias de América Latina y el Caribe

Associação Brasileira de Editoras Universitárias

Para Luisa e Carlos Henrique

SUMÁRIO

Apresentação 11
Introdução 13

PRIMEIRA PARTE
REFLEXÕES EM TEORIA E HISTÓRIA

CAPÍTULO 1
CAPITAL FINANCEIRO E EMPRESA MULTINACIONAL 37
    O surgimento do capital financeiro 37
    A grande empresa americana e o processo de internacionalização
    recente 43
    O circuito do capital financeiro contemporâneo 45

CAPÍTULO 2
O DECLÍNIO DE BRETTON WOODS E A EMERGÊNCIA
DOS "MERCADOS GLOBALIZADOS" 49

CAPÍTULO 3
O DINHEIRO E AS TRANSFIGURAÇÕES DA RIQUEZA 61
    Introdução 61
    Dinheiro, crédito e bancos na economia monetária da produção 63
    Regimes monetários internacionais, finança e morfologia dos ciclos 70
    Finança de mercado e instabilidade financeira 81
    Inconclusões definitivas 88

CAPÍTULO 4
FIM DE SÉCULO 97
    Introdução 97

Crise e reestruturação capitalista nos anos 30 99
A agonia do consenso keynesiano e a política da globalização 102
A força do dólar e a globalização financeira 103
Uma nova ordem capitalista? 105

CAPÍTULO 5
NOTAS SOBRE A CRISE DA ÁSIA 111
Institucionalistas e liberais 112
A formação do bloco asiático 116
Abertura financeira e inflação de ativos 120
Salvando os mercados 124
A crise e seu desenvolvimento 126
Deflação de preços *versus* inflação de ativos 129

CAPÍTULO 6
"FINANCEIRIZAÇÃO" DA RIQUEZA, INFLAÇÃO DE ATIVOS
E DECISÕES DE GASTO EM ECONOMIAS ABERTAS 131
Introdução 131
Ciclo de valorização de ativos e decisões de gasto
numa economia aberta 133
Formas de reversão do ciclo 135
Ciclo de preço dos ativos, dilemas de política econômica
e desajustes globais 139

CAPÍTULO 7
FINANÇA GLOBAL E CICLOS DE EXPANSÃO 145
A controvérsia sobre o capital financeiro 145
O padrão-ouro clássico e a finança global no século XIX 146
Policentrismo financeiro e colapso do padrão-ouro 150
Padrão dólar e "repressão" financeira 153
O poder do dólar e a financeirização da riqueza 160
Dólar: recuperação da hegemonia ou concentração dos riscos? 168

CAPÍTULO 8
A MUNDIALIZAÇÃO DO CAPITAL E A EXPANSÃO DO PODER AMERICANO 173
Formação e expansão do sistema capitalista 173
Emergência do poder americano na Ordem Liberal Burguesa 176
A passagem da hegemonia inglesa para a hegemonia americana 179
As guerras mundiais e o poder americano 182
Da construção política à crise da hegemonia americana 187
Mundialização financeira e mutação na riqueza capitalista 190
A reafirmação do poder americano 194
Conclusões 198

CAPÍTULO 9
O REGIME DO CAPITAL E O DESENVOLVIMENTO CAPITALISTA 203

A dinâmica do capital	204
A concorrência sem limites	206
A vingança do mercado	207
A nova divisão internacional do trabalho	209

CAPÍTULO 10
AS TRANSFORMAÇÕES DA ECONOMIA CAPITALISTA NO PÓS-GUERRA
E A ORIGEM DOS DESEQUILÍBRIOS GLOBAIS 213
    A nova divisão internacional do trabalho e as contradições
    da hegemonia americana 220
    Mercados da riqueza, acumulação financeira e bolhas de ativos 229
    Conclusão 233

CAPÍTULO 11
MARX, KEYNES E A FINANÇA CAPITALISTA 237
    Marx: crédito, acumulação e capital fictício 237
    Keynes e a instabilidade da finança no capitalismo 244

SEGUNDA PARTE

CAPÍTULO 12
ENTREVISTA AO JORNALISTA CARLOS DRUMMOND 253

CAPÍTULO 13
EXPECTATIVAS IRRACIONAIS 271
    Episódios críticos 275
    Finanças comandadas pelo mercado 277

CAPÍTULO 14
OS ANTECEDENTES DA TORMENTA 281
    O modelo pós-Segunda Guerra 282
    Fim de um modelo 285
    Os EUA no centro da crise 288

CAPÍTULO 15
O PROBLEMA ESTÁ AQUI 291

CAPÍTULO 16
A GÊNESE DAS CRISES 295

CAPÍTULO 17
ERA UMA VEZ NO OESTE: O NEOLIBERALISMO E A CAPTURA DO ESTADO 301

Bibliografia 305

APRESENTAÇÃO

O presente volume reúne textos do professor Luiz Gonzaga Belluzzo elaborados, com apenas uma exceção, entre 1995 e 2009. O foco destas contribuições é a análise das principais características e transformações do capitalismo em âmbito mundial, culminando com a discussão das origens e possíveis desdobramentos da atual crise.

O livro foi estruturado em duas partes: na primeira, são apresentados ensaios de natureza acadêmica, enquanto na segunda — que inclui instigante entrevista com o autor — foram selecionados artigos recentes elaborados para a imprensa, no calor dos acontecimentos críticos que abalaram a economia mundial.

Os ensaios são basicamente reproduzidos em sua versão original, sem quaisquer alterações significativas. Foram incluídas apenas algumas datas para esclarecimento ao leitor e feitas as necessárias remissões em passagens comuns nos textos.

A responsabilidade pela seleção, organização e revisão dos textos é do professor Frederico Mazzucchelli.

INTRODUÇÃO

Em sua obra *Civilização material e capitalismo*, o historiador Fernand Braudel afirma que "é na cúspide da sociedade que o capitalismo afirma a sua força e revela a sua natureza". É na altura dos Bardi, dos Jacques Coer, dos Fugger, dos John Law e dos Necker que devemos fazer as perguntas, que temos a chance de descobrir o capitalismo (cf. Belluzzo, 1997).

Braudel não está falando do mercado, do jogo das trocas que, desde a Antiguidade, se insinua nos interstícios da vida social. Ele está se referindo ao capitalismo, ou seja, à ordem econômica em que o dinheiro não é apenas um intermediário nas transações, mas a forma geral da riqueza e o objetivo final da concorrência entre os produtores. O capitalismo supõe o mercado, mas o mercado apenas anuncia a possibilidade do capitalismo, que só se efetiva quando a produção se organiza sob forma adequada ao propósito do ganho monetário — e não só para a troca eventual de mercadorias, destinada simplesmente a diversificar o consumo dos produtores independentes. A produção organizada diretamente para a troca, isto é, o intercâmbio generalizado de mercadorias só pode existir sob o capitalismo. A sociabilidade dos produtores privados que produzem diretamente para a troca começa a ser definida a partir da numeração das mercadorias — inclusive dos proprietários da força de trabalho — por uma medida comum de valor. Em segunda etapa, os indivíduos "separados" devem se submeter ao teste do reconhecimento social da "declaração" de valor de seu produto mediante o veredicto anônimo do mercado. Isto é, a mercadoria particular deve se transfigurar realmente em sua forma geral, o dinheiro. Se, no "salto mortal" para o dinheiro, a mercadoria sucumbe, o produtor também soçobra. O dinheiro é, portanto, fundamento das relações entre os produtores independentes e, por outro lado, o único critério quantitativo admissível para a avaliação do enriquecimento privado.

A natureza mercantil e capitalista das relações sociais impõe o dinheiro como elemento constitutivo da reprodução da vida material e do metabolismo econômico. A economia de mercado, ou seja, o intercâmbio generalizado de não pode ser concebida logicamente em seu desenvolvimento sem a presença de uma forma geral do valor e da riqueza reconhecida socialmente, capaz de exprimir e realizar o valor das mercadorias "profanas" e das formas particulares de riqueza.

O aprofundamento e a difusão das relações de troca, provocados pelo processo histórico de constituição e consolidação da economia mercantil-capitalista, estimularam e foram estimulados pelo crescente (e cada vez mais intenso) processo de divisão do trabalho, de especialização das atividades e de ganhos de produtividade, que não seriam possíveis numa economia de intercâmbio de mercadorias por mercadorias.

Economias de escambo, nas quais os agentes trocam diretamente entre si os bens que produzem, não podem se transformar em sociedades inteiramente estruturadas pelas trocas. A troca pura, sem intermediação de moeda, é limitada pela necessidade da coincidência de desejos, ou seja, não basta o interesse de um dos agentes pelo bem alheio; é necessário que o outro agente também deseje um bem, passível de troca, na posse do primeiro.

Essa limitação é superada somente através da existência de uma unidade de medida comum e de aceitação geral. Esse elemento dispensa a necessidade da coincidência de desejos, permitindo a dissociação das trocas em duas operações: a *venda* e a *compra* de mercadorias.

Assim, nas economias de mercado, em que a produção é *diretamente* para a troca e, portanto, há generalização das relações salariais, a função primordial da moeda é de medida de valor que se realiza na prática mercantil sob a forma de unidade de conta. É desta função primordial que decorrem as demais (meio de troca, meio de pagamento e reserva de valor).

A função de meio de troca está diretamente associada à unidade de conta. Essas duas funções executam de forma reiterada os ritos do reconhecimento social que acompanham o processo de socialização dos indivíduos privados, livres e separados: primeiramente, denominar cada mercadoria particular no *dinheiro ideal*, declarar sua pretensão de se transformar em dinheiro real; depois, submeter-se à aceitação dessa declaração pelo tribunal do mercado, mediante sua transformação efetiva na forma geral do valor.

Ao longo dos séculos, a sociedade mercantil realizou a escolha de uma mercadoria particular cuja função era exprimir o *preço* das demais, encarnando, portanto, em sua materialidade a forma geral do valor, aceita universalmente como unidade de medida, meio de troca e meio de pagamento. O dinheiro exprime o valor das diferentes mercadorias e forja, ademais, um padrão convencional de mensuração de seus valores monetários (preços) que podem, assim, ser aferidos e comparados. O desenvolvimento material da economia em que a produção é diretamente para a troca torna inescapável o *batismo* monetário das mercadorias particulares. Estas não podem sair das mãos dos possuidores sob a forma natural para enfrentar a aventura do mercado.

A moeda, como forma geral do valor, como mercadoria universal, adquire autonomia em relação ao movimento das mercadorias particulares. A numeração das mercadorias na unidade de conta permite a dissociação da troca em duas operações distintas, a venda e a compra. Isso enseja aos protagonistas do processo de intercâmbio generalizado a possibilidade de receber moeda em troca de determinada mercadoria ou serviço, sem precisar gastá-la imediatamente na aquisição de outra mercadoria particular. O avanço das relações mercantis suscita, assim, a possibilidade de interrupção do processo de circulação de mercadorias: vender sem comprar, ou seja, a busca da acumulação de riqueza sob a forma líquida. Por outro lado, o inevitável batismo monetário das mercadorias engendra o desenvolvimento de operações de compra sem venda. Aí, o dinheiro exerce a função de meio de pagamento, fundamento lógico e histórico do crédito, cujo desenvolvimento ao longo dos três últimos séculos acelerou a acumulação de capital e o progresso tecnológico.

A função reserva de valor corresponde à busca de certeza nas decisões intertemporais que acompanham a preservação e a acumulação da riqueza, inexoravelmente avaliada sob forma monetária e abstrata. Outros bens ou ativos também podem desempenhar a função de reserva de valor, desde que não se deteriorem muito rapidamente. Contudo, a transformação de outros bens ou ativos particulares em poder de compra geral envolve custo e tempo (sua venda pode levar meses, e as condições de *liquidez* do mercado podem impor a venda com perda de capital). É nesse sentido que a moeda é o ativo de maior liquidez da economia.

A partir da Revolução Comercial e do Renascimento, a coexistência entre a vigorosa universalização mercantil e o processo de formação dos Estados nacionais suscitou a criação de duas esferas monetárias: enquanto o ouro e a prata eram moedas-mercadorias de valor variável, mas aptas a denominar contratos e liquidar obrigações no comércio a longa distância, o poder de cunhagem dos príncipes *fixava* o valor da *moeda imaginária* no âmbito do comércio local ou nacional. A concomitância entre a expansão do mercado mundial e a formação dos Estados nacionais acentuou as contradições entre o poder político do Príncipe — o exercício da soberania monetária em seu território — e as exigências mercantis e capitalistas de uma ordem monetária global. Entre os séculos XV e XIX, o embate prático e ideológico — desde os mercantilistas até os fundadores da moderna economia política — travou-se em torno do conflito entre a universalização da moeda a partir de seu caráter mercantil-capitalista e as limitações impostas pelo exercício da soberania.

No final do século XIX, o avanço e a metástase da Revolução Industrial para os Estados Unidos e para a Europa continental foram acompanhados pela constituição de um sistema financeiro global sob a hegemonia da libra. Essas transformações da economia mercantil-capitalista "resolveram" provisoriamente — no imaginário social e na prática dos negócios — a "contradição" a favor da concepção mercantil e metálica da moeda, com a adoção do padrão-ouro.

A ampliação do espaço das trocas, a mercantilização geral, impôs o predomínio absoluto dos critérios de mensuração da riqueza sob a forma abstrata. Como se disse, esse movimento se desenvolve nas práticas da vida material e no imaginário social dos protagonistas do processo econômico. Mas a afirmação da moeda universal promove a crescente abstração de suas determinações materiais e passa a subordinar sua determinação material às determinações funcionais: as moedas eram socialmente aceitas pelo valor que *diziam* portar, a quantidade de ouro que de fato carregavam foi se tornando indiferente, produzindo a dissociação de seu valor do conteúdo material que a constitui.

Ao longo do processo de consolidação da economia monetária, os proprietários de riqueza passaram a depositar as moedas sob a guarda de frações do estrato mercantil, em geral grandes comerciantes, que administravam formas embrionárias dos bancos modernos. Esses depósitos, motivados por questões como segurança, eram certificados por papéis, que atestavam a quantia depositada e o depositário com o qual a moeda metálica se encontrava. À medida que esses papéis foram convencionalmente aceitos, passaram a circular com maior intensidade e a substituir o uso da moeda metálica. Os metais passaram então a desempenhar a função de lastro, garantindo, mediante uma regra de conversibilidade, a natureza monetária dos bilhetes emitidos pelos depositários do metal.

Nos complexos sistemas monetários engendrados por esse processo, instituições financeiras privadas são capazes de criar meios de pagamento. Os bancos comerciais recebem depósitos à vista do publico. Sabedores da reduzida probabilidade de que todos venham reclamar seus depósitos ao mesmo tempo, esses bancos emprestam o dinheiro a outros agentes mediante pagamento de juros. Cada depósito feito gera para a economia um valor adicional, na ordem da porcentagem que os bancos comerciais podem emprestar.

Cabe ainda chamar atenção para a existência de ativos financeiros que têm um grau de liquidez relativamente elevado e, por esta razão, são entendidos como *quase-moedas*, compondo outros agregados monetários, mais amplos e menos líquidos.

Nas economias contemporâneas, a moeda está fundada na confiança. A confiança é fenômeno coletivo, social. Tenho confiança na moeda, porque sei que o outro está disposto a aceitá-la como forma geral de existência do valor das mercadorias particulares, dos contratos e da riqueza. O metabolismo da troca, da produção, dos pagamentos depende do grau de certeza na preservação da forma geral do valor, que deve comandar cada ato particular e contingente.

Em *La Monnaie souveraine* (1998), os economistas Michel Aglietta e André Orléan definem a existência de três lógicas articuladas que sustentam a reprodução da ordem monetária como dimensão da ordem social: a confiança hierárquica, a confiança metódica e a confiança ética.

> *A confiança hierárquica exprime-se sob a forma de uma instituição que anuncia as normas de utilização da moeda e que é responsável pela emissão do meio de pagamento final (...) A confiança metódica opera no âmbito da segurança das relações interindividuais, garante a reprodução quotidiana e rotineira dos atos que constituem a ordem monetária, sobretudo os pagamentos das dívidas nascidas do seu funcionamento (...) A confiança ética diz respeito ao caráter universal dos direitos da pessoa humana.*

Em última instância, a reprodução da sociedade fundada no enriquecimento privado depende da capacidade do Estado de manter a integridade da convenção social que serve de norma aos atos dos produtores independentes. A ordem monetária é indissociável da soberania do Estado, e sua sobrevivência supõe que os proprietários privados acatem a moeda como convenção necessária para a reiteração do processo de circulação das mercadorias, de liquidação das dívidas e avaliação da riqueza.

Keynes, seguramente o economista do último século que melhor compreendeu em todas as suas consequências o fenômeno monetário no capitalismo, trata de sublinhar as relações umbilicais entre a moeda e a soberania do Estado:

> *A era do dinheiro sucedeu à era da troca direta logo que os homens adotaram a moeda de conta. E a idade do dinheiro — papel ou dinheiro estatal — surgiu quando o Estado postulou o direito de declarar o que deveria funcionar como moeda de conta, quando se dispôs não apenas a impor o uso do dicionário, mas também a escrevê-lo* (cf. Keynes, 1988).

É a partir deste ato de sobcrania que se tornam possíveis a denominação de contratos e a circulação dos documentos de reconhecimento de dívida, com as letras de câmbio. São esses reconhecimentos de dívida que, em sua evolução, passam a funcionar como dinheiro bancário. No primeiro momento, os passivos privados emitidos ou reconhecidos pelos banqueiros começam a circular como dinheiro, mas, quando chega a hora do vencimento, devem ser liquidados pela presença de dinheiro estatal. Na etapa seguinte, o Estado chancela a equiparação dos passivos bancários ao dinheiro que o próprio Estado emitiu e se limita a regular a circulação da dívida bancária em suas funções monetárias, estabelecendo as regras de validação e controle do dinheiro emitido privadamente pelos bancos.

Keynes conferia tamanha importância ao dinheiro na economia capitalista, que entendia a esta como *economia monetária da produção*. Usava esse conceito para designar um sistema social de produção em que o objetivo dos produtores é a acumulação de riqueza sob a forma monetária e não a maximização do produto material mediante a utilização de recursos escassos.

Na economia monetária da produção, imperam a divisão do trabalho, a propriedade privada das empresas, o pagamento de salários monetários aos trabalhadores e a moeda de crédito administrada pelos bancos. Sem a criação de meios de pagamento e o provimento de liquidez pelo sistema bancário, os empresários não podem comprar os meios de produção e pagar os salários aos trabalhadores. Nessa economia, as expectativas dos empresários a respeito dos lucros futuros (ou seja, da captura dos ganhos proporcionados pelo aumento da produtividade social do trabalho) só são viabilizadas mediante o adiantamento de capital monetário.

Os empresários, em conjunto, podem gastar acima de suas receitas correntes por conta da existência do sistema de crédito, que inclui os bancos e os demais intermediários financeiros. Operando em regime de reservas fracionárias e, sobretudo, sob a proteção de uma instituição central provedora de liquidez e redutora de riscos, os bancos de depósito desfrutam de uma condição peculiar em relação ao demais intermediários financeiros: a prerrogativa de multiplicar passivos bancários que são aceitos como meios de pagamento. Estes depósitos podem ser movimentados por seus titulares, com o propósito de adquirir bens e serviços ou de liquidar contratos.

Os capitalistas gastam na expectativa de capturar lucros, enquanto geram — ao pagar os "fatores de produção" — a renda da comunidade. No processo de "fechamento" do circuito gasto-utilização da renda, os lucros capturados pelas empresas e a fração da renda não gasta, apropriada pelas famílias, definem o montante da *poupança agregada*, ou seja, o *funding adicional* necessário para o pagamento do serviço das dívidas e a acumulação de riqueza. A poupança monetária tem dupla natureza: como abstenção do consumo, é um ato negativo, ao mesmo tempo em que se apresenta como reivindicação positiva à posse da riqueza abstrata. Mas a decisão individual quanto a sua utilização tem consequências importantes: a aquisição de ativos novos ou existentes, reais ou financeiros, vai reconfigurar a situação patrimonial de empresas e famílias. Numa hipotética economia fechada e sem governo, quanto maior a propensão das famílias a poupar, menor será a receita das empresas e maior seu endividamento. Intermediado pelos bancos ou outras instituições financeiras, o fluxo de poupança vai se encarnar nos depósitos à vista ou a prazo, nos títulos de dívida ou em ações. A forma de utilização da poupança vai redefinir, a cada momento, a posição de cada um na propriedade dos direitos sobre a renda e sobre o patrimônio.

As relações de crédito e débito e as ações que representam os direitos de propriedade geram um estoque de reivindicações à apropriação da riqueza e da renda da sociedade. As avaliações desse estoque de direitos nos mercados especializados passam a comandar as condições em que o fluxo de crédito é oferecido pelos bancos e demandado pelas empresas. Em última instância, os mercados de títulos que representam a riqueza já produzida determinam o estado de expectativas que permite o financiamento dos gastos em investimento e em consumo, isto é, a nova "criação" de valor que determina a renda e o emprego na "economia real".

O desejo de investir, de criar riqueza nova não é um desejo abstrato de "possuir mais riqueza", como no ato de poupar. A avaliação empresarial para decidir o investimento começa por tomar em conta os rendimentos esperados da operação dos novos bens de capital especializados. Isso supõe 1) a avaliação da capacidade de o investimento disputar o mercado com os concorrentes, 2) o cálculo da demanda esperada pelo bem que o investimento vai produzir e 3) a projeção dos custos de produção envolvidos na nova operação. Finalmente, a inclinação a investir depende da taxa de juro, ou seja, da taxa que converte o fluxo de rendimentos prováveis dessas formas particulares e especializadas de riqueza em seu valor presente, calculado em termos monetários.

A Revolução Industrial forjou as condições para o desenvolvimento desimpedido da acumulação capitalista, ao promover a diferenciação técnica e econômica do produto material entre os setores que produzem bens de consumo e os que geram os meios de produção. Os bens de produção — destinados diretamente para a acumulação produtiva — são os elementos materiais adequados para o movimento incessante da acumulação e para a reprodução das relações sociais capitalistas. A partir da diferenciação do produto, o progresso técnico torna-se inerente ao desenvolvimento das forças produtivas e desembaraça o movimento de acumulação produtiva dos limites externos e "naturais" a sua expansão. O sistema de maquinaria subordina de forma *real* a força de trabalho ao capital e passa a regular as condições de reprodução ampliada da economia capitalista.

Não por acaso, a Primeira Revolução Industrial floresceu no solo fértil da superioridade mercantil e manufatureira da Inglaterra. Mas a ruptura dos métodos de produção, ou seja, a emergência das transformações produtivas do século XVIII só fez acentuar a natureza internacionalista e "exportadora" da economia inglesa. Entre o final do século XVIII e o crepúsculo do século XIX, o capitalismo transfigurou-se como modo de produção de riqueza e sistema de relações internacionais. Por volta de 1870, a consolidação de um padrão monetário universal impulsionou a generalização das práticas de financiamento e de pagamentos internacionais, sob a égide da libra-ouro. Simultaneamente, os bancos de depósito ajustaram suas funções e formas de operação à nova economia industrial em que impera nova divisão técnica e social do trabalho, consubstanciada na crescente diferenciação entre o departamento de meios de consumo e o departamento de meios de produção.

A internacionalização capitalista, sob hegemonia inglesa, produz a industrialização dos EUA e da Europa e, ao mesmo tempo, a periferia produtora de matérias-primas e alimentos. Não por acaso, os bancos ingleses mantiveram como função primordial o provimento de crédito internacional, sustentando o crescimento do comércio e ensejando as condições para a industrialização retardatária, sobretudo nos Estados Unidos e na Alemanha. Nestes países, o sistema de crédito assumiu a função de antecipar capital monetário para a indústria nascente e de promover a fusão entre o capital industrial e a alta finança. Durante a Segunda Revolução Industrial, quase todos os setores da economia foram dominados por grandes empresas, sob o comando do capital financeiro. O processo de reprodução e acumulação capitalista — em suas indissociáveis dimensões material, financeira e monetária — impôs a dominância do sistema de crédito, inclusive o Banco Central, na hierarquia dos poderes comandantes das decisões de investimento, poupança e consumo. Nessa economia com grande concentração de capital fixo, a dinâmica de longo prazo depende da faculdade concedida aos bancos e demais instituições financeiras de adiantar liquidez e impulsionar a competição pela inovação tecnológica incorporada nas novas gerações de insumos e equipamentos.

O desenvolvimento da economia monetária da produção suscitou a subordinação do sistema de crédito à lógica da acumulação produtiva e, ao mesmo tempo, ensejou, como veremos, a possibilidade de episódios especulativos que antecedem as crises de crédito e seu rastro de destruição de valores. A história do capitalismo pode ser contada como a alternância entre fases de otimismo e prosperidade, seguidas de desalento e declínio do ritmo de atividade. Esta alternância não raro se apresenta sob a forma exacerbada: períodos de euforia especulativa sucedidos por crises financeiras. Este comportamento cíclico tem assumido, no entanto, diversas configurações e diferentes graus de severidade, de acordo com as regras e instituições que presidem cada uma das etapas da economia capitalista.

O economista americano Hyman Minsky analisou com propriedade o papel da formação de preços de ativos nas economias monetárias em que a liquidez pode, a qualquer momento, se tornar restrita. Descreveu com propriedade a alternância de euforia e desilusão — inerente às economias capitalistas — gerada por fortes interações subjetivas entre os participantes do mercado, capazes de provocar comportamentos coletivos como o contágio e o pânico.

> *As decisões financeiras são tomadas em torno de um futuro imaginado por credores e devedores como resultado de negociações em que são trocadas informações e desinformações. O resultado reflete opiniões sobre um projeto particular, à luz dos sucessos e fracassos da economia no passado recente e no mais distante. A incerteza em relação ao modelo adequado para formar as expectativas pode ser maior se muitos anos se passaram desde a última crise financeira (...) Essa incerteza fundamental significa que as margens de segurança calculadas pelos agentes devem variar.*

Depois da Grande Depressão dos anos 30 do século passado, as políticas monetárias e fiscais anticíclicas inspiradas no keynesianismo cumpriram o que prometiam: bloquearam a recorrência de crises de deflação de ativos e de "desvalorização do capital". A reiteração de intervenções de última instância dos Bancos Centrais e a geração de déficits fiscais, ao aumentar a dívida pública de "boa qualidade", impediram a desvalorização da riqueza já existente e ampliaram o peso dos ativos financeiros na riqueza total. Ironicamente, as ações de estabilização do Estado Keynesiano não só decretaram a obsolescência da "repressão financeira", como, ademais, favoreceram o avanço do processo de "securitização" e de desregulamentação dos mercados. Ao prometer a salvação sem castigo a inocentes e pecadores, os governos intrometidos fortaleceram a fé na eficiência dos mercados e, muito melhor, promoveram o ganho sem risco.

Ao longo dos últimos 30 anos, a complacência disseminou-se entre bancos, empresas e consumidores. Sob a liderança de Ronald Reagan e Margareth Thatcher, foi desaçaimada a ofensiva global (ideológica e política) contra as práticas do Estado regulador e os direitos criados pelo Estado do Bem-Estar. A "ideologia economicista" que viria conquistar os corações e as mentes estava comprometida com uma ideia fundamental: é preciso libertar as forças criativas da iniciativa privada e permitir a fluência mercantil, na medida do possível desimpedida das restrições impostas pela intervenção estatal.

Desde o final dos anos 70 do século passado, os ideólogos liberais proclamavam que "era preciso terminar com tudo aquilo". A palavra de ordem era desarticular os controles sociais e políticos criados para "administrar" o capitalismo após a Grande Depressão dos anos 30. A crise financeira atual exibe as dissonâncias do "grande desmonte", prelúdio à utopia dos mercados financeiros autorregulados, peça de ficção ensaiada pelos fanáticos do livre mercado. As recomendações para os mercados financeiros concentraram-se na desregulamentação e na eliminação das barreiras à entrada e à saída de capital-dinheiro nos países fracos ou fortes, de modo que a taxa de juros expresse, sem distorções, a oferta e a demanda de "poupança" nos espaços integrados da finança mundial; para os mercados de bens, submeter as empresas à concorrência global, eliminando os resquícios do protecionismo ou quaisquer políticas deliberadas de fomento; e para os mercados de trabalho, a flexibilização e a remoção de cláusulas sociais, ineficientes e danosas para os trabalhadores. Tais reformas deveriam ser levadas a cabo num ambiente macroeconômico em que a política fiscal estivesse encaminhada para uma situação de equilíbrio intertemporal sustentável e a política monetária fosse controlada por um Banco Central independente. Estas condições macroeconômicas significam que as duas dimensões públicas das economias de mercado — a moeda e as finanças do Estado — devem ser administradas de forma a não perturbar o funcionamento das forças que sempre reconduzem a economia privada ao equilíbrio de longo prazo.

A hipótese dos mercados "eficientes" surgiu na segunda metade do século XX, período em que as intervenções dos Bancos Centrais e dos Tesouros atenuaram a virulência das crises financeiras. Para juntar ambiguidade ao paradoxo, a certeza quanto à "eficiência" das intervenções de última instância, destinadas a limitar perdas, abriu caminho para a desregulamentação financeira e para as armadilhas da autorregulamentação. Essa teoria pretendia ensinar que todas as informações relevantes sobre os "fundamentais" da economia estão disponíveis em cada momento para todos os participantes dos mercados que avaliam os títulos de divida e os direitos de propriedade. A ação racional dos agentes, diante das informações existentes, seria capaz de orientar a melhor distribuição possível dos recursos entre os diferentes ativos. Essa teoria procurava afirmar que, em condições competitivas, não podem existir estratégias "ganhadoras" capazes de propiciar resultados acima da média. Estava criado o ambiente para a "exuberância irracional": alavancagem imprudente e afrouxamento dos critérios de avaliação do risco. A (des)repressão financeira promoveu a supremacia dos critérios de avaliação dos Mercados Secundários da Riqueza na formação das decisões de empresas, consumidores e governos.

O arranjo entre intervenção do Estado e desregulamentação dos mercados impulsionou uma onda de inovações, de expansão dos instrumentos de *hedge* e crescimento dos mercados de emissão e negociação direta de títulos de dívida. A finança "securitizada" ganhou maior peso na concessão do crédito para as empresas de melhor *rating*, enquanto os bancos comerciais perderam posição e caminharam para os devedores mais frágeis. Ao mesmo tempo, com o desenvolvimento dos mercados monetários e sua combinação entre liquidez e rendimento, os depósitos à vista tornaram-se pouco atraentes e perderam posição entre os ativos financeiros. Assim, massas de capital líquido das empresas e a poupança das famílias concentraram-se cada vez mais nas mãos dos grandes investidores institucionais e nos fundos de curto prazo destinados a adquirir os *commercial papers* emitidos pelas grandes empresas e pelas instituições financeiras não bancárias, os assim chamados "bancos-sombra". Essa mudança na composição do *funding* que lastreia as operações de crédito deu origem ao rápido crescimento da dívida intrafinanceira e, consequentemente, como se verá adiante, à ampliação do risco sistêmico.

A nova configuração institucional acirrou a concorrência entre bancos e demais instituições na atração da clientela e aprisionou as empresas nas estratégias financeiras de curto prazo. Os gestores de portfólios (bancos de investimento, fundos mútuos e fundos de pensão) trataram de atrair os investidores e vencer a corrida pelo melhor desempenho. Os administradores de empresas ditas produtivas abriram espaço para operações com derivativos lastreados em ativos de maior risco, passando a governar os balanços a partir de estratégias com dominância financeira.

A criatividade dos mercados concentrou-se nas tentativas de reduzir os riscos de mercado, isto é, de se proteger contra variações abruptas dos preços dos ativos e, portanto, minimizar as perdas de rendimento ou de capital. Os chamados derivativos são na verdade instrumentos de repartição de risco. Sua existência sob forma padronizada, em mercados específicos, amplia as possibilidades de proteção dos agentes. Mas, como é óbvio, esses instrumentos apenas repartem o risco, não o eliminam. Os instrumentos transacionados nos mercados de futuros ou de opções não podem neutralizar o chamado "risco sistêmico", sobretudo quando irrompe uma flutuação generalizada e não antecipada nos preços dos ativos subjacentes.

Os derivativos, de fato, acrescentaram instabilidade aos mercados financeiros. O economista Willem Buiter mostrou que os pagamentos, associados a um contrato de derivativo, decorrem das propriedades dos ativos financeiros subjacentes (preços, taxas de juro, probabilidade de *default*). Assim, nos momentos de *stress*, o contrato de derivativo rearranja a incerteza existente ou cria incerteza adicional ao juntar seus próprios riscos de inadimplência aos dos ativos subjacentes.

Os Bancos Centrais e demais autoridades reguladoras estão, portanto, diante da intensificação da concorrência nos mercados financeiros, promotora de rápida transformação das práticas de intermediação, dos métodos de avaliação de ativos e dos riscos associados, bem como de alteração da hierarquia e do papel das instituições. Essas transformações ampliaram muito a sensibilidade das decisões dos possuidores de riqueza diante das mudanças percebidas nas condições de liquidez nos mercados de ativos. A liquidez, diga-se, não é propriedade intrínseca de qualquer ativo em particular, mas é gerada pela dinâmica competitiva numa economia monetária, em que as decisões são tomadas em condições de incerteza. Trata-se de fenômeno sistêmico, resultado de um ambiente no qual os juízos estratégicos dos protagonistas são miméticos: estão precariamente apoiados em expectativas a respeito das expectativas alheias.

A desregulamentação, como foi dito, facilitou o envolvimento dos bancos no financiamento de posições nos mercados de capitais e em operações "fora do balanço" com derivativos. Essas relações entre bancos de depósito e instituições financeiras não bancárias (os "bancos-sombra") proporcionaram maior liquidez aos mercados securitizados e ensejaram elevado grau de "alavancagem" dos fundos e bancos de investimento. Os bancos universais passaram a "securitizar" recebíveis de todos os tipos, em especial os baseados em empréstimos hipotecários, dívidas de cartões de crédito, mensalidades escolares —, em suma, todo tipo de *cash flow* com alguma possibilidade de ser pago pelos devedores finais. Os bancos trataram de "empacotar" os créditos, os bons, os ruins, os péssimos, e remover a "mercadoria" dos balanços, mediante a criação de *Special Investment Vehicles* (SIVs).

Os SIVs, criaturas dos bancos, cumpriam a função de liberar capital próprio das instituições para a garantia de novos empréstimos e, assim, serviram para manter asseadas as carteiras "originárias". Tais artimanhas contornavam as regras da Basileia, que impõem requerimentos de capital próprio para a cobertura de riscos. A relação entre capital próprio e a carteira de ativos sofreu forte deterioração, em grande medida por conta da rápida expansão da dívida intrafinanceira. Os bancos-sombra emitiram *commercial papers* para financiar posições em ativos securitizados, os *Assets Backed Commercial Papers*. Instrumentos de curto prazo emitidos para "carregar" posições em papéis mais longos — como os *Collateral Mortgage Obligations* (CMO) ou *Collateral Debt Obligations* (CDO) —, os *commercial papers* são especialmente sensíveis às mudanças nas condições de liquidez dos mercados financeiros. Sendo assim, os bancos estavam obrigados, nas ocasiões de tensão, a prover liquidez para manter suas criaturas à tona.

Os bancos universais e de investimento americanos e seus parceiros (os *hedge funds* e as seguradoras de crédito) estavam empenhados em jogar entulho na cordilheira de lixo tóxico. A cadeia de montanhas de detritos financeiros foi construída mediante a multiplicação e a negociação de ativos lastreados em créditos hipotecários e a disseminação de derivativos que garantiriam os investidores contra o *default*, os indefectíveis *Credit Default Swaps* (CDS). Estimulados por comissões polpudas para suas instituições e incentivados pela expectativa de bônus estonteantes, os administradores da finança ajudaram a montar o cenário do desastre.

O colapso de preços dos imóveis afetou os preços dos ativos originados das operações de crédito hipotecário, detonou os mercados de *commercial papers* e levou às alturas os prêmios dos CDS. Os bancos-sombra viram sumir o *funding* para carregar os papéis e as seguradoras de crédito, como a AIG, tiveram de recorrer ao socorro do Tesouro e do Fed.

A perspectiva de transitar da iliquidez para a bancarrota obrigou os administradores das carteiras a fazer caixa, vender o que há de melhor e mais líquido no seu portfólio. Na ausência de socorro tempestivo do Banco Central — o "emprestador de última instância" —, a propagação do pânico poderia levar à ruptura do sistema de pagamentos e à corrida bancária.

Crédito, inflação de ativos e gasto capitalista

Os economistas Ben Bernanke e Mark Gertler reconheceram a importância da riqueza financeira e da situação patrimonial de empresas e famílias na concessão do crédito e, portanto, na determinação do gasto capitalista:

> No mundo em que vivemos, em oposição àquele vislumbrado pelos modelos neoclássicos, os mercados de crédito não estão a salvo de imperfeições; isto é, problemas de informação, incentivos e cumprimento de contratos estão em toda parte. Por causa disto, o crédito pode ser concedido mais livremente e a custos menores aos devedores que têm uma sólida posição financeira.

Os efeitos das variações de preços dos ativos na economia "são transmitidos através das mudanças no balanço das famílias, das empresas e dos intermediários financeiros". Os dois autores constroem um modelo de crescimento com expansão do crédito, ampliação do investimento e inflação de ativos em que há um "prêmio de financiamento externo". Este prêmio varia inversamente às condições financeiras do tomador, isto é, será declinante para os demandantes de empréstimos que possam oferecer melhores garantias colaterais.

À medida que os preços dos ativos aumentam rapidamente e "inflam" o patrimônio líquido das empresas e das famílias, torna-se irresistível a utilização do endividamento como forma de alavancar o consumo, o investimento produtivo ou posições que prometem expressivos ganhos de capital. Da mesma forma, os lucros projetados à base de avaliações otimistas sobre o futuro das empresas permitem que se admitam relações preço/lucro cada vez mais elevadas para as ações.

Robert Shiller mostrou que esta trajetória produziu a maior valorização das ações em todos os tempos nos Estados Unidos. A relação preço/lucro, em abril de 2000, era 30% mais elevada do que a apresentada em 1929. No período de 20 anos que antecedeu o colapso de 1929, os preços cresceram menos de 100% em termos reais, ainda que, nos últimos cinco anos, tenha sido formidável a aceleração — 241% entre 1924 e 1929. Já nos 20 anos anteriores a 2000, quando se registrou o pico do *bull market* do ciclo recente, os preços evoluíram 571%.

Há poucas dúvidas de que o "choque positivo" de demanda tenha sido deflagrado por avaliações exuberantes acerca dos resultados da economia. A rápida valorização conjunta dos ativos instrumentais (nova capacidade produtiva) e financeiros ganhou força própria, configurando o que Bernanke e Gertler chamam de "acelerador financeiro". A exacerbação das expectativas de valorização de ativos provoca, de fato, uma "explosão" de preços cuja continuidade é sustentada pela atração de recursos da circulação industrial para a circulação financeira. A confirmação dos ganhos de capital antecipados reforça a febre especulativa e estimula as famílias, as empresas, os bancos e demais intermediários com posições próprias a aumentar o seu grau de "alavancagem" nos mercados de ativos financeiros e imobiliários, favorecendo a progressão do surto "inflacionário".

Sob o comando da economia americana, os dois últimos ciclos de crescimento da economia global (1995-1999 e 2003-2007) foram impulsionados pelo efeito riqueza apoiado na expansão do crédito fácil e barato. No episódio dos anos 90, prevaleceu a exuberante capitalização das bolsas, particularmente da Nasdaq, em que eram negociadas as ações da nova tecnologia de informação. Isso estimulou a reconhecida capacidade de inovação da economia americana, que se materializou na rápida acumulação de capacidade produtiva nos setores de alta tecnologia. Ao mesmo tempo, o consumo das famílias disparava, a poupança pessoal batia sucessivos recordes negativos e o governo abiscoitava o superávit fiscal. A ciranda da felicidade entretecia os fatores de autopropulsão: com o dinheiro criado pelos bancos, as empresas "compravam de volta" as próprias ações e promoviam o festival de fusões e aquisições. Menos ações no mercado, dinheiro fácil, preços em alta. A "valorização" dos patrimônios facilitava o acesso ao crédito; os acionistas e os executivos remunerados com *stocks options* ganhavam os tubos. Ainda é cedo para esquecer as excêntricas antecipações que auguravam a marca de 35.000 pontos para o Dow Jones.

A reversão do ciclo apresentou-se na forma clássica, com a queda pronunciada dos gastos de investimento. Investimentos em queda, lucros idem. A Nasdaq despencou dos 5.000 pontos para menos de 2.000. A economia americana mergulhou na recessão. A ação do Fed foi rápida e eficaz. Bush cortou os impostos. Entre 2001 e 2003, as sucessivas reduções das taxas de juros seguraram o consumo, já requentado ao calor do mercado imobiliário. O superávit fiscal de 2% do PIB transfigurou-se num déficit de 3,5%. As benfeitorias do Dr. Greenspan e de Bush Filho impediram que o ajustamento nos preços das ações desatasse a deflação dos preços de bens e serviços.

Com o crédito barato e diante das perspectivas de inflar o patrimônio imobiliário para muito além do valor das dívidas contraídas, as famílias não trepidaram em "alavancar" ainda mais o gasto, fazendo o dispêndio privado correr à frente da renda corrente. Em 2007, esta diferença chegou a 4% do PIB. A queda dos juros e a reação do consumo escorada na "inflação" do mercado imobiliário facilitaram, em primeiro lugar, a sustentação dos lucros e a "desalavancagem" das empresas. Mais adiante, passaram a engordar o caixa das corporações, que logo voltaram ao endividamento para bancar o jogo das fusões e aquisições.

Os gastos de consumo das famílias ampliaram a participação na formação do dispêndio agregado e se tornaram o componente mais importante da taxa de crescimento das economias mais desenvolvidas, sobretudo nos Estados Unidos e na Inglaterra. Em contrapartida, o consumo deixou de ter o comportamento relativamente estável previsto pela função consumo keynesiana e passou a apresentar a instabilidade típica das decisões de investimento. Não se trata apenas de que uma fração do consumo deixa de ser proporcional à renda corrente, fenômeno que, aliás, se estabelece a partir da generalização do crédito ao consumidor. Significa, isto sim, que aumenta significativamente a possibilidade de "alavancagem" por parte dos consumidores. Esta alavancagem é fruto da percepção das famílias e de seus financiadores a respeito da valorização acelerada dos ativos financeiros e imobiliários que acumulam em seus portfólios. O efeito riqueza, diga-se, não se realiza mediante a venda dos ativos, com a conversão do resultado monetário em consumo, mas mediante a ampliação da demanda de crédito por parte dos consumidores "enriquecidos".

Confiantes numa trajetória ascendente de valorização da sua riqueza, os consumidores tendem a elevar imprudentemente a propensão a consumir sobre a renda corrente, apoiados no aumento do endividamento. A perspectiva de enriquecimento acelerado passa a comandar as decisões de gasto de consumo: o nível de endividamento não é mais calculado sobre a renda corrente, mas sobre a expectativa de crescimento do preços dos ativos que compõem o portfólio das famílias. Assim, é possível observar aumentos na relação dívida/renda corrente, embora a relação entre a dívida e o estoque de riqueza possa se manter estável ou mesmo declinar.

A captura de grupos expressivos da população pelo efeito riqueza engendra um ciclo de valorização de ativos com força para excitar a demanda muito além das expectativas normais dos empresários que produzem bens de consumo e bens de capital.

Consumo, efeito riqueza e desequilíbrios globais

O espaço econômico internacional, na posteridade da Segunda Guerra Mundial, foi construído a partir do projeto de integração entre as economias nacionais proposto pelo Estado americano e por sua economia. A hegemonia de Tio Sam foi exercida mediante a expansão da grande corporação americana e seus bancos. Depois da reconstrução econômica da Europa e da resposta competitiva da grande empresa europeia, a rivalidade entre os sistemas empresariais vai promover o investimento produtivo cruzado entre os Estados Unidos e a Europa e a primeira rodada de industrialização fordista na periferia.

A concorrência entre as empresas transnacionais da tríade desenvolvida (Estados Unidos, Japão e Eurolândia) determinou a reconfiguração da geoeconomia global. A transnacionalização da grande empresa, acompanhada da ampliação e da reorientação dos fluxos de comércio, promoveu o investimento "cruzado" nos mercados dos países industrializados e suscitou a redistribuição geográfica da produção manufatureira para a periferia. A "metástase" da grande empresa ganhou força na década de 90 e, desde então, concentrou o investimento industrial na China e na Ásia emergente. A inserção de novos atores não só expandiu o comércio mundial a taxas elevadas, como também transformou a sua natureza. Nas relações comerciais entre os países desenvolvidos, prevalecia o intercâmbio de produtos dos mesmos setores (por exemplo, intercâmbio de automóveis entre a Alemanha e a Itália). Com o ingresso dos "emergentes", cresceu mais rapidamente o comércio entre setores diferentes.

A China, no entanto, fez a diferença. Sua "competitividade" é crescente, tanto nos mercados menos qualificados, quanto, em ritmo acelerado, nos de tecnologia mais sofisticada. Torna-se grande receptor (incluída a intermediação das praças de Hong Kong e Cingapura) do investimento direto americano, europeu e japonês e, ao mesmo tempo, ganha participação crescente no mercado de bens finais, peças e componentes dos Estados Unidos e Europa. O *drive* exportador chinês vai deslocando a participação de seus parceiros asiáticos em terceiros mercados, ao mesmo tempo em que estimula as importações de peças e componentes dos países da região. A aceleração da taxa de investimento nos emergentes asiáticos levou à rápida acumulação de capacidade produtiva e à graduação tecnológica em quase todos os setores ligados ao comércio exterior. São óbvias as conexões entre o investimento estrangeiro na indústria manufatureira da China e a constituição de um modelo de *export-led growth*.

O bom desempenho das exportações e o investimento público em infra-estrutura promoveram o crescimento do emprego e da renda da famílias chinesas e a manutenção de alto nível de ocupação da capacidade produtiva. No embalo desse movimento, a demanda chinesa de matérias-primas e alimentos inverte a tendência secular das relações de troca no comércio internacional: os preços deixam de se mover a favor das manufaturas e contra os produtos primários.

A redistribuição espacial da indústria manufatureira ampliou os desequilíbrios nos balanços de pagamentos entre os EUA, a Ásia e a Europa, bem como favoreceu o avanço da chamada "globalização financeira". Os EUA foram capazes de atrair capitais para cobrir os déficits em conta-corrente: assim, mantiveram taxas de juros moderadas, dólar valorizado e importações baratas. Essa agradável articulação juros/câmbio propiciou a chamada

Grande Moderação. Nesse período de calmaria inflacionária e juros módicos, a ampliação dos déficits em conta-corrente dos EUA teve como contrapartida a rápida acumulação de reservas nos países emergentes, cuja utilização na compra de ativos americanos ensejou espantosa expansão do crédito, fomentou a inflação de ativos e estimulou o consumo das famílias.

Ademais, os Estados Unidos beneficiaram-se da valorização de sua moeda (depois de queda pronunciada em 1995) e puderam se dar ao luxo de sustentar uma política monetária expansionista, apesar da acelerada ampliação do déficit em conta-corrente. As sucessivas crises das moedas e dos mercados financeiros na periferia reforçaram o papel do dólar como moeda reserva, pois incitaram a demanda por títulos do governo norte-americano, a fuga para a qualidade.

Se o fluxo de capitais permitiu a manutenção das taxas de juros de longo prazo em níveis confortáveis, as importações da China e adjacências contribuíram de forma decisiva para manter a inflação americana sob controle. Nas conclusões de um cuidadoso trabalho econométrico, Claudio Borio, economista do Bank of International Settlements, diz que "nossas descobertas sugerem que [para controle da inflação] os fatores globais se tornaram mais importantes do que os fatores domésticos".

Borio refere-se às transformações nas condições da oferta na economia globalizada: 1) deslocamento da grande empresa manufatureira para regiões onde o custo unitário da mão de obra é sensivelmente mais baixo; 2) migração da mão de obra das regiões estagnadas da periferia para os Estados Unidos e a Europa, ou do campo para a cidade no interior da China; 3) taxas de investimento espantosamente elevadas nos emergentes asiáticos de maior dinamismo; 4) intensificação da concorrência entre os produtores nos mercados de bens manufaturados comercializáveis; e 5) acumulação de reservas e regimes cambiais destinados a manter a competitividade das exportações.

A moderação inflacionária contribuiu para a melhoria dos índices de confiança dos consumidores americanos e europeus. Esses índices elevaram-se de forma persistente, também devido à redução da taxa de desemprego e à continuada valorização de ativos. Como em todo ciclo expansivo, os preços de demanda dos ativos reais e dos ativos financeiros cresceram conjuntamente. Nos ciclos recentes, comandados pela inflação de ativos, o crescimento dos preços de mercado dos ativos foi muito mais rápido do que do fluxo de rendimentos. Uma das marcas registradas da capitalização das bolsas e da explosão dos ativos imobiliários foi a impressionante elevação das relações preço/lucro e preço/aluguel.

Epílogo

Os dois ciclos crescimento da economia americana — o da na segunda metade dos anos 90 e o mais recente — apresentaram etiologia semelhante. Nos dois momentos, as inovações no sistema de crédito sustentaram e foram realimentadas pelas conexões entre o crescimento dos gastos do setor privado, a valorização exacerbada de ativos e o generoso financiamento externo.

Os déficits do setor privado cavaram o rombo em conta-corrente do balanço de pagamentos. Os Bancos Centrais dos países superavitários, como se sabe, sustentaram o dólar e, assim, deram mais força à invasão de insumos e bens finais do resto do mundo, sobretudo da China. Esse arranjo virtuoso permitiu longa temporada de curva de juros "achatada" e de inflação baixa.

Os economistas divergem, como sempre, a respeito da profundidade e do alcance dos problemas criados nos mercados de hipotecas e seus derivativos. Os pessimistas já formam um contingente majoritário no mercado de opiniões. Uma conjugação de fatores adversos pode levar a uma recessão mais prolongada, devido aos "ajustamentos" viciosos entre desvalorização da riqueza e a tentativa das famílias de reduzir o endividamento — a busca impossível de aumentar a "poupança". Quando *todos* buscam cortar os gastos, é inevitável a queda na renda agregada e no emprego. O Federal Reserve e o Tesouro americano não têm outra saída senão elevar o gasto público e reanimar a qualquer custo a expansão do crédito.

A reforma da arquitetura financeira internacional, ou coisa assemelhada, não vai enfrentar as conturbações geradas pela "decadência americana". Vai, sim, acertar contas com os desafios engendrados pelo dinamismo da globalização impulsionada pela grande empresa e ancorada na generosidade da finança privada dos Estados Unidos. O processo de integração produtiva e financeira das últimas duas décadas deixou como legado o endividamento sem precedentes das famílias "consumistas" americanas, causa e efeito da migração da indústria manufatureira para a Ásia "produtivista" e da acumulação de mais de US$ 5 trilhões de reservas nos cofres dos emergentes.

Em 2006, o déficit em transações correntes dos Estados Unidos bateu na casa dos US$ 800 bilhões. Qualquer outro país com um "buraco" externo dessa magnitude teria sofrido um ataque contra sua moeda. Se não parece estar à vista uma derrocada do dólar, é imprudente sustentar que o regime dólar-iuane possa reproduzir suas virtualidades depois de sanada a fase aguda da crise global.

As divergências movem-se em torno das razões dos déficits e superávits crônicos: de um lado, os partidários dos desequilíbrios entre poupança e investimento; de outro, a turma dos preços relativos, isto é, os que acusam os parceiros superavitários de manipular a taxa de câmbio. Sem menosprezar a importância do regime de câmbio administrado dos fanáticos exportadores do Oriente, o primeiro grupo reparte a responsabilidade pelos desequilíbrios globais entre dois vícios: a prodigalidade dos americanos (poupam menos do que investem) e a sovinice dos superavitários (principalmente os asiáticos, não só a China, mas também o Japão e outros menos votados) empenhados em investir menos do que poupam, a despeito da elevadíssima taxa de investimento chinesa. O segundo grupo sublinha a importância das estratégias de crescimento dos superavitários impulsionadas pela expansão das exportações e ancoradas na manipulação do câmbio.

Há quem augure para os Estados Unidos de hoje um destino semelhante ao da Inglaterra no entreguerras. Analogias históricas são perigosas. Conservadores ilustrados, como Martin Feldstein, entendem que é necessário rediscutir o sistema monetário internacional. Propõem que a reforma contemple a redução do papel do dólar como moeda de reserva, sua substituição progressiva por um sistema plurimonetário. Recomendam, para tanto, ressuscitar a proposta europeia da chamada "conta de substituição". Discutida na reunião do FMI em 1979, foi rejeitada por Volker, que reafirmou o poder da moeda americana, ao impor ao mundo uma elevação sem precedentes da taxa de juro.

Diante das assimetrias estruturais da economia global, a almejada correção de desequilíbrios mediante o "realinhamento" entre as moedas é problemática. Tal correção passa necessariamente por uma "redistribuição" de déficits e superávits entre as regiões envolvidas. Isto exigiria não só forte reativação das fontes de crescimento domésticas na Europa e no Japão, como também moderação das estratégias mercantilistas nos emergentes asiáticos.

PRIMEIRA PARTE

REFLEXÕES EM TEORIA E HISTÓRIA

CAPÍTULO 1

CAPITAL FINANCEIRO E EMPRESA MULTINACIONAL[1]

O SURGIMENTO DO CAPITAL FINANCEIRO

Na seção V do terceiro volume de *O Capital*, é tratado o problema da *autonomização* do capital-dinheiro, sob a forma de capital a juros. Marx refere-se a esta forma de existência do capital (D-D') como "a mais absurda", aquela em que "a inversão e a materialização das relações de produção são elevadas à mais alta potência: a forma juros, a forma simples do capital, [é] anteposta a seu próprio processo de reprodução" (Marx, 1966, vol. III, p. 374).

O processo de reprodução do capital em seu conjunto, que supõe a subordinação real da força de trabalho e, portanto, a constituição de bases técnicas apropriadas para a extração continuada de mais-valia, é, ao mesmo tempo, um movimento de transfiguração dos capitais individuais em suas formas necessárias de capital-dinheiro, capital produtivo e capital-mercadorias. Trata-se, na verdade, de um movimento de eterno retorno "à forma simples" (de capital-dinheiro) que permite a concretização da razão interna do processo: o acrescentamento do valor-capital. No entanto, para lograr seu objetivo, o capital é obrigado a se submeter à dura peregrinação do circuito capital-dinheiro, capital produtivo e capital-mercadorias. Não só é obrigado a percorrer sucessivamente estas três etapas, como deve existir

---

[1]. Escrito em coautoria com Maria da Conceição Tavares. Publicado originalmente em: *Temas de Ciências Humanas*, São Paulo, Editora Ciências Humanas, n° 9, p. 113-124, 1980.

permanentemente sob cada uma destas formas.[2] A unidade destas três fases é a expressão mais geral e também a mais elementar do circuito capitalista. Mais geral, porque a unidade das três formas que integram o processo de circulação do capital explicita a natureza do modo de produção, no sentido de que acompanha a evolução do sistema capitalista *em qualquer de suas etapas*.[3] E mais elementar, porque tal unidade, apenas constitutiva do conceito de capital, é insuficiente para dar conta da estrutura anatômica do *sistema capitalista em sua evolução*.

Nesta perspectiva, Marx não paralisa sua investigação no momento em que termina a decomposição dos elementos que constituem o modo de produção capitalista, mas desdobra analiticamente as possibilidades de que estas formas tenham uma evolução histórica numa direção *determinada*. Assim, na lei geral da acumulação capitalista estão estruturalmente implícitas as necessidades de concentração e centralização dos capitais, principalmente através de ampliação e externalização crescentes do capital a juros, com o predomínio cada vez maior do sistema de crédito sobre as órbitas mercantil e produtiva. O capital a juros nasce, portanto, da necessidade de perpétua expansão e valorização do capital para além dos limites de seu processo mais geral e elementar de circulação e reprodução.

Para revolucionar periodicamente a base técnica, submeter massas crescentes de força de trabalho a seu domínio e criar novos mercados, o capital precisa existir permanentemente de forma "livre" e líquida e, ao mesmo tempo, crescentemente centralizada. Apenas desta maneira pode fluir sem obstáculos para colher novas oportunidades de lucro e, concomitantemente, reforçar o poder do capital industrial imobilizado nos circuitos prévios de acumulação. Daí as análises da concorrência, do crédito e, portanto, do processo de concentração e centralização do capital se constituírem na parte mais rica e substantiva da investigação marxista sobre a evolução do sistema capitalista e suas metamorfoses.

---

2. "Cada forma funcional, ainda que nela se expresse constantemente uma parte distinta do capital, percorre assim, simultaneamente com as outras, seu próprio ciclo. Uma parte do capital, que muda constantemente, que constantemente se reproduz, existe como capital-mercadorias que se converte em dinheiro; outra parte, como capital-dinheiro que se converte em capital produtivo; outra, como capital produtivo que se converte em capital-mercadorias. A existência constante de todas estas três formas se acha condicionada precisamente pelo ciclo do capital total, passando por estas três fases" (Marx, 1966, vol. II, p. 93).
3. "É a unidade dos três ciclos (...) que realiza a continuidade do processo total. O capital global da sociedade possui sempre esta continuidade, e seu processo representa sempre a unidade dos três ciclos" (Marx, 1966, vol. II, p. 94).

A autonomização do capital-dinheiro sob a forma de capital a juros e a correspondente expansão do sistema de crédito são os elementos que permitem entender a centralização do capital e a fusão de interesses entre os bancos e a indústria. A modalidade de organização capitalista que historicamente concretiza esta fusão de interesses é a sociedade anônima, cujo caráter "coletivista" se sobrepõe aos capitais dispersos e, ao mesmo tempo, reforça sua rivalidade. Representa, nas palavras de Marx, a "abolição da indústria privada capitalista dentro do próprio regime capitalista de produção" (Marx, 1966, vol III, p. 417).

Partindo desta análise de Marx, Hilferding constrói o conceito de capital financeiro, realizando um duplo movimento. De um lado, propõe uma formulação geral que se destina a caracterizar uma etapa mais avançada da concentração de capitais. Esta etapa é mais avançada porque o desenvolvimento da capacidade de mobilização dos capitais, através de novas formas de associação (cartéis e trustes), também se transforma em uma força de supressão das barreiras tecnológicas e de mercado que nascem do próprio processo de concentração — em particular daquelas barreiras que decorrem do aumento das escalas de produção com imobilização crescente de grandes massas de capital fixo.

Os grandes bancos que participam da constituição e da gestão do capital das grandes empresas estão interessados na supressão da concorrência entre estas e, portanto, em reforçar seu caráter monopolista. Mas, ao fazer isto, estimulam a busca de novos mercados, provocando um acirramento da rivalidade entre os blocos de capital e originando até internacionalização crescente da concorrência intercapitalista. Esta análise tem, evidentemente, caráter geral e não se prende apenas à descrição morfológica do capitalismo monopolista alemão. Não há dúvida de que outra parte de sua investigação diz respeito à forma específica de associação entre os bancos e as grandes empresas, que deu origem aos grandes cartéis alemães. É específica, sobretudo, diante do papel que os bancos alemães desempenharam como comandantes da maquinaria monopolista. A presença deste duplo movimento analítico na obra de Hilferding levou alguns autores (Sweezy entre eles) a confundir o caráter morfológico particular do cartel alemão, no que se refere à fusão de interesses entre o capital bancário e o capital industrial, sob a hegemonia do primeiro, com a questão mais geral e *central* do papel do capital financeiro no processo de monopolização.

O caso americano tem sido frequentemente invocado para desqualificar, quer a inexorabilidade histórica da etapa monopolista, quer o predomínio do capital financeiro como elemento ordenador da dinâmica do sistema. A esse respeito, é particularmente esclarecedora a análise de Hobson sobre o "caso americano", tomado como paradigma do que ele mesmo qualificou de *modern capitalism*. Em seu livro clássico, cuja primeira edição é do final do século passado, ele desenha os contornos teóricos do assim chamado "capitalismo trustificado". Esta forma "moderna" assumida pelo capitalismo foi desenvolvida a partir das modificações ocorridas na economia americana na virada do século. Os resultados das transformações observadas bem merecem a qualificação de "capitalismo moderno", sobretudo no sentido de que o surgimento e o desenvolvimento da grande corporação americana se constituem no embrião *nacional* do posterior desdobramento transacional do grande capital.

Não poucas vezes têm sido ressaltadas, para explicar o atual predomínio da economia americana, as vantagens tecnológicas de seu sistema manufatureiro *vis-à-vis* o complexo industrial europeu. Com o mesmo propósito, alguns autores apontam para a natureza continental do espaço econômico americano. Mais recentemente (ver *Strategy and Structure*, de Chandler e Hymer), a ênfase tem sido colocada na morfologia multidivisional da corporação norte-americana. No entanto, cremos que Hobson, da mesma maneira que Hilferding, acentuou corretamente o papel do capital financeiro para explicar o surgimento da grande empresa americana e o caráter de sua hegemonia futura.

No capítulo X ("The Financier") de sua obra, Hobson aponta magistralmente para os elementos básicos que, ainda hoje, podem ser considerados essenciais na estruturação econômica do grande capital monopolista.

As mudanças radicais operadas na organização industrial da grande empresa vão acompanhadas do aparecimento de uma "classe financeira", o que tende a concentrar nas mãos dos que operam a máquina monetária das sociedades industriais desenvolvidas, isto é, dos grandes bancos, um poder crescente no manejo estratégico das relações intersticiais (intersetoriais e internacionais) do sistema. Assim, diz Hobson (1965, p. 236-237),"a reforma da estrutura empresarial à base do capital cooperativo, mobilizado a partir de inúmeras fontes privadas e amalgamado em grandes massas, é utilizada em favor da indústria lucrativa por diretores competentes das grandes corporações". Como se vê, Hobson coloca o acento na "classe financeira" enquanto reitora estratégica da grande empresa, e não no fato de que estejam os bancos comprometidos com a gestão direta da empresa industrial. Em sua perspectiva, a solidariedade entre bancos e empresas se fazia simplesmente através da "comunidade de negócios", já que, por sua forma peculiar de estruturação, a moderna companhia americana tinha se tornado virtualmente possuidora de todo o espectro de atividades estratégicas do capitalismo: minas, transporte, bancos e manufaturas.

Na verdade, o que distingue esta forma de capital financeiro das que a precederam historicamente é o caráter universal e permanente dos processos especulativos e de criação contábil de capital fictício, práticas ocasionais e "anormais" na etapa anterior do "capitalismo disperso".[4] A natureza intrinsecamente especulativa da gestão empresarial, nesta modalidade de "capitalismo moderno", traduz-se pela importância crescente das práticas destinadas a ampliar "ficticiamente" o valor do capital existente, tornando necessária a constituição de um enorme e complexo aparato financeiro. Segundo Hobson, uma companhia honesta costuma atribuir um valor separado aos ativos tangíveis — terra, edifícios, maquinaria, estoques, etc. — e aos ativos não-tangíveis, como patentes, marcas, posição no mercado, etc. No entanto, a estimativa *real* do valor dos ativos é efetivamente calculada a partir de sua capacidade de ganhos. Se os ativos tangíveis podem ser avaliados pelo seu custo de produção ou reposição, aqueles de natureza não tangível só podem sê-lo por meio de sua capacidade líquida de ganho. Esta, por sua vez, só pode ser estimada como o valor capitalizado da totalidade dos rendimentos futuros esperados, menos o custo de reposição dos ativos tangíveis. É aqui, neste último elemento (ativos não tangíveis),

---

4. Gostaríamos de chamar a atenção para o tratamento que Keynes dá ao problema das mudanças profundas ocorridas no capitalismo moderno, particularmente nos elementos que influenciam a decisão de investir. Assim, no capítulo 12 de sua obra maior, argumenta que "as decisões de investir do velho tipo eram, em grande medida, irrevogáveis, não só para a comunidade em conjunto, como também para os indivíduos. Com a separação entre a propriedade e a direção que ocorre hoje e com o desenvolvimento dos mercados de investimento organizados, entrou em jogo um fator novo de grande importância que às vezes facilita o investimento, mas também contribui para aumentar muito a instabilidade do sistema. Quando estão ausentes os mercados de valores, não há sentido em tentar reavaliar com frequência um investimento com o qual estamos comprometidos. Mas a Bolsa reavalia muitos investimentos todos os dias, e estas reavaliações dão frequentes oportunidades aos indivíduos (ainda que não à comunidade em seu conjunto) para revisar seus compromissos (…) [As] reavaliações diárias das Bolsas de Valores, ainda que sejam feitas com o objetivo principal de facilitar a transferência entre os indivíduos de *investimentos passados*, exercem inevitavelmente influência decisiva sobre a taxa de investimentos correntes; porque não tem sentido criar uma nova empresa incorrendo em um gasto maior que aquele com que se pode comprar outra igual já existente (…) Por isso certos investimentos estão regulados pela média das expectativas daqueles que negociam na Bolsa de Valores, tal como se manifesta no preço das ações, muito mais que pelas expectativas genuínas do empresário profissional" (Keynes, 1965, p. 138).

que reside a elasticidade do capital, comumente utilizada pela "classe financeira" para ampliar a capitalização para além dos limites da capacidade "real" de valorização. Desta forma, a capacidade putativa de ganho de uma grande companhia, independentemente de como seja financiada, repousa fundamentalmente no controle dos mercados, na força de suas armas de concorrência e é, portanto, mesmo amparada em métodos avançados de produção, altamente especulativa em seu valor presente.

Ao ressaltar o elemento especulativo da finança moderna, Hobson adverte, no entanto, para o fato de que a "classe financeira" só especula nos mercados de capitais ou de dinheiro com os ganhos excedentes que resultam de suas práticas monopolistas em negócios bem administrados (industriais ou mercantis) ou, então, com os resultados acumulados de suas bem-sucedidas especulações passadas. Entre estas se incluem tanto as praticadas nos mercados de capitais quanto as exercidas através da manipulação de preços das mercadorias, em particular de matérias-primas sob seu controle. A ampliação e a consolidação destas práticas, do ponto de vista do conjunto da economia monopolista, só podem ter livre curso com o alargamento do crédito:

> *Quando nos damos conta do duplo papel desempenhado pelos bancos no financiamento das grandes companhias, primeiramente como promotores e subscritores (e frequentemente como possuidores de grandes lotes de ações não absorvidas pelo mercado) e, em segundo lugar, como comerciantes de dinheiro — descontando títulos e adiantando dinheiro — torna-se evidente que o 'negócio' do banqueiro moderno é a gestão financeira geral* (general financier) *e que a dominação financeira da indústria capitalista é exercida fundamentalmente pelos bancos"* (Hobson, 1965, p. 254).

E, à medida que o crédito vai se tornando a força vital dos negócios modernos, a classe que controla o crédito vai se tornando cada vez mais poderosa, tomando para si — como seus lucros — uma proporção cada vez maior do produto da indústria.

A predominância do financeiro na organização do capitalismo monopolista apenas demonstra que a autonomização do capital a juros, referida por Marx, acaba se resolvendo no comando sobre o capital produtivo, independentemente da forma particular que esse comando possa assumir ou da forma morfológica que a grande empresa venha a adotar em suas estratégias de expansão. A função "corruptora" do capital a juros, vislumbrada por Marx em sua imagem do Moloch e concretizada no processo de fazer dinheiro a partir do dinheiro, prescindindo de qualquer mediação do capital produtivo, é também ressaltada por Hobson. A "classe financeira", como classe distinta dos capitalistas e dos investidores "amadores", utiliza sua função legítima e profícua de direção da parte mais importante dos fluxos de capital para desenvolver métodos de ganho privado, todos eles "um abuso e uma corrupção de sua verdadeira função" (Hobson, 1965, p. 251).

A GRANDE EMPRESA AMERICANA E O PROCESSO DE INTERNACIONALIZAÇÃO RECENTE

A grande empresa americana constrói seu poder monopolista sobre o caráter intrinsecamente financeiro da associação capitalista que lhe deu origem. É desta dimensão, mais do que da base técnica, que deriva a capacidade de crescimento e de gigantismo da organização capitalista "trustificada". Conquista de novos mercados, controle monopolista de fontes de matérias-primas, valorização "fictícia" do capital, tendência irrefreável à conglomeração, tudo isso está inscrito na matriz originária da grande corporação americana. E esta se desenvolve apoiada em dois pilares: a finança e o protecionismo e privilégios concedidos por seu Estado "liberal".

Qualquer forma de capital "trustificado" conduz necessariamente a uma concentração de capital financeiro que não pode ser reinvestido dentro da própria indústria trustificada. Deve expandir-se para fora. Os novos lucros têm que ser transformados em capital financeiro geral e dirigidos para a formação e o financiamento de outras grandes empresas. Assim, o processo de concentração e consolidação monopolista avança dc forma generalizada em todos os ramos industriais onde prevaleçam métodos de produção capitalista. Por maior que seja a extensão do espaço nacional monopolizado e protegido pelo Estado nacional, como era o caso dos Estados Unidos, a expansão contínua dos lucros excedentes obriga à busca de mercados externos, tanto para as mercadorias quanto para investimentos diretos e exportação "financeira" de capital. A conglomeração interna de capital não é resposta suficiente, nem para a tendência ao declínio da taxa de lucro, nem para absorver a massa crescente de capital financeiro que acompanha a supercapitalização da grande empresa. Neste sentido, a internacionalização do capital, nesta etapa, requer a reprodução do *capital global*, o que, a nosso juízo, vai muito além da simples "reação imitativa" ou do ciclo do produto do professor Vernon.

Em outras palavras, a internacionalização do capital se dá a partir da estrutura da grande empresa, aqui já referida, e condensa todos os mecanismos anteriores de expansão: mercantis, industriais e financeiros. Condensa também, em suas "políticas externas", as práticas dos Estados imperiais anteriores, desde a face liberal do comércio exterior até a face protecionista interna e francamente intervencionista na defesa das reservas estratégicas de matérias-primas. Por isso tudo, também implica a imposição de um padrão monetário hegemônico. Daí nos parecer equivocada a hipótese, manejada no debate contemporâneo, de que a preeminência internacional da grande empresa americana seja atribuível primordialmente às dimensões produtiva e tecnológica. A tão propalada difusão dos padrões americanos de consumo ou a generalização de sua "matriz" tecnológica são ambas sombras que acompanham a hegemonia do *grande capital* americano, que culminou com a imposição, em simultâneo, da vitória mundial de seu "sistema manufatureiro" e de seu "sistema financeiro". Este último cumpre a dupla tarefa de unificar a estrutura global do capital e, ao mesmo tempo, de permitir sua diferenciação, através da especialização e diferenciação das instituições financeiras.

A unificação transnacional dos esquemas de valorização do grande capital não implica, como muitos autores parecem supor, a tendência à desaparição do Estado nacional como agente articulador, em cada mercado, dos capitais locais com a empresa multinacional. Muito ao contrário, a necessidade permanente de administrar esta articulação impõe um avanço do assim chamado "capitalismo monopolista de Estado". Embora esta "administração" esteja limitada a um espaço econômico que só alcança uma fração do capital global internacionalizado, em geral dominante nos mercados hospedeiros, o Estado nacional tem de operar esta articulação não apenas no interesse e na "defesa" do capital local (que aparentemente lhe dá a base de sustentação política), mas também para garantir a reprodução ampliada da fração do capital internacional ali ancorada. É neste sentido que os interesses são convergentes e que se "solidarizam" os blocos de capital privado local, internacional e estatal. A lamentada submissão da burguesia nacional "dependente" é assim transformada numa associação de interesses, garantida pela capacidade mediadora do Estado.

Entre as tarefas de "administração" econômica do Estado, surge, como a mais importante, o poder de emissão e controle do padrão monetário nacional, quanto maior ou menor seja a força internacional de sua moeda. Esta — seja ou não flutuante sua valorização relativa — é o único padrão de referência contábil e de liquidação interna de débitos e, portanto, o único instrumento ativo de circulação do capital e, consequentemente, o único veículo apropriado para a reprodução ampliada. Evidentemente, esse constrangimento não exclui a possibilidade de atividades especulativas no mercado monetário local, a partir das pressões exercidas pelos movimentos do capital internacional, o que tende a desestabilizar periodicamente o poder de compra da moeda nacional ou sua paridade com as demais moedas. A tão argumentada impossibilidade de fazer operar, no âmbito interno, uma política monetária estabilizadora decorre fundamentalmente deste fenômeno e não de uma suposta falta de autoridade dos Estados nacionais. Na atual situação de crise, aliás, as demais políticas econômicas do Estado são também incapazes de regular o movimento geral do capital.

O CIRCUITO DO CAPITAL FINANCEIRO CONTEMPORÂNEO

O movimento de internacionalização do pós-guerra esteve apoiado na expansão do investimento direto americano na Europa, sobretudo mediante a criação de um subsistema manufatureiro afiliado que passa a ocupar os espaços abertos no mercado europeu, posteriormente à reconstrução. O assunto é suficientemente conhecido. Mas, o processo de internacionalização pode ser decomposto em três movimentos encadeados: 1) a substituição dos fluxos de exportação de mercadorias e de capitais pela operação no mercado interno europeu do sistema afiliado; 2) a perda crescente da concorrência no mercado aberto de manufaturas e de capitais, compensada pelo estabelecimento de um circuito fechado matriz-filial, que aumenta a capacidade de crescimento do subsistema afiliado em relação à matriz; 3) desde meados da década de 60, a implantação de filiais de bancos americanos, que regenera o circuito completo do capital financeiro, fora do controle das autoridades monetárias americanas, e cuja expansão ou contração passa a pressionar as autoridades monetárias locais. Alcançado um volume de capital financeiro sobrante incapaz de ser reinvestido nos circuitos locais de reprodução do capital, criam-se as condições para o estabelecimento de um mercado financeiro à escala mundial, tendo como ponto de apoio para seus movimentos especulativos as principais praças financeiras do mundo desenvolvido e como *instrumento de especulação* o manejo das moedas fortes contra as mais fracas.

Os bancos, como operadores e conversores das massas de capital financeiro sobrante, estabelecem um circuito especial que supera as restrições impostas pelos respectivos Bancos Centrais ao cancelamento das relações de débito e crédito entre empresas, Estado e os próprios bancos privados. Neste sentido, o surgimento deste circuito especial transnacional torna elástica a capacidade de valorização financeira e sobrecapitalização das empresas internacionais, ao mesmo tempo em que provoca instabilidades monetárias nacionais crescentes, começando por arruinar, em cadeia, vários padrões monetários nacionais e terminando por levar à desagregação o próprio sistema monetário internacional, construído sob a hegemonia do padrão dólar americano.

O padrão monetário de transição que se instaura por etapas a partir da crise de 1971 e mais aceleradamente a partir da crise de 1974/75 já não corresponde à consolidação, *em nenhum agente centralizado*, das posições superavitárias e deficitárias dos principais credores e devedores (empresas transnacionais e Estados). Ao contrário do debate do final da década de 60, em que a questão estava centrada na origem da dívida primária, atribuída conjuntamente a uma gestão permissiva do Tesouro americano e ao déficit recorrente do balanço de pagamentos (ver controvérsia Triffin, Kindleberger), o problema agora se desloca para a operação do circuito interbancário internacional.

A capacidade de autoexpansão deste circuito, apoiado no excesso de dívida secundária (estritamente financeira), manifesta-se no fato de que 70% das carteiras dos assim denominados "eurobancos" são constituídas de títulos de débito-crédito dos próprios bancos e de um número significativo, mas seleto, de haveres e obrigações emitidas por grandes empresas transnacionais. Evidentemente, tudo isto ocorre sem qualquer respaldo do crescimento da produção, da renda ou do comércio internacionais, que se encontra francamente em crise desde os meados da década.

A autonomização do capital financeiro, em sua forma de capital a juros, assume aqui contornos dificilmente imagináveis por Marx em seus piores pesadelos. Pior do que isto, pelo fato de que esta autonomização se dá através da operação de um circuito intrabancário, o qual não mais respeita nenhum padrão monetário estável, o jogo especulativo imobiliza os controles exercidos pelos Bancos Centrais, inclusive os dos países de moeda forte, obrigados a socorrer periodicamente as moedas mais fracas. No caso particular do dólar americano, qualquer que seja a posição do balanço de pagamentos ou a posição do Tesouro, a solidariedade dos circuitos do capital financeiro, indissoluvelmente ligados a suas matrizes, obriga quer a um socorro periódico do dólar, quer à submissão das demais moedas aos movimentos deliberados de sua desvalorização.

A turbulência dos principais preços de matérias-primas estratégicas é também realimentada em forma especulativa compensatória por movimentos paralelos no mercado financeiro, que fazem recrudescer as pressões inflacionárias desatadas com a crise e afetam de forma desmesurada as taxas de juros no mercado internacional. Assim, depois da ruptura do padrão dólar, rapidamente substituído por uma cesta das principais moedas transacionadas à escala mundial, foi possível a formação de bancos verdadeiramente transnacionais, tanto no sentido de que escapam ao controle de qualquer autoridade monetária, quanto no sentido mais profundo de seu poder privado de emissão colocar-se acima do poder de emissão dos Estados nacionais. Suas aplicações estão distribuídas de forma ampla e generalizada por todos os países — mesmo os de moeda fraca —, onde a presença de grandes empresas requer a reciclagem financeira do capital-dinheiro sobrante.

Desta forma, as taxas de juros internas passam a ser uma espécie de "preço sombra" das taxas do mercado internacional, fixadas pelos principais eurobancos, deixando de refletir as condições de crédito interno. Os circuitos privados de crédito interno, por sua vez, passam a refletir, de forma perversa, as condições de liquidez internacional, operando sob a dupla pressão dos movimentos antagônicos do circuito intrabancário privado e das tentativas de estabilização das autoridades monetárias. Para os países fortemente devedores, como é o caso dos Estados Unidos e da maioria dos países latino-americanos, não é possível evitar a primazia da função meramente especulativa do movimento do capital financeiro, o que agrava a conjuntura de crise e de retração da taxa real de acumulação.

Ironicamente, o paroxismo da transnacionalização, sob a forma bancária, em vez de consumar a tão desejada ordem transnacional, na qual finalmente terminaria a disputa nacionalista pelas hegemonias, está conduzindo o sistema capitalista ao recrudescimento de políticas nacionais defensivas de todos os matizes, a despeito do manifesto entendimento entre os gestores da maquinaria do grande capital financeiro internacional.

O Estado hegemônico do sistema capitalista deixou de ter o poder de estabelecer os limites econômicos de sua soberania, sem os quais a ordenação hierarquizada do sistema capitalista nunca foi possível. O capital financeiro, ao se tornar transnacional, não realiza o sonho dourado dos que viam na cartelização mundial a formação de uma ordem supranacional. Este capitalismo transnacional provoca, na verdade, a ruína da velha ordem, sobretudo de seu edifício monetário, símbolo maior do poder hegemônico. Propõe a concorrência desenfreada do "capital livre", numa espécie de *laissez faire* sem o apoio nem o endereço visível de uma velha potência imperial que dele se beneficie. Deste modo, o domínio da forma mais geral do capital reinstaura o *predomínio* do particularismo dos interesses contra a *ordem* capitalista.

CAPÍTULO 2

O DECLÍNIO DE BRETTON WOODS E A EMERGÊNCIA DOS MERCADOS "GLOBALIZADOS"[1]

Ao final da Segunda Guerra Mundial, o projeto de sociedade democrática, discutido entre as forças políticas que se opuseram ao nazifascismo, foi construído à luz de lembranças terríveis. Os anos 20 e 30 do século XX revelaram um capitalismo cada vez mais poderoso em sua capacidade de criar e destruir, de transformar a concorrência em monopólio, de praticar o protecionismo, de arrasar as moedas nacionais, de causar o desemprego de homens e a paralisação das máquinas. Revelaram também estes anos loucos e trágicos que as sociedades podem reagir à violência cega e desagregadora das leis econômicas com as armas da brutalidade, do voluntarismo político e da impiedosa centralização das decisões.

O fascismo teve muitas máscaras, mas é inegável que em sua essência representou o drama da vingança do econômico. Era preciso subtrair a produção e a troca de mercadorias ao império das normas emanadas do *diktat* do ganho monetário e submetê-las à vontade do Führer e às necessidades do povo. O regime econômico fascista foi um monstruoso movimento "populista", uma rebelião contra "a objetividade" das leis econômicas e suas consequências funestas sobre as condições de vida dos indivíduos.

Forças políticas importantes que combateram o fascismo sabiam muito bem que a sobrevivência da democracia não dependia apenas da res-

---
1. Publicado originalmente em: *Economia e Sociedade*, Campinas, v. 4, nº 1 (4), p. 11-20, jun. 1995.

tauração das instituições e dos mecanismos de representação popular, do equilíbrio de poderes e do controle público dos atos das autoridades. A experiência negativa dos anos 20 e 30 deixou uma lição: o capitalismo da grande empresa e do capital financeiro levaria inexoravelmente a sociedade ao limiar de outras aventuras totalitárias, caso não fosse constituída uma instância pública de decisão capaz de coordenar e disciplinar os megapoderes privados. A ameaça à liberdade, dizia Karl Mannheim, não vem de um governo que é "nosso", que elegemos e que podemos derrubar, mas das oligarquias sem responsabilidade pública. As coalizações de interesses e as combinações empresariais típicas do capitalismo contemporâneo têm poder para adotar medidas arbitrárias, como racionamento da produção, greve de investimentos, aumentos abusivos de preços, controle de patentes, de recursos e de mercados.

As forças sociais e os homens de poder incumbidos de reconstruir as instituições capitalistas do pós-guerra estavam prenhes desta convicção. Para evitar a repetição do desastre, era necessário, antes de tudo, constituir uma ordem econômica internacional capaz de alentar o desenvolvimento sem obstáculos do comércio entre as nações, dentro de regras monetárias que garantissem a confiança na moeda reserva, o ajustamento não deflacionário do balanço de pagamentos e o abastecimento de liquidez requerido pelas transações em expansão. Tratava-se, portanto, de erigir um ambiente econômico internacional destinado a propiciar um amplo raio de manobra para as políticas nacionais de desenvolvimento, industrialização e progresso social.

A construção e a gestão desse ambiente internacional favorável encontraram resposta adequada nas reformas promovidas nas instituições e nas políticas dos Estados nacionais. As novas instituições e as políticas econômicas do Estado Social estavam comprometidas com a manutenção do pleno emprego, com a atenuação, em nome da igualdade, dos danos causados ao indivíduo pela operação sem peias do "mecanismo econômico". Alliez (1988) diz, com razão, que durante mais de duas décadas realizou-se a criação de um mundo fundado sobre o direito ao trabalho, que tinha como objetivo o pleno emprego, o crescimento dos salários reais:

> *Promover esta dinâmica, onde o crescimento dos salários ocorre em benefício dos lucros que eles engendravam, implica uma modificação do papel do Estado. Este deve não apenas ratificar e garantir os acordos de produtividade, mas também manter, quando não planificar, a dinâmica revestida por eles: por um*

lado estimulando o consumo dos assalariados através do aumento das transferências sociais e, por outro, sustentando os investimentos produtivos — controle das taxas de juros e política de investimentos públicos.

A concepção de um desenvolvimento nacional, no marco de uma ordem internacional estável e regulada, não era uma fantasia idiossincrática, mas decorria do "espírito do tempo", forjado na reminiscência da experiência terrível das primeiras quatro décadas do século passado. Tampouco era fortuito o papel atribuído à ação do Estado no estímulo ao crescimento, na prevenção das instabilidades da economia e na correção dos desequilíbrios sociais.

Os acontecimentos que se manifestaram no último quarto do século passado parecem indicar que a era keynesiana — os "anos dourados" do crescimento capitalista — foi sucedida, desde o começo dos anos 70, por turbulências e instabilidades que a história poderá revelar tão formidáveis quanto as que irromperam nas décadas de 20 e 30. O fato é que o conjunto das relações comerciais, produtivas, tecnológicas e financeiras que nasceu do Acordo de Bretton Woods e prosperou sob a liderança americana não resistiu ao próprio sucesso. Os Estados Unidos e sua economia cumpriram, durante os primeiros vinte anos do pós-guerra, a função hegemônica que decorria de sua supremacia industrial, financeira e militar. Sob o manto desta hegemonia, foram reconstruídas as economias da Europa e do Japão e criadas as condições para o avanço das experiências de industrialização na periferia do capitalismo.

Antes, porém, de entrar na avaliação do desempenho dos sistemas de Bretton Woods e discutir as razões de sua crise, cabe fazer algumas considerações sobre o papel do Fundo Monetário Internacional (FMI) e do Banco Mundial.

As instituições multilaterais de Bretton Woods — o Banco Mundial e o FMI — nasceram com poderes de regulação inferiores aos desejados inicialmente por Keynes e Harry Dexter White, respectivamente representantes da Inglaterra e dos Estados Unidos nas negociações do acordo, que se desenvolveram basicamente entre 1942 e 1944. Dexter White pertenceu à chamada "ala esquerda" dos *New Dealers*; por isso, depois da guerra, foi investigado duramente pelo Comitê de Atividades Antiamericanas do Congresso. Seu plano inicial previa a constituição de um verdadeiro Banco Internacional e de um Fundo de Estabilização. Juntos, o Banco e o Fundo deteriam uma capacidade ampliada de provimento de liquidez ao comércio entre os países membros e seriam mais flexíveis na determinação das condições de ajustamento dos déficits do balanço de pagamentos. Isso assustou o *establishment* americano. Uns porque entendiam que estes poderes limitavam seriamente o raio de manobra da política econômica nacional americana. Outros porque temiam a tendência "inflacionária" desses mecanismos de liquidez e de ajustamento.

Keynes propôs a *Clearing Union*, uma espécie de Banco Central dos Bancos Centrais. A *Clearing Union* emitiria uma moeda bancária, o *bancor*, ao qual estariam referidas as moedas nacionais. Os déficits e superávits dos países corresponderiam a reduções e aumentos das contas dos Bancos Centrais (em *bancor*) junto à *Clearing Union*. Uma peculiaridade do Plano Keynes era a distribuição mais equitativa do ônus do ajustamento dos desequilíbrios dos balanços de pagamentos entre deficitários e superavitários. Isto significava, na verdade, dentro das condicionalidades estabelecidas, facilitar o crédito aos países deficitários e penalizar os países superavitários. O propósito de Keynes era evitar os ajustamentos deflacionários e manter as economias na trajetória do pleno emprego. A proposta também sofreu sérias restrições dos Estados Unidos, país que emergiu da Segunda Guerra como credor do resto do mundo e superavitário em suas relações comerciais com os outros.

O enfraquecimento do Fundo em relação às ideias originais significou a entrega das funções de regulação de liquidez e de emprestador de última instância ao Federal Reserve. O sistema monetário e de pagamentos que surgiu do Acordo de Bretton Woods foi menos "internacionalista" do que desejariam os que sonhavam com uma verdadeira "ordem econômica mundial". O problema do FMI não é seu poder excessivo, mas sua deplorável submissão ao poder e aos interesses dos Estados Unidos.

Muito se tem escrito sobre o papel dos Estados Unidos na prosperidade do pós-guerra. Alguns autores procuraram definir com mais precisão as condições de estabilidade do sistema de Bretton Woods: o benefício da *seigniorage*, desfrutado pelo país emissor da moeda reserva (os EUA) era condição para que os países membros executassem, dentro das regras, políticas "keynesianas" internas e estratégias neomercantilistas[2].

Padoan (1986) sugere que, para os Estados Unidos os benefícios da *seigniorage* se desdobravam em três ordens de objetivos.

a) Objetivos estratégicos: os americanos suportaram a maior parte dos custos da aliança militar formalizada na Organização do Tratado do Atlântico

---

2. Ver Capítulo 10, p. 215-6.

Norte e puderam fazê-lo, em grande medida, graças à condição de emissores da moeda reserva internacional.

b) Objetivos econômicos: a *seigniorage* permitiu a expansão da indústria americana e de seu estilo tecnológico (o fordismo), sobretudo através do investimento direto.

c) Objetivos financeiros: a posição de "banqueiro internacional" dos Estados Unidos concedeu enorme espaço para o crescimento dos bancos americanos.

Ao perseguir estes objetivos, a economia americana funcionava — assinalou Minsky, com correção — como "reguladora" do sistema capitalista. Isto significa que os Estados Unidos cumpriam o papel de fonte autônoma de demanda efetiva e de emprestador de última instância. Para os países membros do sistema hegemônico, esta função reguladora era uma garantia *ex ante* de políticas nacionais expansionistas continuadas e estratégias de crescimento neomercantilistas.

Por isso, os Estados Unidos e sua economia começaram a sentir os efeitos da ascensão dos parceiros/competidores. Japão e Alemanha, por exemplo, reconstruíram sistemas industriais e empresariais mais novos e mais permeáveis a mudanças tecnológicas e organizacionais e os novos países industrializados da periferia ganharam maior espaço no volume crescente do comércio mundial. Não por acaso, o saldo negativo do balanço de pagamentos americano mostrou, a partir do início dos anos 70, uma participação cada vez mais importante do déficit comercial, Durante os anos 50 e 60, a balança comercial americana foi sistematicamente superavitária, a despeito da posição deficitária do balanço global.

As inevitáveis pressões sobre o dólar se intensificaram, e, já em 1971, Nixon suspendeu a conversibilidade do dólar a uma taxa fixa com o ouro. Em 1973, o sistema de paridades fixas, mas ajustáveis, foi substituído por um sistema de flutuações "sujas".

Os Estados Unidos não foram capazes de sustentar a posição do dólar como moeda padrão, na medida em que uma oferta "excessiva" de dólares brotava do desequilíbrio crescente do balanço de pagamentos, agora sob pressão de um déficit comercial. Minsky e outros autores sustentam que o *dollar standard*, à semelhança dos sistemas nacionais, era na verdade um sistema monetário de crédito. Nesse sistema, o déficit global do balanço de pagamentos determinava a *quantidade* do crédito e a situação positiva da balança comercial garantia a *qualidade* dos fluxos em dólares colocados à disposição de outros países, empresas e indivíduos.

Foi, aliás, sob o signo da desorganização financeira e monetária que, nos anos 70, se deu a formidável expansão do circuito financeiro "internacionalizado". A crise do sistema de regulação de Bretton Woods permitiu e estimulou o surgimento de operações de empréstimos/depósitos que escapavam ao controle dos Bancos Centrais. A fonte inicial dessas operações "internacionalizadas" foi certamente o fluxo de dólares que excedia a demanda dos agentes econômicos e das autoridades monetárias estrangeiras. O primeiro choque do petróleo e a famosa reciclagem privada dos petrodólares ampliaram as bases da oferta de crédito internacional e empurraram o sistema para a zona de riscos crescentes. De qualquer maneira, a euforia do endividamento externo que deu sobrefôlego a muitos projetos de industrialização e de crescimento industrial (tanto na periferia do capitalismo, quanto na área socialista) já era resultado da fadiga e das contradições que atingiram os mecanismos básicos que garantiam, simultaneamente, a estabilidade e o crescimento das economias centrais.

O circuito financeiro internacionalizado e operado pelos grandes bancos comerciais, à margem de qualquer regulamentação ou supervisão dos Bancos Centrais, acentuou sobremaneira a tendência à superexpansão dos empréstimos e o progressivo rebaixamento da qualidade do crédito concedido. Como já foi dito em outra ocasião (Tavares & Belluzzo, 1986), o circuito financeiro internacional passou a funcionar como um sistema de "crédito puro" em suas relações com governos e empresas, com criação endógena de liquidez e altos prêmios de risco. Os agentes endividados, por sua vez, aceitavam qualquer taxa de juros para rolagem e ampliação de suas dívidas.

A internacionalização financeira surgida no final dos anos 60 expressou-se através da crescente supremacia da função de meio de financiamento e de pagamento do dólar em relação à sua função de *standard* universal. O conflito entre as duas funções — que devem coexistir pacificamente num sistema monetário estável — chegou, no final dos anos 70, a suscitar ensaios da substituição do dólar por Direitos Especiais de Saque (criados em 1967) emitidos pelo FMI e lastreados em uma "cesta de moedas".

As ameaças ao dólar foram, no entanto, contidas pelo gesto unilateral dos Estados Unidos que, no final de 1979, subiram abruptamente as taxas de juros com o propósito de preservar a função de reserva de sua moeda nacional. Se alguém desejasse marcar uma data para a derrocada final da arquitetura de Bretton Woods teria alguma chance de acertar se escolhesse outubro de 1979. Não se trata apenas de constatar que os Estados Unidos deixaram de exercer o papel de "país residual", isto é, de país capaz de amortecer as tensões — tanto as inflacionárias, quanto as recessivas — do sistema, funcionando como fonte autônoma de demanda efetiva e *lender of last resort*. Ao impor a regeneração do papel do dólar como reserva universal através de uma elevação sem precedentes das taxas de juros, os EUA deram o derradeiro golpe no estado de convenções que sustentara a estabilidade relativa da era keynesiana. Durante os anos 80, a economia mundial foi afetada por flutuações amplas nas taxas de câmbio das moedas que comandam as três zonas monetárias (dólar, iene e marco). Estas flutuações nas taxas de câmbio foram acompanhadas por extrema volatilidade das taxas de juros. Na verdade, as flutuações das taxas de câmbio, supostamente destinadas a corrigir desequilíbrios do balanço de pagamentos e dar maior autonomia às políticas domésticas, foram desestabilizadoras. Isto porque a crescente mobilidade dos capitais de curto prazo obrigou a seguidas intervenções da política monetária, determinando oscilações entre taxas de juros das diversas moedas e criando severas restrições à ação da política fiscal.

É neste ambiente de instabilidade financeira e "descentralização" do sistema monetário internacional que ocorrem as transformações financeiras conhecidas pelas designações genéricas de globalização, desregulamentação e securitização.

Estas transformações foram amadurecendo ao longo de um período de crescimento interrompido por recessões relativamente suaves e por intervenções "anticíclicas" dos governos. Daí duas consequências importantes podem ser assinaladas: a) foram evitados os processos agudos de desvalorização de dívidas (*debt deflation*); e b) cresceram proporcionalmente, a partir de 1975, o peso e a importância da dívida pública americana na composição dos portfólios privados.

Nos anos 80, a ampliação dos dois déficits — orçamentário e comercial — dos Estados Unidos foi fator importante para dar um segundo impulso e uma nova direção ao processo de globalização financeira. Na prática, a ampliação dos mercados de dívida pública constituiu a base sobre a qual se assentou o desenvolvimento do processo de securitização. Isto não apenas porque cresceu a participação dos títulos americanos na formação da riqueza financeira demandada pelos agentes privados americanos e de outros países, mas também porque os papéis do governo dos EUA são os produtos mais nobres e seguros dos mercados integrados. A expansão da posição devedora líquida norte-americana permitiu o ajustamento, sem grandes traumas, das carteiras dos bancos, na medida em que os créditos desvalorizados dos países em desenvolvimento foram sendo substituídos por dívida emitida pelo Tesouro Nacional aos Estados Unidos.

Estamos tentando argumentar que a evolução da crise do sistema de crédito internacionalizado e as respostas dos Estados Unidos ao enfraquecimento do papel do dólar criaram as condições para o surgimento de novas formas de intermediação financeira e para o desenvolvimento de uma segunda etapa da globalização. Esse processo de transformações na esfera financeira pode ser entendido como a generalização e a supremacia dos mercados de capitais em substituição à dominância anterior do sistema de crédito comandado pelos bancos.

Os mercados financeiros, de maneira geral, tendem a individualizar as perdas, isto é, a descarregar sobre os agentes privados o risco do inadimplemento ou de iliquidez. Isto significa que estas formas financeiras são intrinsecamente deflacionárias. Dito de outra forma: as tensões de iliquidez ou de inadimplemento que surgem em algum ponto do sistema são "resolvidas" por meio da queda de preços dos instrumentos financeiros. Estas características contrastam com as tendências "inflacionárias" implícitas no sistema de crédito, em que situações de iliquidez e possibilidade de "quebra" são enfrentadas pelo Banco Central mediante redesconto ou ações de *last resort*.

Por isso mesmo, nos novos mercados financeiros, a *informação* elaborada pelas agências de avaliação de crédito tornou-se elemento fundamental na decisão dos investidores. Isto reforça, no caso dos países em desenvolvimento, a tendência a tornar o crédito mais seletivo, privilegiando as empresas internacionais ou aquelas capazes de gerar receita em moeda estrangeira.

Estes "novos" mercados teriam a virtude de combinar as vantagens da melhor circulação da informação, da redução dos custos de transação e da distribuição mais racional do risco. A teoria dos "mercados eficientes" pretende, enfim, ensinar que todas as informações relevantes sobre os *fundamentals* da economia estão disponíveis em cada momento para os participantes do mercado. E que, na ausência de intervenção dos governos, a ação racional dos agentes seria capaz de orientar a melhor distribuição dos recursos, entre os diferentes ativos, denominados em moedas distintas.

Na prática, o que se assistiu mais uma vez, no caso do México e de outros mercados emergentes, foi ao espetáculo do "erro persistente" expresso nas avaliações formuladas pelos mercados e pelas agências especializadas na classificação dos devedores. O comportamento dos investidores correspondeu muito mais — tanto na entrada, quanto na saída — ao que Keynes chamou de "instinto de manada". A história se repete. Mas ainda são fracas as vozes que clamam pela reconstituição de uma verdadeira ordem econômica internacional. Os fanáticos do livre mercado se recusam a compreender que a ordem mercantil está seriamente ameaçada quando inexistem regras e instituições monetárias centralizadas capazes de garantir um mínimo de previsibilidade às decisões privadas.

Reexaminadas à distância de mais de cinquenta anos, as concepções de Keynes e de Dexter White sobre as instituições e as regras que deveriam presidir uma verdadeira ordem econômica internacional parecem inspiradas numa visão pessimista acerca das virtudes do mercado autorregulado e particularmente negativa em relação à movimentação livre dos capitais de curto prazo. Ainda que o sistema de regras e de instituições de Bretton Woods tenha se revelado apenas uma sombra da realidade imaginada pelos dois homens públicos, hoje ninguém discute o caráter singular do período de expansão capitalista do pós-guerra, até meados dos anos 70. Estudos recentes demonstram que nenhuma outra etapa do desenvolvimento capitalista apresentou — nem vem apresentando — resultados tão favoráveis, no que diz respeito às taxas de crescimento do produto, salários reais, comportamento da inflação e estabilidade das taxas de juros e de câmbio.

No entanto, as mudanças tecnológicas — nas formas de concorrência, na organização e na estratégia da grande empresa e, por fim, na operação dos mercados financeiros — ocorridas nas duas últimas décadas parecem justificar a visão oposta, a que celebra a supremacia dos mecanismos econômicos (a lógica do mercado) sobre as vãs tentativas de disciplinar as forças simultaneamente criadoras e destrutivas do capitalismo.

Depois de algum tempo encapsuladas pela sociedade e pelo Estado, as tendências fundamentais deste regime estão aí e executam sua vingança: vigorosa economia de tempo, desvalorização do trabalho e intensificação da concorrência em escala planetária. Neste processo de mundialização da concorrência, desencadeou-se nova onda de centralização de capitais, que se apresenta sob a forma de crescente dispersão espacial das funções produtivas e de terceirização das funções acessórias ao processo produtivo, acompanhadas de violenta concentração das decisões e da circulação de informações no "cérebro" da grande organização. O predomínio e a capacidade de controle da grande empresa sobre os mercados encontram ambiente favorável no desenvolvimento da nova finança. Os mercados de capitais são mais sensíveis à avaliação do risco, o que determina maior seletividade na escolha dos papéis oferecidos à consideração dos gestores de carteira. Ao mesmo tempo, o caráter globalizado dos mercados permite às empresas amplo acesso aos mecanismos de *hedge* e de proteção contra as flutuações das taxas de câmbio e variações nas condições de crédito nos diversos países.

A centralização do controle capitalista, a busca incessante e imposta pela concorrência da redução do tempo de trabalho socialmente necessário e o caráter crescentemente "patrimonialista" e volátil dos mercados que transacionam direitos de propriedade e títulos de crédito são processos que se reforçam mutuamente para produzir resultados muito distintos daqueles observados na chamada "era keynesiana". Os ciclos de prosperidade e depressão são mais curtos, as taxas de investimento são sensivelmente mais modestas, o desemprego estrutural se amplia e é cada vez mais estreito o intervalo entre os distúrbios nos mercados financeiros e cambiais.

Quanto ao Estado nacional, ninguém duvida de que sua ação econômica vem sendo severamente restringida: assiste impotente ao desdobramento das estratégias de localização e de divisão interna do trabalho da grande empresa e está cada vez mais à mercê das tensões geradas nos mercados financeiros, que submetem a seus caprichos as políticas monetária, fiscal e cambial. Mais do que por seu caráter global, a nova finança e sua lógica tornaram-se decisivos por sua capacidade de impor vetos às políticas macroeconômicas. Este poder de veto dos mercados financeiros se impõe a todas as economias, ainda que de forma diferenciada. Os EUA, por exemplo, emissores e gestores da moeda reserva, dispõem de maior raio de manobra para executar políticas fiscais e monetárias expansionistas, desde que aceitem o risco permanente de ataques especulativos contra o dólar e administrem adequadamente as tensões que se manifestam através da elevação imediata das taxas de juros de longo prazo, quando o crescimento é julgado "excessivo" pelos mercados.

Na outra ponta do espectro, países de "moeda fraca" não conseguem escapar das situações de instabilidade senão atrelando as respectivas moedas ao curso de uma divisa estrangeira e renunciando ao mesmo tempo a qualquer pretensão de determinar o rumo das políticas fiscal e monetária. A disciplina imposta pelos mercados financeiros, cujos movimentos de antecipação podem destruir a precária estabilidade, acaba inibindo toda e qualquer tentativa de executar políticas ativas destinadas a promover o crescimento.

Os efeitos mais importantes destas transformações têm sido, por toda a parte, a decadência econômica de muitas regiões, o crescimento do desemprego estrutural, a proliferação de formas de precarização do emprego e o aumento da desigualdade.

A estas forças negativas, o Estado e a sociedade não podem responder com ações compensatórias de outros tempos, pois, nos mercados globalizados, cresce a resistência à utilização de transferências fiscais e previdenciárias, aumentando ao mesmo tempo as restrições à capacidade impositiva e de endividamento do setor público. Isto porque a globalização, ao tornar mais livre o espaço de circulação da riqueza e da renda dos grupos integrados, desarticulou a velha base tributária das políticas keynesianas e submeteu a capacidade de endividamento do Estado ao poder de veto dos mercados financeiros.

Além disso, a ação do Estado, particularmente sua prerrogativa fiscal, vem sendo contestada pelo intenso processo de homogeneização ideológica de celebração do individualismo que se opõe a qualquer interferência no processo de diferenciação da riqueza, da renda e do consumo efetuado através do mercado capitalista. A ética da solidariedade é substituída pela ética da eficiência e, desta forma, os programas de redistribuição de renda, reparação de desequilíbrios regionais e assistência a grupos marginalizados têm encontrado forte resistência dentro das sociedades. Não há dúvida de que este novo individualismo tem sua base social originária na grande classe média produzida pela longa prosperidade e pelos processos mais igualitários que predominaram na era keynesiana. Hoje, o novo individualismo encontra reforço e sustentação no aparecimento de milhões de empresários terceirizados e autonomizados, criaturas das mudanças nos métodos de trabalho e na organização da grande empresa.

A ação do Estado é vista como contraproducente pelos bem-sucedidos e integrados e como insuficiente pelos desmobilizados e desprotegidos. Estas duas percepções convergem na direção da "deslegitimação" do poder administrativo e na desvalorização da política. Aparentemente, estamos numa situação histórica em que a "grande transformação" ocorre no sentido contrário ao previsto por Polanyi (1980): a economia trata de se libertar dos grilhões da sociedade. Resta saber que respostas a sociedade está preparando para dar às façanhas da economia desentranhada e apenas limitada por suas próprias leis de movimento.

CAPÍTULO 3

O DINHEIRO E AS TRANSFIGURAÇÕES DA RIQUEZA[1]

Introdução

Em sua obra monumental *Civilização material e capitalismo*, o historiador Fernand Braudel, buscando demonstrar a diferença entre a economia de mercado e o capitalismo, afirma que "é na cúspide da sociedade que o capitalismo afirma a sua força e revela a sua natureza. É na altura dos Bardi, dos Jacques Coer, dos Fugger, dos John Law e dos Necker que devemos fazer as perguntas, que temos a chance de descobrir o capitalismo" (Braudel, 1979).

Se assim é, a história do capitalismo é mais bem contada por meio dos relatos que informam sobre as transformações sofridas pelo comércio do dinheiro e da riqueza. Nestes mercados, realiza-se o julgamento diário das formas particulares da riqueza capitalista — ações das empresas, títulos da dívida pública e privada — diante das leis implacáveis que guiam o veredicto irrecorrível do dinheiro, forma universal da riqueza. Aí são tomadas, portanto, decisões cruciais, aquelas que revelam, em cada momento, as inclinações ou o estado de espírito dos detentores da riqueza. Hoje, prevalecendo a confiança no bom andamento dos negócios, o dinheiro que se gasta ou se "aplica" parece fácil de ser recuperado amanhã. Mas amanhã os

---
[1]. Publicado originalmente em: TAVARES, Maria da Conceição & FIORI, José Luis (orgs.). *Poder e dinheiro: uma economia política da globalização*. Petrópolis: Vozes, 1997, p. 151-193.

resultados previstos ontem podem parecer decepcionantes. A confiança é, então, subitamente substituída pelo medo e pelo desejo de proteção.

Nesta perspectiva, a história do capitalismo pode ser contada através da alternância entre fases de otimismo e prosperidade, seguidas de desalento e declínio do ritmo de atividade. Esta alternância não raro se apresenta sob forma exacerbada: períodos de euforia especulativa sucedidos por crises financeiras. Este comportamento cíclico tem assumido, no entanto, diversas configurações e diferentes graus de severidade, de acordo com as regras e as instituições que presidem cada uma das etapas da economia capitalista.

É de particular interesse analisar como os distintos regimes monetários e estruturas financeiras interagem, afetando a morfologia dos ciclos, amplificando ou amortecendo seus movimentos. Em geral, a capacidade de inovação dos mercados — mediante a criação de novos instrumentos de intermediação financeira e o surgimento de novos intermediários — tem sido responsável pelas transformações ocorridas nos regimes monetários. Isto porque as inovações financeiras buscam não só reduzir os riscos de flutuação de preços dos ativos, como também contornar as restrições de liquidez ou de pagamento impostas pelas normas de criação e "destruição" da moeda, inerentes à reprodução de qualquer regime monetário.

Nos últimos vinte anos, a inovação financeira assumiu uma velocidade espantosa, acompanhando a crescente liberalização dos movimentos de capitais entre as principais praças de negócios. A aceleração das inovações foi, sem dúvida, causada pelo aumento da volatilidade dos preços dos ativos financeiros denominados em moedas distintas. Dito de outra forma: as flutuações mais frequentes e mais amplas das taxas de juros e de câmbio, no âmbito de um processo de desregulamentação e de abertura dos mercados, estimularam a criação de novos instrumentos destinados a repartir os riscos de preços, de liquidez e de pagamento.

A criatividade dos mercados concentrou-se sobretudo nas tentativas de reduzir os riscos de variações abruptas dos preços dos papéis e, portanto, de minimizar a as perdas de rendimento ou de capital. Os derivativos, por exemplo, são na verdade instrumentos de repartição de risco. Sua existência sob forma padronizada, em mercados específicos, amplia as possibilidades de *hedge* dos agentes. Mas, como é óbvio, esses instrumentos apenas repartem, mas não eliminam o risco e, provavelmente, ampliam o chamado "risco sistêmico", o que vem suscitando esforços do Bancos Centrais para regular estas operações. Ocorre, no entanto, que, no caso dos derivativos, os balanços não registram este tipo transação financeira, dificultando sobremaneira a imposição de regras prudenciais.

Os Bancos Centrais estão diante de uma rápida transformação das práticas de intermediação financeira, dos métodos de avaliação de ativos e dos riscos associados, bem como de uma alteração da hierarquia e do papel das instituições que atuam nos mercados, cujas consequências sobre a estabilidade do sistema "globalizado" são difíceis de precisar.

Dinheiro, crédito e bancos na economia monetária da produção

Para averiguar a natureza e o impacto das transformações aludidas, é preciso, em primeiro lugar, definir conceitualmente o papel do dinheiro, do crédito e dos bancos na economia capitalista, entendida como uma *economia monetária da produção*.

Keynes usou este conceito para designar um sistema social de produção em que o objetivo dos produtores é a acumulação de riqueza sob a forma monetária e não a "maximização" do produto global, mediante a utilização de recursos escassos. Nos trabalhos preparatórios da *Teoria geral*, Keynes procurou, de forma clara, estabelecer a distinção entre uma "economia de troca real" e uma economia empresarial:

> *A teoria clássica supõe que a disposição do empresário para iniciar a produção vai depender do volume de produto que ele espera receber (...). Mas numa economia empresarial, esta é uma análise errada acerca da natureza do cálculo dos negócios. O empresário está interessado não no volume do produto, mas no volume de dinheiro que espera receber. Ele vai aumentar a produção somente se antecipar um aumento do lucro monetário, mesmo que esse lucro represente um volume inferior de produto* (Keynes, 1979).

Marx, nos *Gründrisse*, ao discutir o dinheiro como a forma universal da riqueza, mostra como, na produção mercantil capitalista, o trabalho assalariado é imediatamente produtor de valor de troca, isto é, de dinheiro:

> *A finalidade do trabalho não é um produto particular que está numa relação particular com as necessidades particulares de*

> *um indivíduo, mas sim o dinheiro, ou seja, a riqueza na sua forma universal. (...) Resulta então claro que, sobre a base do trabalho assalariado, a ação do dinheiro não é dissolvente, senão produtiva. (...) Uma industriosidade universal só é possível ali onde cada trabalho produz a riqueza universal. (...) Enquanto o trabalho é trabalho assalariado e sua finalidade é imediatamente o dinheiro, a riqueza geral é posta como objeto e finalidade (da produção)* (Marx, 1971).

Tanto na perspectiva keynesiana quanto na marxista, restringir o entendimento das economias monetárias aos problemas da reprodução conjunta das três funções do dinheiro — unidade de conta, meio de circulação e reserva de valor — é uma simplificação inaceitável. Oculta-se, com esse procedimento, o caráter contraditório dessa reprodução, na medida em que, nestas economias mercantis capitalistas, o dinheiro é, simultaneamente, bem público e instrumento de enriquecimento privado.

Enquanto "bem público", referência para os atos de produção e intercâmbio de mercadorias, bem como para a avaliação da riqueza, o dinheiro deve estar sujeito a normas de emissão, circulação e destruição que garantam a reafirmação de sua universalidade como padrão de preços, meio de circulação e reserva de valor. Para reafirmar continuamente sua universalidade e a unidade das três funções, o dinheiro não pode ser produzido privadamente nem qualquer decisão privada pode substituí-lo por outro ativo. Ou seja: numa economia mercantil capitalista, nenhum agente privado deveria ter a faculdade de comprar mercadorias, pagar suas dívidas ou avaliar seu patrimônio com moeda de sua própria emissão. Isto significa que as expectativas de receita, os cálculos de custos e preços, os direitos aos rendimentos do trabalho e dos ativos instrumentais, o valor das dívidas e a avaliação do estoque de riqueza real e financeira são "declarações" ideais de quanto pretendem valer, em termos do "equivalente geral". Mas estas declarações só podem ser reconhecidas "socialmente" quando acontece o "salto mortal" das mercadorias e dos ativos privados, a sua metamorfose na forma geral da riqueza.

As mercadorias profanas e os ativos de emissão privada são candidatos a encarnar esta forma geral, estando sempre sujeitos a ver sua pretensão rejeitada, no todo ou em parte, pelas normas de reprodução do representante da riqueza universal.

Numa economia com estas características, tanto a produção de mercadorias quanto a posse de ativos é uma aposta, em condições de incerteza, na capacidade destas formas particulares de riqueza de, no momento da conversão, preservarem seus valores em dinheiro, proporcionando, ao mesmo tempo, um ganho ao capitalista. Esta aposta supõe, por outro lado, que serão respeitadas as regras que garantem a "credibilidade" do padrão monetário, o que significa, fundamentalmente, o estabelecimento de limites ao refinanciamento das posições devedoras que sustentam a posse de ativos "desvalorizados" ou ilíquidos.

A avaliação positiva quanto à possibilidade de ganhos ou de valorização monetária de seu patrimônio leva os produtores e detentores de riqueza à decisão de colocar em funcionamento a capacidade produtiva existente e/ou de ampliar o estoque de riqueza produtiva ou mobiliária sob seu controle. Um "estado negativo das expectativas" pode envolver não apenas uma avaliação pessimista quanto à possibilidade de se alcançar a recompensa da conversão de sua mercadoria particular na "mercadoria universal". Mas há também o temor de que, chegando à transfiguração desejada, o possuidor de riqueza receba dinheiro cujo "prêmio de liquidez" está ameaçado por práticas "abusivas" de monetização das dívidas.

Os limites ao refinanciamento das posições devedoras não são definidos a partir de critérios absolutos e imutáveis, mas dependem de convenções que refletem a correlação de forças entre credores e devedores. Veremos mais adiante como, nos sistemas monetários e financeiros constituídos depois da Segunda Guerra Mundial, o clima favorável à manutenção do pleno emprego e às políticas de desenvolvimento permitiu que a balança se inclinasse, durante um bom tempo, para o lado dos devedores. Mas os regimes monetários, como conjunto de regras e convenções que sustentam um certo clima de confiança, estão sujeitos a constantes transformações que decorrem da natureza dupla e contraditória do dinheiro no capitalismo.

Assim, as regras de gestão da moeda dependem em boa medida de convenções que nascem do embate entre as frações capitalistas e entre estas e as classes assalariadas. Convém não esquecer que as crises monetárias — agudas ou prolongadas — revelam que o caráter central e centralizador do dinheiro está submetido à ameaça permanente do conflito privado. O dinheiro é, de fato, nas economias capitalistas, em que o objetivo da produção é a acumulação de riqueza abstrata, a ponte precária entre o presente e o futuro.

Liquidez e pagamento: as restrições da economia monetária

Ao contrário do que pretendem as hipóteses sobre o funcionamento de uma "economia de troca real com moeda", na economia monetária os possuidores de riqueza não estão sujeitos, primordialmente, à chamada "restrição orçamentária", mas a duas outras restrições fundamentais: a de liquidez e a de pagamento. A restrição de liquidez tem duplo significado. O primeiro, macroeconômico, diz respeito à norma fundamental da economia monetária: é o dispêndio que cria o rendimento dos fatores de produção. O gasto capitalista está, portanto, limitado pela comparação entre as vantagens de se conservar a riqueza sob a forma "líquida" e a perspectiva de recuperar o valor dos custos monetários incorridos, acrescidos de uma margem de lucro. De um ponto de vista microeconômico, no entanto, a situação de iliquidez vai ter duração igual ao período que decorre entre a decisão de gastar e a venda das mercadorias pelo preço "declarado" ou, em se tratando de posse de ativos, da possibilidade de negociá-los sem perda de capital.

A restrição de pagamento decorre da restrição de liquidez tal como apresentada acima, na medida em que a cada momento a economia capitalista supõe a existência de credores e devedores, os últimos sustentando a expectativa de um fluxo positivo de receita ou de valorização de seus ativos e os primeiros, que abriram mão da liquidez, esperando que os devedores possam servir a dívida nos termos contratados.

Em cada momento, podemos imaginar a existência na economia de uma estrutura de ativos resultantes das decisões passadas à qual estão se agregando os resultados das decisões presentes quanto à posse de ativos de capital e à forma de financiá-los. Estes ativos são, genericamente, direitos à renda futura. A realização dessa promessa vai depender, em sua dimensão macroeconômica, do comportamento do gasto capitalista, sobretudo do investimento, e, na esfera microeconômica, das condições particulares de cada ativo e dos produtos cuja produção este "facilita" (custos, demanda, poder de mercado da empresa, margem de lucro, etc.), mas nada está garantido *a priori*. Não obstante, a posse destes ativos foi obtida mediante contratos de diversas naturezas (prazos, condições e risco), que não exigem apenas pagamentos certos e fixos, mas podem incluir pagamentos variáveis de acordo com os resultados da operação corrente dos ativos.

Os contratos de dívida sempre mereceram atenção especial, porque, embora amparem o financiamento de ativos de rendimento incerto, obrigam a pagamentos certos e regulares. Isto corresponde à natureza contratual (relativa ao "capital propriedade") das dívidas e pagamentos de juros. Nesse sentido, a estabilidade das condições contratuais significa uma rigidez dos compromissos correntes, que equivale, como observou Keynes, a uma duplicação do risco empresarial ao decidir o investimento (cf. Belluzzo & Almeida, 1989).

Assim, a economia capitalista pode ser vista como um sistema de balanços inter-relacionados que registra a acumulação de ativos e de dívidas. Estes ativos e estas dívidas têm diferentes graus de liquidez, determinados, em cada momento, pela possibilidade de serem transformados no ativo líquido, de aceitação geral e imediata.

É necessário, portanto, que a organização da economia contemple a existência de agentes preparados para administrar a liquidez, avaliar a qualidade dos títulos de dívida e de propriedade e, ao mesmo tempo, capazes de enfrentar uma eventual interrupção na cadeia de pagamentos. Estas funções são exercidas por agentes especializados, através da compra e venda de ativos — novos ou já existentes — de diferentes prazos e graus de liquidez.

As decisões de gasto do conjunto da classe capitalista só podem ser viabilizadas, em cada momento, através da oferta de recursos líquidos "criada" pelos bancos. Os empréstimos do sistema bancário criam a moeda necessária para sancionar a aposta dos detentores de riqueza, que pretendem ampliar o seu patrimônio e sua renda. O crédito e o endividamento são elementos constitutivos do metabolismo da economia.

A teoria monetária da produção atribui ao sistema bancário papel crucial na formação das decisões de gasto, isto é, na formação e no crescimento da renda agregada. É o sistema bancário que deve assumir e administrar simultaneamente os dois riscos, o de liquidez e o de pagamento. O sistema bancário, inclusive o Banco Central, deve respeitar as regras "convencionadas" que o obrigam a funcionar, simultaneamente, como redutor de riscos e de incerteza e como gestor dos limites impostos aos produtores e detentores privados de riqueza, enquanto candidatos a acumular riqueza universal. Estas funções especializadas, delegadas pelo conjunto do estrato mercantil-capitalista, envolvem a prerrogativa da criação monetária, ou seja, de avançar poder de compra, até então inexistente, aos centros de produção, a partir da própria avaliação dos riscos de iliquidez e de pagamento.

A prerrogativa de criação de moeda pelos bancos está subordinada às regras de conversibilidade, isto é, da transformação das "moedas privadas" na moeda central, aceita como a forma final de liquidação dos contratos. Esta conversibilidade não está garantida *a priori* e só pode ser testada no momento em que se apresentam as restrições de liquidez e de pagamento. No caso da moeda bancária, estas restrições se manifestam sob a forma de mudanças abruptas nas avaliações dos mercados quanto às possibilidades da "realização" da carteira de empréstimos. Até então, prevalece um certo estado de *confiança* que assegura, num ambiente de incerteza, apenas a possibilidade de validação das moedas emitidas privadamente pelos bancos.

Nas etapas de prosperidade do ciclo econômico, este constrangimento de conversibilidade não se coloca; aparentemente, todas as moedas bancárias têm o mesmo *status* e são conversíveis nas mesmas condições. Modernamente, os Bancos Centrais — intermediários entre o poder soberano do Estado e sistema bancário privado — procuram estabelecer, além de regras prudenciais e sanções, normas gerais de acesso dos bancos à liquidez na moeda central. Ao mesmo tempo em que impõe regras, sanções e condicionalidades, o Banco Central também funciona como redutor de riscos e de incerteza para os bancos privados, por meio dos instrumentos usuais de abastecimento de liquidez. Nos momentos críticos, em que pode estar comprometida a cadeia de pagamentos da economia e, portanto, a higidez do sistema bancário, ressalta o seu papel de "emprestador" de última instância.

Taxas de juros, política monetária e mecanismos de transmissão

A partir desta estruturação e hierarquização do sistema de pagamentos e de administração da liquidez nas economias capitalistas, é possível definir a natureza da taxa de juros. Numa economia monetária, esta pode ser vista de duas maneiras, ambas ressaltadas por Keynes: em primeiro lugar, é o prêmio concedido ao possuidor de riqueza para se desprender da liquidez; por outro lado, sendo a taxa monetária de juros aquela que desconta os rendimentos esperados de qualquer ativo, para torná-los comparáveis num determinado momento do tempo, uma de suas funções cruciais é a de exprimir o valor de todos os ativos na forma geral da riqueza.

A avaliação capitalista da riqueza está, assim, submetida a três critérios interdependentes: a) a rentabilidade esperada de um ativo de capital produtivo, definida a partir de sua capacidade de "reproduzir-se" e ainda gerar um excedente, em termos de si mesmo; b) a avaliação de um ativo em função de si mesmo, que deve ser reconhecida socialmente — portanto, os rendimentos líquidos esperados devem ser descontados à taxa de juros monetária, o que converte o "valor" deste ativo no dinheiro, forma geral da riqueza —; c) a variação esperada do poder de compra dos ativos, que pode ocorrer diante das inevitáveis flutuações no valor do dinheiro.

Estes três critérios de avaliação conformam o que Keynes definiu como o preço de demanda dos ativos. Ao construir essa definição, ele estava particularmente interessado em determinar as condições favoráveis à colocação em operação de um dado estoque de riqueza produtiva (em que é fundamental a avaliação do custo de se colocar em operação o estoque de capital existente, ou seja, o custo de uso) e a decisão de incorporar ao estoque de capital existente um novo ativo. Isto significa que o preço da demanda deste ativo deve ser superior ao seu preço de oferta, isto é, ao custo de substituição de um bem de capital da mesma classe. Ou seja, Keynes estava interessado em determinar o sistema de preços dos ativos, as condições que podem proporcionar variações nos fluxos de investimento, na produção corrente e no emprego (cf. Belluzzo & Almeida, 1989).

A taxa de juros é o preço central numa economia capitalista, na medida em que as expectativas quanto a sua variação determinam um certo estado de preferência entre a posse de ativos mais ou menos líquidos e, consequentemente, definem o fluxo de gastos monetários que determina o emprego, a renda e os salários no mundo "real".

Mais precisamente, como ensinam Ciocca e Nardozzi, em seu livro *The High Price of Money*:

> *A curva de preferência pela liquidez define todos os valores possíveis da taxa nominal de juros de longo prazo, consistentes com o equilíbrio nos mercados de títulos, dadas distintas quantidades de moeda (...). Ilustra estados de equilíbrio virtuais entre a moeda que os agentes desejam reter, antecipando uma subida na taxa de juros, e os títulos demandados em antecipação ao declínio de seus preços, dado o estado de expectativas* (Ciocca & Nardozzi, 1996).

O movimento da taxa de juros afeta simultaneamente o valor das dívidas já emitidas ou em processo de emissão e o valor presente dos fluxos esperados de rendimentos dos ativos (instrumentais e financeiros), provocando alterações nas relações entre credores e devedores e aumentando ou reduzindo os riscos de pagamento.

A hierarquia que caracteriza o sistema bancário, enquanto administrador do sistema de liquidez e de pagamentos, pode sugerir que a fixação da taxa de juros é definida, com um grau razoável de arbítrio, pelo Banco Central, e que este sinal é transmitido pelos bancos privados aos mercados financeiros e daí ao setor produtivo da economia. Esta visão simplificada dos mecanismos de transmissão da política monetária comporta, como é sabido, muitas ressalvas.

A despeito de o Banco Central fixar a taxa de juros de curto prazo — ou seja, a taxa que regula o acesso às reservas bancárias e que desconta as letras mercantis de melhor qualidade, em geral os títulos mais curtos dos Tesouros —, os efeitos sobre as taxas de longo prazo vão depender do estado de convenções prevalecente e da organização do sistema financeiro. Assim, no que respeita às expectativas, se há uma predominância dos que antecipam uma subida na taxa de juros, portanto dos "baixistas", a tentativa do Banco Central de reduzir a taxa curta pode intensificar as expectativas dos que apostam numa queda no preço dos títulos. Outro exemplo pode ser tomado de algumas experiências atuais: uma redução muito forte das taxas de curto prazo entra em choque com as antecipações de elevação da taxa de inflação, fazendo com que o mercado promova um salto nas taxas longas e uma queda no preço dos títulos.

REGIMES MONETÁRIOS INTERNACIONAIS, FINANÇA E MORFOLOGIA DOS CICLOS

Os mecanismos de transmissão da política monetária dependem também do grau de interdependência dos mercados financeiros nacionais e das formas predominantes de organização destes mercados.

Os "regimes" monetários internacionais apresentam peculiaridades que decorrem das relações indissociáveis, mas conflituosas, entre a soberania dos Estados nacionais e as forças privadas da "generalização" mercantil e financeira.

No processo de constituição dos regimes monetários internacionais, Barry Einchengreen, no seu livro *Globalizing Capital*, mostra que a "escolha" do padrão monetário depende de complexa interação entre as práticas de pagamento dominantes nos mercados e a hierarquia existente entre as economias nacionais.

O padrão-ouro clássico foi a expressão da hegemonia inglesa entre o final do século XIX e a Primeira Guerra Mundial, assim como o regime de Bretton Woods foi construído sob a hegemonia americana no crepúsculo da Segunda Guerra.

Os dois regimes monetários corresponderam, de fato, às exigências de constituição e de funcionamento de um *standard* universal. O processo de "escolha" do *standard* resultou, em ambos os casos, da aceitação — no âmbito das relações comerciais e financeiras internacionais — da moeda do país dominante como unidade de conta e meio de pagamento. Este processo é, ao mesmo tempo, causa e resultado da confiança dos mercados no sistema bancário, inclusive o Banco Central, do país hegemônico. É através do poder de financiar os negócios estrangeiros e de interpor garantias que os bancos da economia dominante impõem naturalmente a moeda de sua emissão aos demais protagonistas "soberanos" do mercado.

Tanto no padrão-ouro, quanto no regime de Bretton Woods, os sistemas monetários domésticos estavam baseados nas regras de emissão da moeda bancária de plena e imediata conversão na moeda central de cada país. Estas "redes" nacionais de administração da moeda e do crédito estavam inter-relacionadas, através de taxas fixas de câmbio e regras de conversibilidade, sustentadas por mecanismos de "ajustamento" que deveriam cumprir simultaneamente duas funções: 1) permitir o reequilíbrio dos balanços de pagamentos; 2) defender, dentro dos limites de variação estabelecidos, as paridades e a regra de conversibilidade entre as moedas nacionais e o *standard* internacional.

Ciclo e ajustamento sob o padrão-ouro
O padrão-ouro clássico
Robert Triffin, em seu ensaio sobre os sistemas monetários internacionais, mostra que a emissão de moeda bancária — fundada no sistema de reservas fracionárias — desenvolveu-se com grande vigor exatamente no auge do padrão-ouro. Este era um regime em que predominava, no âmbito interno, a moeda de crédito, cuja emissão, circulação e destruição eram guiadas e impostas pelas regras de conversibilidade no *standard* internacional. Os autores que mais se aprofundaram no estudo deste regime demonstram que as regras de emissão monetária e de proporção entre reservas ouro e estoque de meios de pagamento eram muito menos rígidas do que pretendem as versões mais vulgares dos manuais e dos livros-texto.

O automatismo e a "naturalidade" do padrão mercadoria e do *price-specie-flow mechanism*, que deveriam comandar os ajustamentos dos balanços de pagamentos, eram, na verdade, produto da crença dos mercados financeiros no firme comprometimento dos Bancos Centrais com a defesa das paridades. Estamos falando, naturalmente, das instituições que integravam o núcleo industrializado do capitalismo, sob a liderança do Banco da Inglaterra.

No auge dos ciclos, quando as saídas de ouro ameaçavam colocar sob tensão o balanço de pagamentos, os banqueiros centrais elevavam as taxas de desconto, confiantes na atuação cooperativa de seus pares. A medida destinava-se a restringir a liquidez doméstica e atrair capital estrangeiro, evitando a saída de ouro. Por isso, as expectativas dos mercados financeiros e os movimentos de capitais eram, em geral, "estabilizadores" e convergentes com a ação dos Bancos Centrais na defesa das paridades. Os capitais faziam "arbitragem", buscando os mercados nacionais onde os ativos prometiam ficar mais baratos.

Estes ajustamentos eram muito mais dramáticos na periferia, onde as reversões cíclicas vinham acompanhadas de queda de preços dos produtos primários, crise aguda do balanço de pagamentos e, muito frequentemente, do abandono do padrão-ouro.

É claro que este arranjo entre as convenções dos mercados e a ação dos responsáveis pela gestão monetária favorecia a sucessão periódica dos ciclos de negócios, provocando ajustamentos deflacionários, com seu séquito de liquidação de ativos e crises bancárias. Mas, nesse momento, não havia ainda nos países desenvolvidos aglutinação de forças políticas capaz de contestar os efeitos internos do ajustamento sobre o emprego e os salários. Aliás, as políticas econômicas se reduziam à política monetária, e esta estava primordialmente voltada para a defesa do valor externo das moedas e, às vezes, empenhada em evitar colapsos bancários. Não havia, portanto, espaço nem instrumentos fiscais e monetários para a execução de políticas destinadas a anular ou mesmo atenuar os demais efeitos provocados por reversão mais aguda do ciclo. Em compensação, a etapa depressiva do ciclo eliminava o excesso de capital e de capitalistas, ao desvalorizar os ativos, deprimir os preços e salários e incrementar a insolvência. Esses movimentos de preços e suas consequências sobre a distribuição da riqueza estimulavam o processo de centralização dos capitais e a valorização dos saldos monetários, criando as condições para o início de nova fase de recuperação da economia.

Os dogmas do equilíbrio orçamentário e da estabilidade natural da moeda mercadoria reinavam absolutos. Keynes sublinhou a força destes convencimentos ao relatar as dificuldades do Partido Trabalhista, nos anos 20, em abandonar a crença no caráter natural e automático dos mecanismos de ajustamento do padrão-ouro ou desafiar o mito inexpugnável do orçamento equilibrado.

O *Gold Exchange Standard*
A maioria dos países saiu do primeiro conflito mundial com as finanças públicas destroçadas pelo financiamento das despesas militares, realizado

basicamente mediante endividamento e emissão de papel-moeda inconversível. As dívidas de guerra e as reparações exigiram um esforço adicional de obtenção de recursos fiscais que as populações, principalmente as classes abastadas, não estavam dispostas a conceder aos governos. Os níveis de preços foram multiplicados por quatro ou cinco; os países ficaram submetidos ao ônus de reparações e sobrecarregados com a reconstrução do aparato produtivo e sofreram o flagelo da hiperinflação. A generalização do sufrágio universal e a percepção da natureza "imperialista" da guerra, atribuída à insensatez das elites econômicas e políticas, concederam maior peso à opinião das classes subalternas.

Neste quadro, na primeira metade dos anos 20 do século passado, tornou-se impossível restaurar o regime monetário que prevaleceu no período anterior à guerra. Os primeiros anos da paz permitiram que se observasse e avaliasse o funcionamento de um sistema de "flutuação livre" das taxas de câmbio. A experiência foi desastrosa e só aumentou a ansiedade pela restauração de um padrão monetário estável.

Em sua ressurreição, o padrão-ouro foi incapaz de reanimar as convenções e de reproduzir os processos de ajustamento e as formas de coordenação responsáveis pelo sucesso anterior. O último país a declarar oficialmente sua adesão ao padrão-ouro foi a França, em 1928. Antes, entre 1923 e 1925, retornaram a Alemanha e seus parceiros na hiperinflação, Áustria, Hungria e Polônia. A volta mais aguardada era a da Inglaterra. Isto ocorreu em 1925, de forma inadequada. O estabelecimento da paridade da libra com o ouro no mesmo nível que prevalecia antes da guerra foi causa de muitos dos problemas de coordenação que se apresentaram durante os conturbados anos 20 e 30.

Sob a forma modificada e atenuada do *Gold Exchange Standard*, que permitia, diante da escassez de ouro, a acumulação de reservas em moeda "forte" (o dólar e a libra, basicamente), este arranjo monetário provocou assimetrias no ajustamento dos balanços de pagamentos e frequentemente desatou a especulação causadora de instabilidade nos mercados financeiros. A decisão da Inglaterra, tomada em 1925, de voltar à paridade do período anterior à guerra era claramente incompatível com o novo nível de preços interno e tampouco reconhecia o declínio de seu poderio econômico e financeiro.

Os Estados Unidos saíram do conflito com créditos acumulados contra os países europeus e fortalecidos economicamente diante de competidores que tiveram suas economias destroçadas. No entanto, este país e seu recém-criado Banco Central não possuíam credenciais nem credibilidade para substituir a Inglaterra na coordenação de um regime monetário de administração complexa.

A "sobrevalorização" da libra e a "subvalorização" de outras moedas, principalmente do franco, causaram, ao longo do tempo, o aprofundamento dos desequilíbrios do balanço de pagamentos e pressões continuadas sobre a moeda inglesa. As perspectivas dos mercados quanto à sustentação da paridade eram pessimistas, e os ajustamentos entre países superavitários e deficitários não ocorriam. Muito ao contrário, os déficits e os superávits tendiam a se tornar crônicos, em boa medida porque os países superavitários tratavam de trocar seus haveres em "moeda forte" por ouro. Os Estados Unidos, a França e a Alemanha acabaram por concentrar uma fração substancial das reservas em ouro, contribuindo para confirmar as expectativas negativas quanto ao futuro da libra.

Os problemas de ajustamento tornaram-se mais graves, porque os capitais privados, principalmente de origem norte-americana, entre 1925 e 1928, estimulados pelos diferenciais de juros (e ativos baratos) nos países de moeda recém-estabilizada, em particular na Alemanha, formaram "bolhas" especulativas, ávidos de colher as oportunidades de ganhos de capital. O ciclo de "inflação de ativos" estrangeiros foi concomitante à rápida valorização das ações da Bolsa de Valores americana. Esta onda de especulação altista, como não poderia deixar de ser, foi alimentada pela expansão do crédito nos Estados Unidos, onde as taxas de desconto ainda foram reduzidas em 1927, para aliviar as pressões exercidas contra a libra.

O desastre que se seguiu foi consequência da mudança de sinal da política monetária americana, em meados de 1928. O Federal Reserve, preocupado com o aquecimento da economia e com a febre dos mercados financeiros, subiu a taxa de desconto, provocando o "estouro" da "bolha" especulativa em outubro de 1929. Os "grilhões dourados" do regime monetário tiveram grande responsabilidade na imobilização das políticas econômicas, determinando uma quase completa incapacidade de resposta e de coordenação dos governos da Europa e, pelos menos até 1933, dos Estados Unidos.

Entre 1929 e o início da Segunda Guerra, as economias capitalistas mergulharam na violenta queda de preços das mercadorias, na deflação de ativos, nas sucessivas e intermináveis crises bancárias, nas desvalorizações competitivas das moedas, na ruptura do comércio internacional, do sistema de pagamentos e, finalmente, no colapso do *Gold Exchange Standard*.

As taxas de desemprego atingiram cifras superiores a 20% da população economicamente ativa e os níveis de utilização da capacidade caíram dramaticamente, chegando, em alguns casos, a 30% do potencial instalado.

A morfologia do ciclo na finança regulada com taxas fixas de câmbio
Como já foi dito em outra ocasião (Capítulo 2), o arco de forças sociais e políticas antifascistas, vitorioso na Segunda Guerra, estava disposto a impedir a repetição do desastre. Para isso, era necessário, antes de tudo, constituir uma ordem econômica internacional capaz de estimular o desenvolvimento do comércio entre as nações. Isso seria feito dentro de regras monetárias que garantissem a confiança na moeda reserva, sem o ajustamento deflacionário dos balanços de pagamentos, mas, antes, permitindo o abastecimento adequado da liquidez às transações em expansão. Tratava-se, portanto, de erigir um ambiente econômico internacional destinado a propiciar um amplo raio de manobra para as políticas nacionais de desenvolvimento, industrialização e progresso social.

Apesar da imponente arquitetura das instituições multilaterais (FMI e Banco Mundial) criadas em Bretton Woods, o papel principal de regulação da liquidez internacional foi desempenhado pelo Federal Reserve. O Banco Central americano funcionou, na verdade, como "regulador" do *sistema crédito* em que se transformou o regime monetário internacional. Isto significa que os EUA cumpriram, simultaneamente, o papel de fonte autônoma de demanda efetiva e a função de emprestador de última instância.

Minsky foi preciso, ao afirmar que

> *a estrutura financeira criada no pós-guerra cortou a conexão entre a queda nos preços dos ativos e o default das dívidas, protegendo os bancos e outras instituições financeiras, assim como o maior peso do gasto público evitou a queda potencial dos lucros agregados* (Minsky, 1996).

Esta organização da finança, baseada na predominância do crédito bancário, tinha três características importantes.
1) As políticas monetárias e de crédito tinham objetivos nacionais, ou seja, estavam relacionadas com o desempenho da economia e das empresas localizadas no país. As taxas fixas (mas ajustáveis) de câmbio e as limitações aos movimentos internacionais de capitais de curto prazo impediam a transmissão de choques causadores de instabilidade às taxas de juros domésticas.

2) O caráter insular dos sistemas nacionais de crédito permitia a adoção, pelas autoridades monetárias, de normas de operação que definiam: a) segmentação e especialização das instituições financeiras; b) severos requisitos prudenciais e regulamentação estrita das operações; c) fixação de tetos para as taxas de captação e empréstimo; d) criação de linhas especiais de fomento.

3) Em contrapartida, a relação próxima entre os Bancos Centrais e os bancos privados correspondia a uma capacidade de resposta mais elástica às necessidades de liquidez corrente do sistema bancário.

Os sistemas de administração da moeda e do crédito — desenhados à luz da experiência de instabilidade monetária e do desastre da grande depressão dos anos 20 e 30 — tinham como objetivo principal a sustentação das taxas elevadas de crescimento do produto, do emprego e dos salários reais, juntamente com a política fiscal e as regras de formação dos rendimentos do trabalho.

As regras de gestão e as convenções que orientaram o desempenho dos regimes monetários e financeiros do segundo pós-guerra, ao privilegiar o papel dos bancos na gestão do crédito e da liquidez, procuravam estabelecer limites mais elásticos para a restrição de pagamento. Isto é, as relações entre as empresas, os bancos e o Banco Central eram, em geral, relações de clientela, favorecendo o refinanciamento das posições devedoras. Essa orientação favoreceu, por longo período, a manutenção de taxas de juros nominais e reais muito baixas, as últimas geralmente inferiores ao ritmo de crescimento do produto real.

Nesta situação, a rentabilidade dos bancos decorria basicamente do crescimento dos empréstimos. Os tetos às taxas de juros e as políticas monetárias empenhadas em não travar a expansão da economia, tanto através do redesconto, quanto mediante as operações de *open market*, faziam com que a concorrência pressionasse os bancos no sentido da ampliação dos volumes de crédito e de sua diversificação.

Esse sistema controlado e dotado de um claro viés "inflacionista" foi capaz de evitar os picos e vales dos "ciclos de crédito", marca registrada das finanças de mercado que prevaleceram nas etapas anteriores do capitalismo. O estado de convenções fortemente expansionistas do pós-guerra foi responsável por esta peculiar estabilização do ciclo nas duas primeiras décadas do pós-guerra. Como o demonstrou com maestria Hyman Minsky, a elevação do gasto público e os Bancos Centrais, em seu papel de prestamistas de última instância, funcionaram como estabilizadores *ex ante* do ciclo econômico. Num sentido amplo, este estado de convenções estava amparado na percepção dos detentores privados de riqueza de que a políticas fiscal e monetária impediriam o aprofundamento das recessões e das crises de liquidação de ativos.

Tal sistema evoluiu de maneira razoavelmente estável. As cargas tributárias e o gasto público subiram rapidamente em quase todos os países desenvolvidos. Os déficit fiscais eram excepcionais e passageiros, as taxas de investimento privado bem elevadas, as intervenções de última instância praticamente inexistentes e as taxas de inflação muito baixas. Os próprios níveis de endividamento *ex post* do setor privado como proporção do PIB evoluíram satisfatoriamente, porque as taxas de crescimento elevadas do produto e da renda permitiam a "absorção" da alta propensão ao endividamento *ex ante*.

O sistema de finança regulada apresentava grande capacidade de recompor as dívidas entre empresas e bancos e flexibilidade no que diz respeito ao acesso à liquidez junto ao Banco Central. Esta forma de existência da ordem monetária estava muito próxima do conceito keynesiano de "moeda administrada".

Diante destas características, alguns economistas passaram a designar esta forma de organização financeira e monetária da economia capitalista de "economia do endividamento". Neste regime, paradoxalmente, observou-se grande estabilidade na demanda de moeda por parte dos agentes econômicos, garantida pela existência das convenções que asseguravam o refinanciamento das posições devedoras dos agentes e a ação pronta do Banco Central no sentido de abortar as ameaças de deflação de ativos e de desvalorização das dívidas. No que respeita aos mecanismos de transmissão, esses sistemas evidenciavam maior influência dos movimentos das taxas curtas, controladas pelas autoridades monetárias, sobre as taxas de longo prazo.

Daí a ideia monetarista de que, com a fixação de regras para a expansão da base monetária (diante da relação entre a ampliação deste estoque e o crescimento da moeda bancária), seria possível sustentar uma trajetória estável de crescimento do produto e do nível de preços das economias nacionais. Esta estabilidade "construída" pelo arranjo institucional e pelo estado de convenções predominante levou muitos autores a negar relevância teórica ao conceito de preferência pela liquidez e a recusar a sua importância prática.

Observada a composição ampla da oferta monetária — entre ativos monetários e não monetários e seu grau de substituição mútua —, foi possível constatar, num sistema hierarquizado de moeda fiduciária, nítida separação entre a moeda e outros títulos financeiros. Também por isso, não sendo relevante o fenômeno da existência das "quase moedas", os sinais emitidos pela ação do Banco Central nos mercados monetários eram percebidos de forma mais clara e não ambígua nos demais segmentos dos mercados financeiros.

Contradições e crise da finança regulada

O final dos anos 60 e o início dos 70 presenciaram o aparecimento dos primeiros sintomas de desorganização deste arranjo "virtuoso". Durante a década de 70, o declínio do chamado "consenso keynesiano" culminou com o choque monetário provocado pela subida das taxas de juros americanas em outubro de 1979.

No que tange aos sistemas monetários e financeiros, os fenômenos mais importantes, nesta etapa de dissolução do consenso keynesiano, foram, sem dúvida: 1) a subida do patamar inflacionário; 2) a criação do euromercado e das praças *offshore*, estimuladas pelo "excesso" de dólares produzido pelo déficit crescente do balanço de pagamentos dos Estados Unidos e, posteriormente, pela reciclagem dos petrodólares; 3) a substituição das taxas fixas de câmbio por um "regime" de taxas flutuantes, a partir de 1973. Os defensores das taxas flutuantes proclamavam perseguir um duplo objetivo: permitir o realinhamento das paridades e dar maior liberdade às políticas monetárias domésticas.

Muitas são as interpretações acerca das causas que determinaram o ocaso do estilo de crescimento dominante durante as duas primeiras décadas do pós-guerra. Do nosso ponto de vista, as convenções que sustentaram o longo período de crescimento — através de taxas elevadas de crescimento do investimento privado, do gasto público, da produtividade e dos salários reais, numa situação de pleno emprego — foram sendo minadas pelo acirramento da concorrência intercapitalista e, quase em simultâneo, pelo agravamento do conflito distributivo.

A intensificação da concorrência foi produzida, em primeiro lugar, pelo fim da reconstrução européia, que deixou como legado sistemas industriais revitalizados e competitivos, sobretudo na Alemanha, mas também na França e na Itália; em seguida, pelo avanço internacional do capital japonês; e, depois, pelo aparecimento dos chamados "tigres asiáticos". Esses países, em momentos diferentes, valendo-se de sua situação geopolítica peculiar e da posição da economia americana como reguladora da demanda e da liquidez globais, sustentaram políticas de forte estímulo à acumulação interna de capital, apoiadas em estratégias mercantilistas de comércio exterior. No caso dos EUA, os primeiros sinais de desequilíbrio fiscal foram acompanhados de deterioração da balança comercial. Isto resultou, conforme a interpretação de alguns analistas, da tentativa de combinar, desde meados dos anos 60, as funções de "regulador global" com o avanço do Estado Social e do Estado Industrial-Militar, numa quadra em que a supremacia da indústria americana já estava sendo contestada pelos velhos e novos competidores.

À medida que nos aproximamos do final dos anos 60 e ingressamos nos 70, a intensificação da concorrência e a hostilidade em relação ao intervencionismo do Estado e à politização das decisões econômicas acarretaram forte declínio do investimento privado, o qual as políticas fiscais expansionistas não conseguiram contrabalançar. Muito ao contrário: as ações do Estado começaram a se tornar cada vez menos efetivas para reestimular os *animal spirits* do setor privado. A tendência a déficits crônicos e crescentes dos governos revelava que estava prestes a se romper o pacto até então bem-sucedido entre governos, proprietários de riqueza e assalariados. O conflito distributivo teve como resposta das classes proprietárias e dirigentes uma escalada contra os "excessos" do crescimento baseado no dirigismo, as cargas tributárias elevadas e, antes de mais nada, a politização das decisões econômicas, comandada pelos sindicatos e respaldada pelos Estados nacionais.

Os primeiros ataques contra a posição do dólar como moeda reserva têm início neste momento, trazendo à tona o dilema formulado por Robert Triffin: a função de reserva da moeda americana estava sendo desgastada pela percepção de que havia um desequilíbrio estrutural no balanço de pagamentos. Os termos deste dilema foram exasperados pela atitude de negligência benigna da política econômica americana durante os anos 70. A intensificação das disputas trabalhistas, nos Estados Unidos e principalmente na Europa, ocorreu numa economia que revelava claros sinais de esgotamento de seus mecanismos de crescimento e inclinação a sustentar intensas pressões inflacionárias.

A descrição das características do crescimento do pós-guerra permite concluir que o mencionado "arranjo virtuoso" estava amparado por frágil equilíbrio entre crescimento acelerado e baixas taxas de inflação.

Na verdade, terminada a Segunda Guerra, a rápida reconversão industrial nos EUA e a reconstrução europeia foram complementares, no que diz respeito à manutenção de elevadas taxas de investimento e de produtividade e à ampliação da capacidade produtiva a um ritmo "equilibrado" diante da expansão da demanda, favorecendo, portanto, o crescimento do emprego e dos salários reais, sem pressões inflacionárias. Nestas circunstâncias, como já foi explicado, os sistemas financeiros puderam se colocar a serviço do crescimento, sem desencadear autonomamente tensões especulativas causadoras de instabilidade.

O primeiro choque do petróleo foi desferido sobre uma economia que já apresentava claros sinais de desgaste de seus protocolos de regulação. Apesar das medidas de ajustamento destinadas a combater os efeitos da primeira crise do petróleo — e que redundaram na forte recessão de 1974-75 —, as políticas econômicas continuaram, até o início dos anos 80, basicamente comprometidas com as convenções da "era dourada", ou seja, com a promoção do crescimento e a busca do pleno emprego.

Arthur Burns, presidente do Federal Reserve entre 1970 e 1978, em um ensaio denominado *The Anguish of Central Banking*, lembrou que pesavam na formação das decisões de política monetária "as correntes filosóficas e de pensamento que predominaram na vida econômica desde a Grande Depressão" e que sublinhavam a superioridade dos objetivos do crescimento e do pleno emprego sobre aqueles relativos à estabilidade de preços.

Já entre o final dos anos 60 e o início dos 70, as tensões entre a regulamentação dos sistemas nacionais e o surgimento de um espaço "desregulamentado" de criação de empréstimos (e depósitos), num ambiente de inflação ascendente, acarretara mudanças nas formas de concorrência bancária, provocando uma onda de inovações financeiras. Desde então, os bancos americanos começavam a se utilizar das técnicas de administração de passivos: tratava-se não apenas de atrair depósitos remunerados — não sujeitos a encaixes obrigatórios —, sobretudo através da emissão de certificados de depósito, mas também de conferir maior liquidez aos detentores destes haveres, permitindo o saque mediante pré-aviso. As empresas de maior reputação passaram a recorrer ao financiamento direto, sem a intervenção dos bancos, através da emissão de *commercial papers*. A captura dos devedores do Terceiro Mundo é uma das dimensões importantes desta primeira etapa de internacionalização do capital financeiro: começa na segunda metade da década de 60 e se intensifica depois do primeiro choque do petróleo e da introdução do regime de taxas de câmbio flutuantes.

Num ambiente de crescente liberalização dos movimentos de capitais e instabilidade das taxas de câmbio e de juros, os governos deram continuidade às políticas anticíclicas, com sua ênfase na sustentação do crescimento da renda e do emprego e sua "aversão" à deflação de ativos. Esta combinação impulsionou uma segunda onda de inovações, de "desregulamentação", de expansão dos instrumentos de *hedge* e de crescimento dos mercados de emissão e negociação direta de títulos de dívida.

Importante para o ressurgimento da finança de mercado foi o papel desempenhado pela ampliação dos endividamentos públicos americano e europeu, de maior qualidade, fenômeno crucial para socorrer as carteiras e conter o colapso dos bancos envolvidos com a dívida do Terceiro Mundo. O crescimento das dívidas americana e europeia tornou-se cumulativo durante a década de 80, com as políticas inspiradas na "economia da oferta" nos Estados Unidos e com o rigor monetário do Bundesbank, na Europa. As dívidas públicas cresceram rapidamente, engordadas pelas taxas de juros elevadas. O crescimento "endógeno" do endividamento público foi acompanhado de maior dependência dos governos em relação aos mercados financeiros internacionalizados.

Estes foram fatores decisivos para aprofundamento dos processos de "securitização" das operações de emissão de dívidas e para o avanço da "desregulamentação" dos mercados, deslanchando a chamada globalização financeira.

FINANÇA DE MERCADO E INSTABILIDADE FINANCEIRA[2]

A novidade nestes mercados de finanças securitizadas é a participação crescente das famílias, como ofertantes de fundos e detentoras de papéis, através dos investidores institucionais (fundos de pensão, fundos mútuos e seguradoras). Na outra ponta, os emissores são basicamente os Tesouros Nacionais (com destaque para os EUA), grandes empresas e bancos. Diferentemente do que ocorreu no pós-guerra até o início dos anos 80, a transformação das poupanças em créditos bancários cedeu lugar à finança direta, mobilizada através dos mercados dos ativos.

Os mercados em que são transacionados estes ativos financeiros têm aspectos também muito reconhecidos: a) *profundidade*, isto é, mercados secundários de grande porte que garantem elevado grau de negociabilidade aos papéis de distintas características, denominações monetárias e prazos de maturação; b) *liquidez e mobilidade*, ou seja, relativa facilidade de entrada e de saída das posições assumidas; c) *volatilidade*, decorrente de mudanças frequentes nas expectativas a respeito da evolução dos preços dos diferentes ativos, denominados em moedas distintas.

---
2. Escrito em coautoria com o professor Luciano Coutinho.

A volatilidade, associada às demais características, suscitou o desenvolvimento de instrumentos de *hedge* chamados "derivativos", que buscam neutralizar os riscos de perda de rendimento e/ou de capital. Estas operações tomam a forma de contratos de compra e venda, *swaps* ou opções em datas futuras, intermediadas principalmente pelos bancos, com lastro em títulos de alta qualidade. Em abril de 1995, segundo o BIS, o valor nocional do estoque de contratos de derivativos atingiu US$ 40 trilhões.

É ingenuidade supor que este mercado atenda aos requisitos de eficiência, no sentido de que não podem existir estratégias "ganhadoras" acima da média, derivadas de assimetrias de informação e de poder. Os protagonistas relevantes nestes mercados são, de fato, os grandes bancos, os fundos mútuos e a tesouraria de empresas que decidiram ampliar a participação da riqueza financeira em seu portfólio. Em condições de incerteza radical, estes agentes são obrigados a formular estratégias com base numa avaliação "convencionada" sobre o comportamento dos preços. Dotados de grande poder financeiro e de influência sobre a "opinião dos mercados", são na verdade formadores de convenções, no sentido de que podem manter, exacerbar ou inverter tendências. Suas estratégias são mimetizadas pelos investidores com menor poder e informação, ensejando a formação de bolhas altistas e de colapsos de preços.

É um truísmo afirmar que estes mercados são intrinsecamente especulativos, uma vez que as posições "compradas" e "vendidas" são sempre tomadas em relação às expectativas de variação dos preços de ativos cujos estoques já existentes determinam as condições de formação dos preços dos fluxos de novas emissões. O problema é que, nestes mercados dominados pela "lógica dos estoques", a especulação não é estabilizadora nem autocorretiva, ao contrário do que procuram afirmar os monetaristas clássicos e os partidários das expectativas racionais, porquanto a coexistência de incerteza, assimetria (de poder e de informação) e mimetismo frequentemente dá origem a processos autorreferenciais, instáveis e desgarrados dos "fundamentos".

Desde a afirmação de sua supremacia, em meados dos anos 80, os mercados financeiros foram palco de uma sucessão de episódios críticos. Entre estes estão o *crash* das Bolsas de Valores em 1987, o *crash* dos mercados imobiliários em 1989, o colapso da Bolsa de Tóquio em janeiro de 1990, os ataques especulativos às moedas fracas do SME em 1992 e 1993, a crise no mercado americano de bônus no início de 1994 e, finalmente, a crise mexicana de dezembro desse mesmo ano. Isto para não falar da forte desvalorização do dólar em abril/junho de 1995 e da instabilidade da Bolsa nova-iorquina em 1996.

Os momentos de ruptura de determinado estado de convenções que sustenta uma onda de especulação altista costumam resultar, nos mercados com as características descritas, em agudas deflações de preços dos ativos sobrevalorizados. É normal que, nessas ocasiões, os prejuízos sejam consideráveis para os agentes cujas carteiras carregavam grandes posições nestes ativos. A questão se torna ainda mais delicada quando se sabe que estas posições podem estar em geral muito alavancadas, apoiadas na expansão do crédito bancário.

Quanto mais abrupta e "inesperada" a deflação de ativos, maior será o número de agentes relevantes atingidos por severos desequilíbrios patrimoniais que podem culminar na disrupção das cadeias de pagamento, gerando uma crise de liquidez sistêmica.

Diante da importância da "economia de ativos" na formação do patrimônio das famílias, empresas e bancos, é inconcebível que as autoridades monetárias possam permitir uma espiral de queda de preços. Todos os episódios mencionados mostram, aliás, que os Bancos Centrais foram pródigos nas intervenções destinadas ao refinanciamento dos desequilíbrios incorridos pelos agentes. Particularmente emblemáticas foram as operações de sustentação da liquidez no *crash* de 1987 e a de prevenção de um segundo *default* mexicano no início de 1995.

Em suma, mais do que em qualquer outro período da história econômica, as políticas monetárias estão severamente constrangidas pelas tensões e desequilíbrios que nascem dos mercados financeiros. As intervenções destinadas a conter crises sistêmicas criam inevitavelmente riscos morais. Para evitar que este tipo de intervenção de última instância seja frequente, agravando o *moral hazard*, as autoridades veem-se forçadas a tentar administrar "aterrissagens suaves". Com isto, não conseguem desestimular as tendências especulativas dos mercados, agravando o viés altista que potencializa os problemas de sobrevalorização nos mercados de ativos.

O ciclo comandado pela dinâmica financeira e as restrições da política monetária

É possível afirmar que as autoridades monetárias passaram a temer a progressiva severidade e a generalização dos efeitos perversos das reversões cíclicas engendradas nos mercados financeiros. Não é preciso insistir na constatação de que — tanto para as empresas, quanto para as famílias —

uma pronunciada e súbita reversão do ciclo de "inflação de ativos" tende a acarretar o aparecimento de desequilíbrios patrimoniais.

Estes desequilíbrios permanecem encobertos na etapa altista do ciclo, quando ocorre a rápida valorização das ações das empresas e seu portfólio de ativos, bem como do patrimônio financeiro e imobiliário das famílias. Esta valorização permite o sobre-endividamento daqueles agentes, impulsionando o consumo, o investimento produtivo e a própria valorização fictícia da riqueza financeira.

No entanto, as expectativas de valorização de ativos dos quais a oferta é relativamente rígida provoca, de fato, uma "explosão" de preços cuja continuidade é sustentada pela crescente atração de recursos da circulação industrial para a circulação financeira. A confirmação dos ganhos de capital antecipados reforça a febre especulativa e estimula as famílias, as empresas, os bancos e demais intermediários, com posições próprias, a aumentar o seu grau de "alavancagem" nos mercados de ativos financeiros e imobiliários, favorecendo a progressão do surto "inflacionário". Essa característica dos ciclos na etapa atual explica o desempenho medíocre do investimento produtivo, com a exceção dos setores que lideram a inovação tecnológica, particularmente na telemática, cuja dinâmica é tipicamente schumpeteriana.

A economia começa a se "aquecer", impulsionada pela ampliação do consumo das famílias e do investimento das empresas. Intensifica-se a pressão sobre o crédito e acelera-se a escalada de valorização da riqueza financeira e imobiliária. Aos primeiros sinais de aquecimento do nível de atividade e diante da percepção de que os ativos estão sobrevalorizados e de que as taxas de juros de longo prazo estão baixas — diante da inflação projetada —, os agentes mais ágeis atiram primeiro e precipitam um *sell-off*, provocando uma espiral baixista dos preços dos títulos; consequentemente, as taxas de juros longas se elevam abruptamente. Com isso, o mercado emite sinais para as autoridades monetárias de que considera adequada e, ao mesmo tempo, inquietante a elevação das taxas de juros curtas. Isto explica, aliás, o aumento da volatilidade dos preços (e das taxas longas) durante as etapas de baixa do ciclo financeiro. Parece ser uma peculiaridade destes mercados de riqueza e de sua dinâmica cíclica a endogenização dos movimentos da taxa de juros longa e a subordinação do manejo das taxas curtas às expectativas que comandam as alterações no curso das primeiras. Esta relação entre as taxas longas e curtas parece ser hoje muito mais complexa do que as observadas por Keynes, ao analisar os mercados financeiros de sua época, quando era mais definida a separação entre mercados financeiros e monetários, com mecanismos de transmissão mais claros das taxas curtas para as longas.

A deflação de preços nos mercados da riqueza desvela a existência de uma situação de fragilidade financeira e, em muitos casos, de patrimônios líquidos negativos ou prestes a se tornarem negativos. Os efeitos sobre o nível de atividade são, portanto, mais desfavoráveis nestes ciclos comandados pela dinâmica dos mercados financeiros. As empresas contraem velozmente o investimento e cortam drasticamente a folha de salários, com o propósito de atender à súbita elevação da carga de juros sobre a receita operacional. As famílias, premidas pela desvalorização de seu portfólio financeiro e pelo temor da inadimplência, restringem o consumo e elevam a poupança, tentando restabelecer a relação desejada entre riqueza e renda. Isto significa que são muito poderosas as forças que tendem a empurrar a economia para uma trajetória depressiva e deflacionária.

A crise *finance-led* do início dos anos 90 (*crash* da Bolsa de Tóquio, colapso dos preços dos ativos imobiliários e surtos baixistas nos mercados de bônus) foi seguida de longo período de juros baixos, os quais, no entanto, só conseguiram dissolver os desequilíbrios patrimoniais de empresas e famílias, no caso dos Estados Unidos, depois de mais de três anos de recessão e de ajustamento. No Japão e na Europa, este processo ainda se arrasta até hoje (1997). A recuperação americana pós-93 foi outra vez liderada por rápida elevação do preço dos ativos, particularmente das ações, acompanhada por forte crescimento dos preços das *commodities*, o que suscitou elevações sucessivas, pelo Fed, das taxas curtas nos Estados Unidos.

De início, a subida da *Federal funds rate*, nos primeiros nove meses de 1994, foi bem acolhida pelos mercados financeiros, que a entenderam como tempestiva e adequada, provocando paradoxalmente firme valorização no mercado de bônus e queda das taxas de longo prazo. De súbito, porém, as expectativas se alteraram, desencadeando-se uma crise no mercado americano de bônus, a forte subida nas taxas longas e a saída de capitais dos mercados emergentes mais fragilizados pelos desequilíbrios de balanço de pagamentos, precipitando-se, no final daquele mesmo ano, o (segundo) colapso mexicano.

As políticas monetárias nos países centrais movem-se, pois, num corredor estreito entre a obrigação de prevenir as deflações agudas, por meio de repetidas intervenções de última instância (sempre acompanhadas de risco moral), e a necessidade de regular a estabilidade da economia, evitando sobretudo a formação de bolhas especulativas que, nas condições atuais, acarretam, quase sempre, situações de fragilidade e de miopia financeira.

Depois dos episódios referidos, são compreensíveis as hesitações do Federal Reserve, neste momento (1997), em elevar as taxas de curto prazo. Mesmo diante da firme evolução em curso do nível de atividades e dos sinais emitidos pelo mercado de trabalho — interpretados como evidências de aquecimento "excessivo" —, o Comitê de *Open Market* tem procrastinado a decisão antecipada pelos mercados. Entre o final de 1996 e os primeiros meses de 1997, as taxas longas vinham ensaiando uma subida mais acentuada, antevendo-se um ajuste das taxas curtas pelas autoridades monetárias. Estas — apesar de algumas declarações "alarmistas" do *chairman* do Federal Reserve, Alan Greenspan — preferiram apostar numa "autocorreção" endógena e moderada do ciclo financeiro recente, temendo que nova elevação das taxas, ainda que moderada, pudesse determinar alterações mais drásticas nas expectativas, capazes de produzir não só uma "correção de preços" dos ativos, mais forte do que a desejada, mas também desastres de grandes proporções nos mercados emergentes.

Ciclo financeiro, políticas monetárias e taxas de câmbio

As políticas monetárias sofrem, ainda, constrangimentos cambiais decorrentes da coexistência de mercados financeiros "globalizados" e um sistema internacional plurimonetário, com taxas flutuantes de câmbio entre as três principais moedas. Isto não seria tão problemático se o país detentor da moeda central — isto é, aquela em que é denominada a maioria dos contratos e que funciona como meio de pagamento preferencial no conjunto das transações — não fosse, ao mesmo tempo, devedor líquido e cronicamente deficitário em conta-corrente. Hicks diria que a situação atual do dólar revela que estamos diante de um caso em que a moeda central é uma moeda fraca.

Isto coloca a política monetária americana diante de decisões delicadas. As políticas expansionistas ou de taxas de juros baixas, frequentemente reclamadas quando a economia está em recessão (e, portanto, atravessando um período de digestão dos desequilíbrios acumulados na etapa expansiva do ciclo financeiro), encontram um limite na necessidade de se preservar a função de reserva de valor internacional da moeda americana. É, sobretudo, em sua função de ativo ou de denominador de ativos que o dólar, como qualquer outra moeda, está sujeito às flutuações mais causadoras de instabilidade, num mundo onde há intensa mobilidade de capitais. Aos detentores de riqueza, os mercados cambiais, com elevados volumes de negócios (US$ 1,3 trilhão/dia), oferecem renovadas oportunidades de especulação quanto ao curso futuro das moedas e ensejam espaços importantes de arbitragem entre taxas de juros dos ativos emitidos em moedas distintas.

Os agentes que administram grandes carteiras buscam combinar ativos que prometem elevados ganhos de capital, considerando o preço do ativo na moeda de denominação e a expectativa de valorização/desvalorização cambial. Os movimentos tendem a se autorreforçar quando, por exemplo, determinados ativos subvalorizados sofrem súbito choque de demanda e ingressam numa espiral altista de preços que, ao mesmo tempo, suscita a valorização cambial. Em outras ocasiões, a promessa de ganhos especulativos está concentrada na expectativa de valorização/desvalorização de uma moeda. Quando especuladores de grande porte atacam uma moeda, torna-se difícil para os Bancos Centrais defendê-la simplesmente através do aumento das taxas de juros. Esta providência pode até mesmo agravar o problema, quando as posições cambiais estão protegidas por derivativos cujo preço se move na mesma direção das taxas de juros, conforme assinalou Kregel no seu artigo sobre a especulação contra a lira em 1992.

A estreita interdependência entre as expectativas que se formam nos mercados cambiais e financeiros vem criando fortes restrições ao raio de manobra das políticas monetárias. Isto é ainda mais verdadeiro para os países de moeda fraca.

O socorro americano ao México, realizado no início de 1995 através do Tesouro, reverteu a subida das taxas de juros curtas nos Estados Unidos. Esta providência foi tomada para aliviar as tensões que se propagavam rapidamente para outros mercados emergentes da América Latina, como o Brasil e, sobretudo, a Argentina. Concomitantemente, iniciou-se uma fase de rápida desvalorização do dólar em relação ao marco e ao iene, só revertida no segundo semestre de 1995, por meio de uma operação coordenada entre os Bancos Centrais. A reversão ocorreu, antes de mais nada, por conta de reduções das taxas de juros na Alemanha e no Japão. Os alemães buscavam dar vigor ao débil crescimento e escapar das taxas de desemprego mais elevadas do pós-guerra. Os japoneses tratavam de arrancar a economia da depressão e enfrentar a crise financeira e bancária que se aprofundava. A conjuntura de desaquecimento na Europa e no Japão facilitou sobremodo esta coordenação.

A incerteza criada nos mercados latino-americanos pelo episódio mexicano provocou mais um capítulo da fuga para a qualidade. Os investidores nativos e estrangeiros nos mercados emergentes buscaram refúgio no dólar, contribuindo assim para atenuar a desvalorização da moeda americana.

Se o colapso mexicano e a intervenção de última instância dos Estados Unidos ocorressem num momento de sincronização do ciclo expansivo entre o país detentor da moeda central e os dois outros de moeda "forte" — o marco e o iene —, talvez as pressões sobre o dólar tivessem sido ainda maiores. Não é improvável que o Federal Reserve tivesse que elevar ainda mais as taxas de juros sobre o dólar, criando-se um impasse dramático entre a necessidade de sustentar o dólar e evitar uma crise global dos mercados financeiros, a partir do colapso dos "emergentes".

Na verdade, apenas por razões circunstanciais, uma crise financeira de grandes proporções ocorrida na área do dólar não exigiu realinhamentos cambiais e movimentos nas taxas de juros causadores de maior instabilidade.

Inconclusões definitivas

Globalização é um conceito demasiado impreciso, enganoso e carregado de contrabandos ideológicos. Ainda assim, se pretendemos avançar na análise e compreensão dos processos de transformação que sacodem a economia e a sociedade contemporâneas, não há como ignorá-lo. O uso generalizado desse conceito e sua ampla aceitação nos meios de comunicação e no ambiente acadêmico devem ser compreendidos como indício de que mudanças relevantes vêm ocorrendo no mercado mundial, nas formas de organização empresarial e nas normas de competitividade — para não falar das transformações na órbita financeira e monetária, de longe as mais significativas.

São muitos os que defendem, de uma posição supostamente "científica", a inevitabilidade da inserção passiva das economias nacionais no chamado processo de globalização. Dois pressupostos estão implícitos nesta formulação: 1) a globalização conduzirá à homogeneização das economias nacionais e à convergência para o modelo anglo-saxão de mercado; 2) esse processo ocorre de forma impessoal, acima da capacidade de reação das políticas decididas no âmbito dos Estados nacionais.

Esta hipótese pode ser entendida como a versão marxista mais pobre da constituição do mercado mundial, que prevê a homogeneização do espaço econômico mundial a partir da expansão das forças produtivas e das relações de produção capitalistas, movendo-se do centro para a periferia. O capital, duplamente constrangido — de um lado, pelo impulso irrefreável à acumulação e, de outro, pelo encolhimento relativo das oportunidades de valorização nos países centrais —, desborda para áreas menos desenvolvidas. *De te fabula narratur*, dizia Marx, otimista, sobre o futuro dos países atrasados, espelhado no presente da Inglaterra.

As receitas liberal-conservadoras em voga recomendam para os países emergentes popularescas deduções, em linha direta, dos modelos abstratos da teoria neoclássica. Senão, vejamos: a ampla abertura comercial está apoiada na vetusta teoria das vantagens comparativas, sem as tímidas modificações da "nova teoria do comércio"; as privatizações e o não intervencionismo do Estado emanam de um modelo competitivo de equilíbrio geral; a liberalização financeira decorre da hipótese dos mercados eficientes.

Tanto para algumas versões do "progressismo" marxista, como para as correntes do pensamento conservador, globalização é o novo nome da "mão invisível", a cujos desígnios temos de nos submeter, sem tugir nem mugir.

A história real da expansão capitalista apresentou uma trajetória muito mais complexa do que poderia ser deduzido das "leis de movimento" deste modo de produção. A constituição das distintas formações histórico-sociais, nas diferentes etapas do capitalismo, envolveu a articulação entre algumas instâncias fundamentais: 1) as relações de poder entre os Estados nacionais, no âmbito de uma divisão internacional do trabalho em transformação; 2) regimes monetários e cambiais, com sua hierarquia de moedas nacionais, sistemas de crédito e mercados financeiros; 3) padrões tecnológicos e de organização empresarial; 4) formas de concorrência entre as empresas; 5) normas de formação do salário e do consumo dos trabalhadores e de outras camadas assalariadas; 6) distintos padrões de intervenção estatal na esfera econômica.

Para não comprar material de "desmanche" ideológico, seria conveniente relembrar que o processo de globalização, sobretudo em sua dimensão financeira — de longe a mais importante —, foi o resultado das políticas que buscaram enfrentar a desarticulação do bem-sucedido arranjo capitalista do pós-guerra.

As decisões políticas tomadas pelo governo dos EUA, ante a decomposição do sistema de Bretton Woods, já no final dos anos 60, foram ampliando o espaço supranacional de circulação do capital monetário. A política americana de reafirmar a supremacia do dólar acabou estimulando a expansão dos mercados financeiros internacionais, primeiramente por meio do crédito bancário — euromercado e praças *offshore* — e mais recentemente mediante o crescimento da finança direta. Paradoxalmente, as tentativas de assegurar a centralidade do dólar nas transações internacionais ensejaram o surgimento de um instável e problemático sistema de paridades cambiais flutuantes. Os acontecimentos recentes têm demonstrado que as flutuações entre as moedas centrais têm sido dramáticas. No curto espaço de um ano e meio, entre o início de 1996 e julho de 1997, ocorreram valorizações e desvalorizações de até 50% entre o dólar e as outras moedas "fortes", o marco e o iene.

Nas duas décadas anteriores a 1997, estas transformações nos mercados financeiros submeteram, de fato, as políticas macroeconômicas nacionais à tirania de expectativas volúveis. Não foram poucos os ataques especulativos contra paridades cambiais e os episódios de deflação brusca de preços de ativos reais e financeiros, bem como as situações de periclitância dos sistemas bancários. É desnecessário reafirmar que estes episódios são o resultado inevitável, na maior parte dos casos, do livre movimento do *floating capital*.

Até agora, essas situações foram contornadas pela ação de última instância de governos e Bancos Centrais da tríade (Estados Unidos, Alemanha e Japão). Apesar disso, não raro, até mesmo países sem tradição inflacionária, foram submetidos a crises cambiais e financeiras, cuja saída exigiu sacrifícios em termos do bem-estar da população e da renúncia de soberania na condução de suas políticas econômicas. A inserção dos países neste processo de globalização foi hierarquizada e assimétrica. Os Estados Unidos, usufruindo de seu poder militar e financeiro, dão-se ao luxo de impor a dominância de sua moeda, ao mesmo tempo em que mantêm um déficit elevado e persistente em conta-corrente e uma posição devedora externa. Isto significa que os mercados financeiros parecem dispostos a aceitar, pelo menos por enquanto, que os EUA exerçam, dentro de limites elásticos, o privilégio da *seigniorage*.

Esta polarização da confiança se traduz em limitações à autonomia das políticas nacionais de outros países. A intensidade da restrição depende da forma e do grau da articulação das economias nacionais com os mercados financeiros sujeitos à instabilidade das expectativas. Japão e Alemanha, por exemplo, são superavitários e credores e por isso têm mais liberdade para praticar expansionismo fiscal e juros baixos ou para tolerar amplas flutuações no valor de suas moedas, sem atrair a desconfiança dos especuladores. Países com passado monetário turbulento precisam pagar elevados prêmios de risco para refinanciar seus déficits em conta-corrente. Isto representa sério constrangimento ao raio de manobra da política monetária, além de acuar a política fiscal, pelo crescimento dos encargos financeiros nos orçamentos públicos.

O capital vagabundo conta, nos Estados Unidos, com um mercado amplo e profundo, onde imagina poder descansar das aventuras em praças exóticas. A existência de respeitável volume de papéis do governo americano, reputados por seu baixo risco e excelente liquidez, tem permitido que a reversão dos episódios especulativos — com ações, imóveis ou ativos estrangeiros — seja amortecida por um movimento compensatório no preço dos títulos públicos americanos.

Os títulos da dívida pública americana são vistos, portanto, como um refúgio seguro nos momentos em que a confiança dos investidores globais é abalada. Isto significa que o fortalecimento da função de reserva universal de valor, exercida pelo dólar, decorre fundamentalmente das características já aludidas de seu mercado financeiro e do papel crucial desempenhado pelo Estado americano como prestamista e devedor de última instância.

É por isso que as oscilações das taxas de juros de longo prazo, que exprimem as variações de preços dos títulos de 30 anos do Tesouro americano, são hoje, no mundo das finanças desregulamentadas e securitizadas, o indicador mais importante do estado de espírito dos mercados globalizados. Seus movimentos refletem as antecipações dos administradores das grandes massas de capital financeiro a respeito da evolução do valor de suas carteiras, que tomam as variações de preços dos títulos do Tesouro como base para fazer antecipações sobre a evolução provável dos preços e da liquidez dos diferentes ativos, denominados em moedas distintas.

Os novos mercados têm a obsessão da liquidez, como diz o professor Michel Aglietta (cf. Aglietta, 1995). Essa obsessão, aliás, é a decorrência natural e inevitável de mercados cuja operação depende de conjeturas a respeito da evolução do preço dos ativos. Apesar ou até por causa de todas as técnicas de cobertura e distribuição de riscos entre os agentes, estes mercados desenvolveram enorme aversão à iliquidez e aos compromissos de longo prazo.

Além disso, e muito importante: aumentou significativamente a sensibilidade dos novos mercados financeiros a elevações imaginadas das taxas de inflação. Ainda que a mudança prevista no patamar inflacionário possa ser julgada desprezível, se avaliada pelos critérios das décadas anteriores, a reação dos mercados tende a ser muito elástica às antecipações pessimistas. Por isso, é de pouca sabedoria dizer, como o fez o relatório do BIS, que os níveis atuais de inflação (ou de deflação rastejante) são razoáveis e que os governos deveriam tratar do crescimento. Cabe perguntar: são razoáveis para quem? As opiniões dominantes são, nesta etapa do capitalismo, aquelas que se aferram à defesa do valor real da riqueza já existente, ou da riqueza velha, em detrimento do espírito empreendedor que busca a criação de nova riqueza. Vivemos num mundo em que predomina o *ethos* do rentismo e prevalecem as taxas de juros reais elevadas.

A sensibilidade à inflação e a aversão à iliquidez, que se exprimem através das reações das taxas longas, funcionam como freios automáticos, cuja função é conter o crescimento da economia real, antes que este se revele "inconveniente" para os detentores de riqueza financeira.

Estas peculiaridades da finança contemporânea, fundada na preeminência de mercados amplos e profundos para a negociação de papéis e seus derivativos, têm suscitado uma variedade muito grande de interpretações. Neste artigo, tentamos mostrar que o crescimento espetacular da riqueza financeira (em relação a outras formas de acumulação da grande empresa e das famílias de alta renda) e o desenvolvimento correspondente de mercados sofisticados e abrangentes, destinados à avaliação diária desta massa de riqueza mobiliária, afetam de forma importante o comportamento do investimento, do consumo e também do gasto público.

As "novas" determinações do capitalismo afetam o investimento de várias formas: 1) quanto mais longo for o período de "maturação" dos novos projetos, menores são as chances de financiamento; 2) as aquisições, fusões e incorporações de empresas produtivas já existentes são preferidas em desfavor da criação de nova capacidade produtiva; 3) como demonstrou recentemente o economista Doug Henwood, em seu livro *Wall Street*, os excedentes financeiros das grandes empresas têm sido sistematicamente superiores a seus gastos de capital (cf. Henwood, 1997). Isto significa que tais empresas são aplicadoras líquidas nos mercados financeiros e de capitais, dedicando importante parcela destes recursos a readquirir as suas próprias ações.

Um estudo do economista Andrew Glynn, da Universidade de Oxford, mostra que, depois de quase 20 anos de predomínio das doutrinas e das práticas liberalizantes, o resultado não foi animador nos países industrializados do G7. Nestas economias, a taxa de acumulação do conjunto dos negócios privados declinou sistematicamente desde meados da década dos 70, e esse declínio foi mais acentuado no setor manufatureiro. A acumulação de capital privado evoluía, entre 1960 e 1973, à taxa anual de 5% nos países industrializados, caindo para 3% em meados da década de 80.

No caso da indústria manufatureira, a queda foi ainda mais pronunciada: de 5,5% para menos de 2%. No final dos anos 80, houve uma recuperação, logo abafada pela forte recessão do início da década de 90.

A qualidade dos investimentos também sofreu importantes alterações. O aumento da concorrência e a abertura das economias, em associação com a à instabilidade dos novos mercados financeiros, tornaram mais incertos os resultados do investimento no setor manufatureiro e forçaram os novos gastos de capital a se concentrar nas redes de distribuição de mercadorias e no próprio setor financeiro. Na Inglaterra de Mrs. Thatcher, o investimento produtivo estagnou entre 1979 e 1989, mas cresceu em dois terços nas atividades de distribuição e triplicou no setor financeiro. A queda nas taxas de acumulação de capital e a mudança de composição do investimento obedeceu a um padrão uniforme em quase todos os países. Estas tendências foram ainda mais nítidas, porém, nos Estados Unidos e na Inglaterra, onde as reformas fiscais e financeiras buscaram estimular a elevação da taxa de poupança dos mais abonados, supostamente os agentes mais inclinados ao investimento. Não por acaso, também nestes países o investimento público em infraestrutura apresentou desempenho ruim, ainda pior que o revelado pelo conjunto dos países da OCDE, que deixaram estes gastos do governo caírem de 3,4% do PIB para 2,8%, entre 1979 e 1989.

Diante deste desempenho da acumulação de capital, não é surpreendente que a produtividade cresça mediocremente, as taxas de desemprego sejam tão elevadas ou que os assalariados sofram com o declínio dos salários reais. Não é trivial, porém, reconstituir as instituições e reformar as práticas destinadas a elevar as taxas de acumulação de capital. O vendaval da liberalização financeira entregou aos mercados de capitais internacionalizados a tarefa de avaliar e selecionar os novos projetos de investimento. A obsessão pela liquidez e pelo curto prazo não tem sido boa conselheira na escolha destes projetos. Tampouco têm auxiliado o nível das taxas de juros de longo prazo e sua crescente volatilidade, bem como as violentas flutuações cambiais, filhas da intensa e crescente mobilidade do capital-dinheiro.

Independentemente das boas intenções ou de reformas virtuosas buscadas pelos governos, a lógica da valorização patrimonial vai se apoderando de todas as esferas da economia, impondo seus critérios como os únicos aceitáveis em qualquer decisão relativa à posse da riqueza. Não se trata apenas de que o cálculo do valor presente do investimento produtivo seja afetado pelo estado de preferência pela liquidez nos mercados financeiros (um velho, mas pouco compreendido problema keynesiano), mas de que a acumulação produtiva vem sendo "financeirizada" — como, aliás, o professor José Carlos Braga tenta explicar em seus trabalhos pioneiros.

A generalização e a intensificação da concorrência, protagonizadas pela grande empresa, que opera em múltiplos setores e muitos mercados, só pode ser compreendida corretamente à luz destas transformações financeiras.

As questões relativas às estratégias de localização da corporação transnacional moderna ou de suas mutações morfológicas (constituição de empresas-rede, com concentração das funções de decisão e de inovação e dispersão das operações comerciais e industriais) devem ser avaliadas a partir desta perspectiva. O fenômeno se apresenta, *prima facie*, sob a forma de "contestação" das estruturas oligopolistas "estabilizadas" que regulavam a concorrência no período anterior. Analisada com mais profundidade, essa generalização da concorrência explicita nova etapa de reconcentração e recentralização dos blocos de capital, sob a égide e a disciplina do capital financeiro. A economia mundial está atravessando um momento de intensificação da rivalidade intercapitalista (o que não exclui acordos e coalizões, mas supõe), e neste clima nenhum protagonista é capaz de garantir a posição conquistada. Por isso, todos se sentem compelidos a ganhar a dianteira.

Para escândalo dos liberais, a grande empresa que se lança à incerteza da concorrência global necessita cada vez mais do apoio dos Estados nacionais dos países de origem. O Estado está cada vez mais envolvido na sustentação das condições requeridas para o bom desempenho das suas empresas na arena da concorrência generalizada e universal. Tais empresas dependem do apoio e da influência política de seus Estados nacionais para penetrar em terceiros mercados (acordos de garantia de investimentos, patentes, etc.), não podem prescindir do financiamento público para suas exportações nos setores mais dinâmicos e seriam deslocadas pela concorrência sem o benefício dos sistemas nacionais de ciência e tecnologia.

Em vez da vitória dos mercados, em que prevalece o automatismo da concorrência perfeita, estamos assistindo à reiteração da famigerada "politização" da economia. As transformações em curso não se propõem a reduzir o papel do Estado nem a enxugá-lo, mas almejam aumentar sua eficiência na criação de "externalidades" positivas para a grande empresa envolvida na competição generalizada. Em alguns países, como nos Estados Unidos, o deslocamento do eixo das políticas do Estado é de uma evidência chocante, com o inequívoco enfraquecimento das políticas sociais.

Esta virada "tardo-liberal" parece ser mais problemática na Europa, onde crescem as resistências da sociedade à desarticulação do Estado Social.

Esta disparidade de situações e de projetos nacionais e regionais, entre os países desenvolvidos, parece indicar que o potencial de conflito vem aumentando nos últimos anos, apesar da aparência de bom funcionamento dos organismos de cooperação (G7, OECD, Comunidade Europeia). O desacordo "estrutural" vem se expressando nos comunicados cada vez mais patéticos, quando não francamente panglossianos, sobre a evolução da economia mundial.

CAPÍTULO 4

FIM DE SÉCULO[1]

Introdução

Para tratar das transformações econômicas e sociais que vêm assolando a humanidade neste último quartel de século, resolvi fazer uma revisão crítica das poucas ideias que até aqui sustentei sobre o assunto.

Aqueles que, por acaso, já tenham tido a desventura de ler meus artigos anteriores haverão de notar que, no essencial, reafirmo meus argumentos centrais acerca da natureza do chamado "processo de globalização". A diferença entre este texto e os anteriores está na tentativa de colocar estas hipóteses numa perspectiva mais ampla, à luz do que passei a chamar, inspirado em Elmar Altvater, de "etapas de reestruturação capitalista". Estes seriam os períodos de subversão e reorganização das relações entre a lógica econômica do capitalismo e as aspirações dos cidadãos à autonomia diante das esferas do poder e do dinheiro e a uma vida boa e decente. Alguém poderia sugerir — e não estaria errado se o dissesse — que, nestes momentos de reestruturação, a luta política vai escolher as normas e os valores que, afinal, vão presidir os nossos destinos coletivos e individuais.

Como já sugeriu o professor Cardoso de Mello, o Iluminismo nos legou uma modernidade que avança de forma contraditória, impulsionada pela

---
1. Publicado originalmente em: *São Paulo em Perspectiva*, São Paulo, Fundação Sistema Estadual de Análise de Dados (Seade), vol. 12, nº 2, p. 21-26, abr.-jun. 1998.

tensão permanente entre as forças e valores da concorrência capitalista e os anseios de realização da autonomia de um indivíduo integrado responsavelmente na sociedade. Do ponto de vista ético, este conflito desenvolve-se entre a dimensão utilitarista da sociabilidade, forjada na indiferença do valor de troca e do dinheiro, e os projetos de progresso social que postulam a autonomia do indivíduo, ou seja, reivindicam o direito à singularidade e diferença, ao mesmo tempo em que afirmam o que Robert Bellah chamou de "pertinência cívica".

Toneladas de tinta foram e continuam sendo derramadas sobre outras tantas de papel para se escrever sobre a tal de globalização, sobre a maior integração das economias, sobre os incontroláveis processos de automação e de informatização, sobre a terceirização e a redução do número de assalariados, sobre o fim do trabalho, sobre o poder disciplinador dos mercados financeiros.

Todas essas tendências são apresentadas frequentemente de forma exagerada e não raro apologéticas. Assim, o inevitável torna-se também bom e desejável.

A repetição deste mote parece tão sinistra quanto o choro das carpideiras, pelo menos para a grande maioria dos pretendentes a ingressar no clube dos ricos ou das sociedades desenvolvidas. Os acontecimentos recentes mostram que, apesar da retórica triunfalista, o acesso ao almejado título de sócio do clube dos desenvolvidos torna-se cada vez mais restrito. Por outro lado, mesmo nos países adiantados, cresce o número de cidadãos e cidadãs que não concorda com a mão única que pretendem impor às suas vidas. A sensação entre as classes não proprietárias é que, de uns tempos a esta parte, aumentou a insegurança. Além do desemprego crônico e endêmico, os que continuam empregados assistem ao encolhimento das oportunidades de emprego estável e bem remunerado. Não bastasse isso, estão sob constante ameaça de definhamento as instituições do Estado do Bem-Estar, que, ao longo das últimas décadas, vinham assegurando, nos países desenvolvidos, direitos sociais e econômicos aos grupos mais frágeis da sociedade.

Tal sensação de insegurança é o resultado da invasão, em todas as esferas da vida, das normas da mercantilização e da concorrência como critérios dominantes da integração e do reconhecimento social. Nos países em que os sistemas de proteção contra os frequentes "acidentes" ou falhas do mercado são parciais ou estão em franca regressão, a insegurança assume formas ameaçadoras para o convívio social. A expansão da informalidade e da precarização das relações de trabalho — e a desagregação familiar que as acompanham — tendem a avançar para a criminalidade eventual e, depois, para o crime organizado. Os subsistemas socioeconômicos que vivem da atividade criminosa ou ilegal passam a ocupar o espaço deixado pelo desaparecimento das oportunidades de vida antes oferecidas pela economia "oficial".

O jornal *Le Monde diplomatique*, em sua edição de julho, mostra como o encolhimento do Estado do Bem-Estar, nos Estados Unidos, promoveu o aparecimento de um Estado Prisional, que abriga uma fração substancial da força de trabalho americana. Os presos, em geral jovens negros ou *chicanos*, são excluídos da população economicamente ativa, deixando, portanto, de figurar nas cifras de desemprego.

Bem feitas as contas, as transformações econômicas e sociais que estamos presenciando, bem como as "teorias do progresso" que as acompanham, podem ser entendidas como produtos de nova tentativa de "reestruturação capitalista", acompanhada, desta vez, de um revigoramento da ideologia do *laissez faire*.

CRISE E REESTRUTURAÇÃO CAPITALISTA NOS ANOS 30

A última reestruturação importante daquilo que, parodiando Schumpeter, poderíamos chamar de "Ordem Capitalista" começou a se desenvolver a partir dos anos 30 e encontrou seu apogeu nas duas primeiras décadas que se seguiram à Segunda Guerra Mundial. Esta reordenação foi uma resposta aos desastres provocados pelas "falhas" do mercado autorregulado, agravadas pelo apego dos governos a políticas fiscais e monetárias conservadoras. Esta miopia liberal-conservadora suscitou violentas reações de autoproteção da sociedade assolada por desgraças como o desemprego em massa, o desamparo, a falência, a bancarrota. Tratava-se essencialmente de uma rebelião contra a exclusão dos circuitos mercantis, o que significava, para milhões de pessoas, a impossibilidade de acesso aos meios necessários à sobrevivência.

Neste mesmo período, a economia mundial foi palco de rivalidades nacionais irredutíveis, que se desenvolveram sem peias, na ausência de um núcleo hegemônico e de mecanismos de coordenação capazes de conter as desesperadas iniciativas para escapar dos efeitos das crises. Estas ações individuais, tomadas em defesa das economias nacionais ou de grupos sociais, revelaram-se danosas para o conjunto. Este foi o caso, no plano internacional, das desvalorizações competitivas que acabaram provocando uma contração espetacular dos fluxos de comércio e suscitando tensões nos mercados financeiros. Tais forças negativas propagavam-se livremente, sem qualquer providência da parte dos governos, imobilizados pelo fetiche do padrão-ouro e do equilíbrio orçamentário. Assim, a economia global mergulhou numa espiral deflacionária que atingiu indistintamente os preços dos bens e dos ativos.

A Grande Depressão e a experiência do nazifascismo colocaram sob suspeita as pregações que exaltavam as virtudes do liberalismo econômico. Frações importantes das burguesias europeia e americana tiveram que rever seu patrocínio incondicional ao ideário do livre mercado e às políticas desastrosas de austeridade na gestão do orçamento e da moeda, diante da progressão da crise social e do desemprego. Não bastasse isso, assim que a coordenação do mercado deixou de funcionar, setores importantes das hostes conservadoras, não só na Alemanha, aderiram aos movimentos fascistas e à estatização impiedosa das relações econômicas, como último recurso para escapar à devastação de sua riqueza.

Em sua essência, estas reações foram essencialmente políticas, no sentido de que envolveram a tentativa de submeter os processos supostamente impessoais e automáticos da economia ao controle consciente da sociedade.

Karl Polanyi, em sua obra *A grande transformação*, escrevendo sobre esse momento da história, mostrou como a revolta contra o despotismo do "econômico" revelou-se tão brutal quanto os males que a economia destravada vinha impondo à sociedade (cf. Polanyi, 1989). Estudando o avanço do coletivismo, nesta quadra, conclui que não se tratava de uma patologia ou de uma conspiração irracional de classes ou grupos, mas da emergência de forças gestadas nas entranhas do mercado destravado.

Com o colapso dos mecanismos econômicos, a superpolitização das relações sociais tornou-se inevitável. O despotismo da mão invisível teria de ser substituído pela tirania visível do chefe. O político e a polícia começaram a invadir todas as esferas da vida social, como se fossem suspeitas quaisquer formas de espontaneidade.

As forças antifascistas, vitoriosas na Segunda Guerra, trataram de criar instituições para disciplinar e organizar o sistema econômico internacional. É impossível entender o sucesso da experiência do "período dourado" sem compreender as condições em que foi efetuada esta gigantesca reestruturação econômica e política do pós-guerra.

Em primeiro lugar, a hegemonia americana foi exercida de forma benigna, não só por razões de política externa, mas também interna: as forças sociais que se aglutinaram sob a bandeira do *New Deal* tinham uma visão cosmopolita e progressista a respeito do papel dos EUA. A filosofia moral e política que inspirou a reconstrução ensejou, dentro dos marcos da Guerra Fria, o nascimento do Plano Marshall e as iniciativas de reestruturação da economia japonesa. Durante um bom tempo, sobretudo nos anos 50 e 60, nem mesmo a tensão permanente entre as duas superpotências, a competição entre o capitalismo e o socialismo, a rivalidade econômica cada vez maior entre a Alemanha, os Estados Unidos e o Japão, os conflitos armados e os golpes militares que se sucederam na periferia do sistema impediram maior liberdade das políticas nacionais de desenvolvimento — que fomentaram, diga-se, os processos de industrialização.

O pleno emprego foi colocado como meta a ser perseguida pelas políticas econômicas. Muitas constituições europeias consagraram este princípio. Os Estados Unidos promulgaram uma lei. Tudo isso para evitar os males causados por dogmas e políticas tolas do liberalismo a qualquer preço.

No pós-guerra, o rápido crescimento das economias capitalistas esteve apoiado em forte participação do Estado, destinada a impedir flutuações bruscas do nível de atividades e a garantir a segurança dos mais fracos diante das incertezas inerentes à lógica do mercado. Os sistemas financeiros, voltados para o financiamento do crescimento econômico e comandados por políticas monetárias acomodatícias, funcionavam como redutores de incertezas para o setor privado, que, por sua vez, sustentava elevadas taxas de investimento. Mas é preciso deixar claro que a chamada "era keynesiana" estava fundada, sobretudo, na articulação de interesses entre trabalhadores e capitalistas e na construção de instituições e de procedimentos políticos destinadas a reduzir a angústia de quem se propõe a assumir riscos e enfrentar os azares do mercado.

As políticas keynesianas tinham o propósito declarado de criar empregos e elevar, em termos reais, os salários e demais remunerações do trabalho. Não havia déficit público "estrutural", salvo nos períodos de suave flutuação do nível de atividade, sendo logo tais desequilíbrios absorvidos pela retomada do crescimento. Isto porque o continuado aumento da renda e do emprego fazia crescer a receita dos governos. Os estoques de dívida pública acumulados durante a guerra caíram aceleradamente, como proporção do PIB, em quase todos os países. Os déficits crônicos e o crescimento das dívidas públicas só aparecem depois, no final dos anos 60 e começo dos 70, quando a economia perdeu ímpeto e as políticas keynesianas começaram a recuar. O rompimento do círculo virtuoso entre gasto público, investimento privado e emprego parece ter sido uma das consequências mais importantes e duradouras do declínio do chamado "consenso keynesiano".

A AGONIA DO CONSENSO KEYNESIANO E A POLÍTICA DA GLOBALIZAÇÃO

Seria conveniente relembrar, por outro lado, que a rápida recuperação das principais economias europeias e o espetacular crescimento do Japão foram causas importantes do progressivo desgaste das regras monetárias e cambiais acertadas em Bretton Woods. A concorrência das renovadas economias industrializadas da Europa e do Japão e o fluxo continuado de investimentos americanos diretos para o resto do mundo determinaram, desde o final dos anos 50, um enfraquecimento do dólar, que funcionava como moeda central do sistema de taxas fixas de câmbio.

A longa gestação do processo de globalização financeira foi, na verdade, o resultado das políticas que buscaram enfrentar a desarticulação do bem-sucedido arranjo capitalista do pós-guerra.

As decisões políticas tomadas pelo governo americano, ante a decomposição do sistema de Bretton Woods, já no final dos anos 60, foram ampliando o espaço supranacional de circulação do capital monetário. O poder dos mercados financeiros desregulamentados tem como origem a recuperação do predomínio da alta finança na hierarquia de interesses que se digladiam no interior do Estado plutocrático americano.

É deste ponto de vista que devem ser analisadas as mudanças na política econômica americana entre os anos 70 e 80. O sistema bancário americano foi cúmplice da chamada "negligência benigna", até o momento em que o declínio da moeda americana permitia a sua participação nos ganhos de *seigniorage*. Isto era possível através da ampliação continuada do volume de crédito, denominado em dólares, numa velocidade maior do que a taxa de desvalorização da moeda. Isso acabou estimulando a primeira onda de expansão dos mercados financeiros internacionais, através do crédito bancário. Os símbolos desta era foram sem dúvida o crescimento espetacular do euromercado e das praças *offshore*.

As tentativas de assegurar a centralidade do dólar — depois da desvinculação do ouro em 1971 e da introdução das taxas de câmbio flutuantes em 1973 — determinaram o enfraquecimento da demanda da moeda americana para transações e como reserva e o surgimento de um instável e problemático sistema de paridades cambiais. O dólar, por sua vez, "flutuava" continuamente para baixo. Sendo assim, não era de espantar que o papel da moeda americana nas transações comerciais e financeiras começasse a declinar, bem como a sua participação na formação das reservas em divisas dos Bancos Centrais.

Não há dúvida de que o gesto americano de subir unilateralmente as taxas de juros, em outubro de 1979, foi tomado com o propósito de resgatar a supremacia do dólar como moeda reserva. O fortalecimento do dólar tinha se transformado numa questão vital para a manutenção da liderança do sistema financeiro e bancário americano, no âmbito da concorrência global.

Desde então, as políticas econômicas dos demais países, inclusive a Alemanha e o Japão, tiveram que se submeter crescentemente aos mandamentos do dólar forte. A América Latina endividada submergiu numa montanha de débitos impagáveis. A Europa e o Japão apoiaram fortemente seu crescimento nas exportações, diante da rápida ampliação do déficit comercial norte-americano.

A FORÇA DO DÓLAR E A GLOBALIZAÇÃO FINANCEIRA

O Acordo do Plaza em 1985, que antecedeu à desvalorização ordenada da moeda americana depois da escalada de apreciação do início dos anos 80, colocou de joelhos os japoneses. A Europa, de olho na unificação monetária e diante das novas circunstâncias, adotou políticas de austeridade, a chamada "desinflação competitiva", cujo preço, como todos sabem, vem sendo alto em termos de baixo crescimento e elevadas taxas de desemprego.

O poder crescente de veto dos mercados financeiros é frequentemente usado por muitos governos como pretexto para que se adote uma posição passiva, de absoluta submissão às exigências da concorrência, da desregulamentação e da liberalização dos fluxos de comércio e de capitais.

Essa limitação crescente à ação dos Estados é, naturalmente, muito desigual. Os Estados Unidos, usufruindo de poder militar e financeiro, dão-se ao luxo de impor a dominância de sua moeda, ao mesmo tempo em que mantêm um déficit elevado e persistente em conta-corrente e uma posição devedora externa. Isto significa que o os mercados financeiros estão dispostos a aceitar, pelo menos por enquanto, que os Estados Unidos exerçam, dentro de limites elásticos, o privilégio da *seigniorage*.

Esta polarização da confiança se traduz em limitações à autonomia das políticas nacionais de outros países. A intensidade da restrição depende da forma e do grau da articulação das economias nacionais com os mercados financeiros sujeitos à instabilidade das expectativas. O Japão, por exemplo, é um país superavitário e credor e por isso teria, em princípio, mais liberdade para praticar expansionismo fiscal e juros baixos ou para tolerar amplas flutuações no valor de sua moeda, sem atrair a desconfiança dos especuladores. Imobilizada por profunda crise bancária e pela existência de capacidade produtiva excedente em muitos setores, a economia japonesa vem resistido às políticas de estímulo ao crescimento. Os pacotes fiscais, que incluem aumento de gastos e corte de impostos, sempre amparados em taxas de juros muito baixas, chocam-se contra o estado pessimista das expectativas, vazando para o exterior, sob a forma de aquisições de ativos denominados em dólares. O iene está submetido, portanto, a pressões permanentes que o empurram para a desvalorização frente à moeda norte-americana.

Assim, os chamados capitais de curto prazo contam, nos Estados Unidos, com um mercado amplo e profundo que funciona como porto seguro nos momentos de grande instabilidade ou quando a confiança fraqueja em outros mercados. A existência de um volume respeitável de papéis do governo dos EUA, reputados por seu baixo risco e excelente liquidez, tem permitido que a reversão dos episódios especulativos, com ações, imóveis ou ativos estrangeiros, seja amortecida por um movimento compensatório no preço dos títulos públicos americanos.

O economista Robert Blecker mostrou, num artigo de junho de 1998, que os fluxos líquidos de investimento em portfólio, destinados por estrangeiros ao mercado americano, cresceram quase dez vezes entre 1990 e 1997: passaram de US$ 52 bilhões em 1990 para US$ 564,4 bilhões em 1997. Se tomamos como referência os anos de 1995 e 1997, o fluxo líquido de investimento de portfólio simplesmente dobrou. As aplicações de residentes no Japão e o crédito barato em ienes vêm contribuindo com parte importante deste fluxo de capitais para os Estados Unidos.

Os títulos da dívida pública americana são vistos como um refúgio nos momentos em que a confiança dos investidores globais é abalada. Isto significa que o fortalecimento da função de reserva universal de valor, exercida pelo dólar, decorre fundamentalmente das características já aludidas de seu mercado financeiro e do papel crucial desempenhado pelo Estado americano como prestamista e devedor de última instância.

Apesar de sua aparente solidez, a polarização da confiança não um é sintoma de boa saúde do sistema monetário apoiado na força do dólar. Duas são as fraquezas maiores desse sistema: a primeira, sua reconhecida instabilidade; a segunda, a nem sempre sublinhada assimetria dos processos de ajustamento. A instabilidade das paridades cambiais tem sido recorrente. Estamos diante de um substancial aumento do déficit em conta-corrente dos Estados Unidos. Nestas circunstâncias, tanto o eventual "sucesso" do euro, a moeda única europeia, quanto uma recuperação do Japão (acompanhada de inevitável subida dos juros cobrados nos empréstimos em ienes) podem ressuscitar os riscos de uma forte desvalorização do dólar e de uma queda de muitos pontos na Bolsa de Nova York.

A assimetria dos processos de ajustamento envolve, outra vez, a delicada situação dos países de moeda fraca e devedores. Deixando de lado a crise asiática, mais recentemente essa posição desconfortável ficou explícita na declaração do ministro de Economia da Rússia, que afirmou: "Jamais deixaremos de pagar os juros da dívida pública, para pagar salários atrasados." Os salários de muitos trabalhadores russos, inclusive os militares, não são pagos há meses.

Isto foi dito para aplacar a desconfiança dos investidores, domésticos e internacionais, quanto à possibilidade de um *default*, o que acarretaria, de cambulhada, forte desvalorização do rublo. A intervenção do FMI e dos países do G7 fez a confiança retornar, pelo menos provisoriamente, depois da abertura de uma linha de crédito de mais de US$ 20 bilhões. A liberação da primeira parcela, de US$ 6 bilhões, ficou condicionada à aprovação pela Duma de uma drástica reforma fiscal, com aumento de impostos e corte de gastos a serem aplicados a uma economia debilitada por seis anos de quedas acentuadas do produto e da renda.

Uma nova ordem capitalista?

O desaparecimento do socialismo, o final da Guerra Fria, o colapso das ditaduras militares na periferia, ao invés de uma nova ordem internacional, criaram, na verdade, as condições para a reafirmação sem precedentes do poder econômico político e militar dos Estados Unidos. As velhas questões relativas ao convívio entre as nações soberanas reaparecem sob uma forma muito peculiar, neste mundo em que o poder está praticamente concentrado em um só país. Ainda não estão claras as consequências desta expansão avassaladora do "americanismo" sobre sociedades que apresentam trajetórias históricas diferentes daquelas percorridas pelos Estados Unidos.

Assistimos, de fato, à disseminação para o resto do mundo de um modelo político, econômico e cultural: o modelo americano.

Mas não se pode desconsiderar que a exasperação do poderio americano deu curso às transformações nos métodos de acumulação de riqueza e às metamorfoses da sociabilidade contemporânea. Essas transformações e estas metamorfoses significam um "retorno" à hegemonia das leis de funcionamento da economia mercantil-capitalista.

As inegáveis vitórias da lógica do valor que se valoriza vêm fazendo recuar as tentativas do pós-guerra de domesticar a mercantilização universal e a concorrência sem quartel. Afinal, em sua essência, o Estado do Bem-Estar, por meio da aplicação política de critérios diretamente sociais, buscou encontrar soluções para o problema da satisfação das necessidades, contrariando as condições impostas pela troca generalizada de mercadorias.

Aí estão operando, de novo e a todo o vapor, as tendências centrais do capitalismo, ou seja, da troca generalizada de mercadorias: de um lado, a elevação acelerada da produtividade do trabalho, mediante redução do tempo de trabalho socialmente necessário, aumento brutal das escalas de produção e explosão de todas as modalidades de superpopulação relativa; de outro, é impossível desconhecer a inclinação permanente à sobreacumulação, o que vem produzindo o acirramento da concorrência e, por conseguinte, a queda das barreiras nacionais impostas à mobilidade do capital, sob suas várias formas. Mas, entre todas, é a forma financeira que estabelece sua supremacia. Esta forma "superior" — por ser a mais geral e abstrata de existência da riqueza — impulsiona a centralização do capital e o endurecimento do controle capitalista, o que induz inevitavelmente a novas ondas de internacionalização e ao recrudescimento da rivalidade entre os capitais. Estas são dimensões do que István Mészáros chamou de "Regime do Capital", o qual promove continuamente a mercantilização e impõe seus desígnios, sobre todas as esferas da vida — falamos inclusive daquelas, como a religião e o tempo livre, que, até há bem pouco tempo, eram consideradas, por sua natureza, fora do alcance dos negócios e da lógica mercantil.

Sob a força desta nova reestruturação capitalista, é possível concluir que estamos observando, no imaginário social, à "reconstrução" de um tipo de sujeito funcionalmente adequado às exigências de operação da máquina econômica. Trata-se do renascimento do *homo oeconomicus*, aquela invenção triunfante da filosofia radical e da economia política do século XVIII, que postulavam o ser social reduzido às determinações da satisfação dos desejos através de uma razão viciada em adequar os meios aos fins.

A economia política buscava e busca apresentar esta sua construção, o *homo oeconomicus*, como o ser racional e calculador que fundamenta a sociedade, definida como a agregação destes indivíduos atomizados. São leis naturais e, portanto, incontornáveis as que induzem todo o indivíduo à troca e o submetem às normas da concorrência, ao julgamento impessoal do mercado entendido como *locus* de coordenação e de conciliação dos egoísmos privados.

A história das sociedades deve chegar ao fim quando a "propensão natural" para a troca e para o comércio triunfar definitivamente sobre os artificialismos da política, entendida como invenção de instituições e mitos coletivos, empecilhos à ação racional dos indivíduos livres. Apresentados não só como as formas "naturais", mas também superiores da sociabilidade, os nexos monetários e mercantis aparecem como as condições para se alcançar simultaneamente a Liberdade, a Igualdade e a fruição da máxima Utilidade para todos. Essa naturalização das instituições sociais e humanas é o mais conhecido truque intelectual dos defensores puros e duros da superioridade do mercado sobre as outras formas de integração social. Na visão dos liberais de hoje e de sempre, os problemas da economia ou a eclosão das crises devem ser tributados às tentativas de interferir nas leis naturais que governam o mercado livre.

Não é de espantar que, enquanto a direita toma a iniciativa das reformas, destinadas a demolir os obstáculos que ainda se opõem ao livre desenvolvimento das forças do mercado, a esquerda pareça condenada a defender as posições já conquistadas.

Na prática, o pensamento dominante tenta demonstrar que, com o fim da competição entre os dois sistemas — o capitalismo e o socialismo —, não há alternativa para as sociedades (ricas ou pobres) senão a economia de mercado e a democracia representativa. Aliás, aos pobres e remediados do mundo, sejam países, classes sociais ou indivíduos, não restaria outra opção senão a de trilhar o caminho dos bem-sucedidos.

A fórmula do mercado garante — diante das restrições de recursos e da tecnologia — os melhores resultados no que diz respeito à eficiente alocação de recursos escassos, tanto entre usos possíveis, quanto entre consumo presente e consumo futuro. Não bastasse isso, o mercado oferece o modelo ideal para que os indivíduos racionais possam escolher os seus governantes, submetendo-os periodicamente a julgamento.

Nas últimas décadas, o refrão do caminho único conseguiu aceitação tão completa que chega a colocar no ridículo os arroubos deterministas de certos seguidores de Marx.

A escatologia do Fim da História, tal como apanhada às pressas de alguma interpretação da filosofia da história de Hegel, é a glória, mas também a miséria do novo pensamento das classes cosmopolitas e dominantes, que espalham a sua descoberta de Nova York a Jacarta, de Londres a Buenos Aires. Glória, porque, finalmente, foi possível arrebatar o estandarte do progressismo das mãos dos adversários de morte, que julgavam ter a sua posse definitiva. Miséria, porque a queda do "Império do Mal" não interrompeu, antes acelerou o avanço da barbárie. Sob muitas máscaras, a barbárie ameaça os fundamentos da ordem burguesa, ao promover o fracionamento das sociedades, cada vez mais divididas entre os integrados e os excluídos, ao mesmo tempo em que fomenta a busca desesperada por formas de identificação "primárias", religiosas, étnicas e "tribais", mutuamente hostis e declaradamente inimigas dos valores republicanos. Ao solapar a autoridade do Estado, colocando em questão sua legitimidade, a barbárie moderna faz também periclitar o monopólio da violência, abrindo caminho para a guerra de todos contra todos. Tais incômodos, para os novos panglossianos, são apenas sobrevivências de um conflito moribundo, que será inevitavelmente debelado pela força conciliadora do Espírito.

Nas "Teses sobre a História", Walter Benjamim rebelava-se contra tais versões social-evolucionistas quando infestavam o pensamento de esquerda. Para Benjamin, o historicismo, assim como as filosofias da história, pretende congelar a imagem "eterna" do passado, enquanto o presente se transforma apenas num ponto de passagem para o futuro. O futuro pode ser projetado, como uma ponte que atravessa um tempo homogêneo e vazio: o progresso está lá, irremediavelmente à espera de ser desvendado pela Razão.

Benjamim sustentava que o materialismo histórico, ao contrário, deve imaginar o presente como a apropriação das experiências passadas, na perspectiva de construção do futuro. O presente é, assim, o ponto de aglutinação entre o que foi conquistado no passado, pelas lutas sociais, e a inovação, ou seja, a contínua descoberta de novas possibilidades pela ação humana coletiva.

Não haverá descanso nem fim neste trabalho de derrubar as barreiras que se opõem à autonomia dos indivíduos. O alegado conservadorismo da esquerda pode ser entendido, assim, como uma reação à tentativa do neoprogressismo burguês de fazer a história retroceder, em nome do progresso, para os tempos da subordinação irremediável do destino das pessoas aos caprichos de uma suposta "lógica" férrea da economia.

Não há dúvida de que só a radicalização da democracia é capaz de cumprir as promessas da autonomia do indivíduo integrado à sociedade — Liberdade, Igualdade e Fraternidade — estampadas nos estandartes da modernidade. Para tanto, é preciso resguardar o indivíduo e a sociedade dos dois perigos que a ameaçam: o controle político da vida privada e a subordinação do mundo da vida à lógica do dinheiro.

Os partidários da democracia radical têm sido mais hábeis em identificar os perigos oriundos da excessiva politização da sociedade (os abusos da burocracia, o corporativismo) do que em alertar sobre os riscos, muito menos óbvios, representados pelo caráter despótico das leis que regem a produção de "riqueza abstrata". Enquanto discutiam, e ainda discutem, a terceira via, a "nova esquerda" e outras coisas, as transformações na base econômica da sociedade vão ocorrendo a uma velocidade estonteante, modificando radicalmente as perspectivas de vida de milhões de seres humanos.

Diante das frequentes derrotas de seus intentos "reformistas", refugiam-se em uma vertente vulgar da "ética discursiva", cujas características maiores são a supressão das diferenças de poder real entre classes sociais e o desconhecimento completo de que nunca foi tão profundo o conflito entre a dinâmica econômica do capitalismo e as condições requeridas para a radicalização da convivência democrática.

Hoje, mais do que nunca, a crítica da sociedade existente não pode ser feita sem a crítica da economia política.

CAPÍTULO 5

NOTAS SOBRE A CRISE DA ÁSIA[1]

A melhor safra dos "milagres econômicos" do capitalismo do pós-guerra azedou. O Japão e seus êmulos, os tigres e os dragões da Ásia, mergulharam numa crise sem precedentes, depois de décadas de rápido crescimento e industrialização. O fenômeno parece ter deixado aturdidos ou pelo menos surpresos os que brandiam as virtudes do "modelo" asiático, dentre as quais o festejado "dinamismo de longa vida" das máquinas de acumulação de capital e de incorporação do progresso técnico. Até então, mesmo os observadores mais críticos estavam obrigados a reconhecer que as demais experiências de modernização recuperadora, tentadas em outras periferias do capitalismo, ficaram muito aquém dos resultados alcançados por Coreia, Taiwan, Cingapura e Hong Kong. Melhor ainda: desde meados dos anos 80, os bons ventos começaram a soprar mais fortemente em direção a outros países da região, como Malásia, Tailândia e Indonésia. A China, depois das reformas empreendidas em 1978, inicia uma era de crescimento que já dura duas décadas, sustentando uma taxa de crescimento média em torno de 9% ao ano. Guardadas as diferenças, não é difícil perceber que a estratégia chinesa de expansão acelerada, impulso exportador, rápida incorporação do progresso técnico e forte coordenação do Estado, foi inspirada no sucesso de seus vizinhos, sócios e competidores.

Este "estilo de desenvolvimento" foi inaugurado pelo Japão, que emergiu como potência econômica, já nos anos 60, e disseminou-se para Coreia e

---
1. Publicado originalmente em: *Revista Praga*, São Paulo, Hucitec, nº 5, p. 59-75, maio 1998.

Taiwan, protagonistas de notável performance nas décadas de 70 e 80. Os dirigentes e a tecnocracia destes dois países inspiraram-se no desempenho de seu vizinho, o Japão, que, uma década antes, já nos anos 50 — ironicamente, graças à Guerra das Coreias — tinha conseguido livrar sua economia das reformas liberais do general MacArthur. Qual era, na verdade, o projeto americano para o Japão? Desmontar os grandes conglomerados, "ocidentalizar" a economia, tornando-a mais próxima do modelo anglo-saxão de economia de mercado.

O Japão valeu-se, sem dúvida, das circunstâncias históricas e geopolíticas da Guerra Fria para reconstruir sua economia devastada pela guerra. Também a Coreia do Sul e Taiwan foram beneficiadas pela condição de postos avançados do Ocidente, numa área crítica para o embate entre as duas grandes potências e a competição entre os dois sistemas.

O êxito do Japão e dos tigres asiáticos, como Coreia e Taiwan, não pode ser explicado apenas pelas "virtudes econômicas" dos seus modelos. Também é óbvio que a Guerra da Coreia foi crucial: ofereceu ao Japão ocupado a oportunidade de fazer as transformações requeridas, sem, no entanto, abrir mão das práticas e instituições que marcaram a administração da sua economia, desde a Revolução Meiji, na segunda metade do século XIX.

Mantendo a estrutura empresarial de grandes conglomerados e de bancos associados, o capitalismo organizado japonês, em 40 anos, transformou-se de produtor de tecidos baratos e de eletroeletrônicos de baixo valor em uma economia de US$ 4 trilhões, a segunda do planeta. Os Estados Unidos fizeram vista grossa para o nacionalismo econômico que se afirmava na Ásia. Aceitaram as estratégias de crescimento acelerado que contemplavam políticas industriais protecionistas, fortes incentivos às exportações, além de cadeia e bastonadas para os opositores políticos na Coreia e em Taiwan e deslavada corrupção de próceres políticos do PLD no Japão. Sempre em nome da liberdade, foram absorvidas todas as violações possíveis e imagináveis às boas regras do livre mercado. A tolerância americana incluía a abertura dos seus mercados para a invasão, primeiro, dos produtos japoneses e, depois, dos coreanos e taiwaneses.

INSTITUCIONALISTAS E LIBERAIS

A opinião econômica especializada, na tentativa de explicar a performance singular destes processos de industrialização e de transformação social, dividiu-se basicamente em dois grupos: os que dão maior peso à ação de coordenação e de promoção dos Estados nacionais e os que chamam a atenção para o papel desempenhado pelos estímulos de mercado, no marco de políticas macroeconômicas corretas. A investigação sobre o desenvolvimento dos países asiáticos deu origem, aliás, a uma volumosa bibliografia cuja estante poderia ser adornada pela etiqueta "Estado *versus* mercado".

Seja como for, as divergências concentraram-se em torno das seguintes questões: 1) natureza e relevância da intervenção do Estado, particularmente das políticas industriais e de direcionamento do crédito; 2) importância dos acordos implícitos e das relações de "cooperação" e "reciprocidade" entre os agentes relevantes; 3) papel da estabilidade macroeconômica, sempre buscada por meio de uma prudente gestão monetária e fiscal, característica dos países da região; 4) forma da inserção internacional.

O primeiro grupo, mais à esquerda, cuidou de sublinhar as relações peculiares estabelecidas entre os Estados nacionais, os sistemas empresariais e a "inserção internacional". Procuraram chamar a atenção sobre a especificidade da "organização capitalista" em que prevaleciam nexos "cooperativos" e de reciprocidade nas relações entre capital e trabalho, nas negociações entre os grandes conglomerados e seus fornecedores, na íntima articulação entre os bancos e a grande empresa e, finalmente, numa "administração estratégica" do comércio exterior e do investimento estrangeiro.

Na visão desta corrente teórica, tal arquitetura institucional, envolvendo Estado, empresas e bancos e organizações de trabalhadores, teria não só assegurado excepcionais taxas de investimento e de acumulação de capital, como permitido um processo ordenado de "graduação" tecnológica, garantindo, assim, ganhos de produtividade expressivos e, consequentemente, a manutenção da competitividade das empresas locais, diante dos rivais e concorrentes no mercado internacional. Ao mesmo tempo, argumentavam, o sucateamento das indústrias "envelhecidas" e dos setores de menor dinamismo vinha sendo efetuado de forma planejada, de modo a evitar que a incerteza contaminasse as decisões empresariais. Esta função de "planejamento", crucial nas relações entre o Estado e o setor privado, teria assegurado a disposição dos empresários de continuar investindo aceleradamente e a inclinação dos bancos em sustentar os elevados níveis de endividamento das empresas.

O economista Ajit Singh, em seus trabalhos sobre o desenvolvimento da Ásia, não hesitou em escolher, como fator crucial do sucesso do *catching up*, a capacidade revelada pelas economias asiáticas de transformar continuamente investimentos em lucros e lucros em investimento durante um longo período, sem que se insinuassem indícios mais sérios de fragilidade financeira (cf. Singh, 1997).

Esta solidez financeira, sustentada ao longo de muitos anos de industrialização rápida, resistiu até às oscilações e crises observadas na economia internacional, sobretudo aquelas ocorridas partir do início dos anos 70. Apesar de terem sofrido o impacto da crise da dívida, no início dos anos 80, as economias asiáticas — à exceção das Filipinas e ao contrário dos países da América Latina — não ingressaram no túnel escuro da "década perdida". Escaparam, portanto, dos transtornos da transferência de recursos, da crise fiscal, das tendências à hiperinflação e da estagnação econômica.

Até a eclosão da crise no segundo semestre de 1997, a resistência das economias asiáticas aos choques externos costumava ser atribuída, em grande parte, à "repressão" financeira e aos controles estritos exercidos sobre os mercados cambiais. Os mercados de dívida pública e de títulos privados eram praticamente inexistentes e as Bolsas de Valores desempenhavam papel marginal, quer no financiamento das empresas, quer na avaliação de seu valor de mercado para fins de transferência de propriedade. As operações cambiais estavam praticamente restritas a compra e venda de divisas para saldar obrigações nascidas da balança de transações correntes; e, em geral, os governos exerciam controles rigorosos sobre a conta de capitais.

Na verdade, os sistemas financeiros que ajudaram a erguer os "novos países industrializados", os NICs, eram relativamente "primitivos" e especializados no abastecimento de crédito subsidiado e barato às empresas e aos setores "escolhidos" como prioritários pelas políticas industriais. Alice H. Amsdem, entre outros autores, assinala que as "distorções" introduzidas pelas políticas de fomento nas taxas de juros e nos preços de insumos estratégicos foram decisivas para o sucesso das estratégias de industrialização e de *catching up*. A estes benefícios as grandes empresas deveriam responder com o cumprimento das metas estabelecidas de ganhos de produtividade, qualidade e crescimento das exportações.

Apesar da intensificação, nos anos 80, das pressões internas e externas destinadas a promover maior liberalização cambial e financeira, havia a impressão, manifestada por vários autores desta corrente de opinião, de que as concessões feitas pelos governos não afetariam gravemente a capacidade de orientar o crédito e de programar o investimento. Continuaria operando, desta forma, o circuito virtuoso que ia do financiamento (agora mais apoiado nos mercados de capitais) para o investimento, do investimento para a produtividade, daí para os lucros e dos lucros para a liquidação da dívida.

Em suma, as decisões decorrentes da "formação de consensos" entre os atores centrais do processo de desenvolvimento — trabalhadores, burocracia de Estado e classes empresariais — eram vistas por estes estudiosos do "estilo asiático" como condição *sine qua non* para a manutenção das elevadas taxas de crescimento do produto, da produtividade e da renda por habitante, sem grandes tensões sociais. Os admiradores do modelo asiático pretendiam tirar daí a conclusão de que essa forma de organização do capitalismo teria conseguido, em boa medida, reduzir as incertezas que inevitavelmente nascem do processo de acumulação acelerada. Seria possível, portanto, mitigar os inconvenientes da rápida introdução do progresso técnico e da incessante reestruturação produtiva, requeridos pelas cambiantes condições da concorrência internacional. Ou seja, o estilo asiático de desenvolvimento teria conseguido colocar sob relativo controle as externalidades negativas causadas pelos frequentes deslocamentos na estrutura do emprego, da produção e pelas alterações nas posições relativas de renda e de riqueza. A isto o economista japonês Michio Morishima chamou da "combinação ótima" entre o máximo de competitividade e o máximo de cooperação e planejamento (cf. Morishima, 1982).

Seria legítimo abrigar sob a rubrica de liberal-conservador o segundo grupo de estudiosos. Desde que o "caso asiático" fez sua aparição no palco em que se apresentam as economias em desenvolvimento, esta corrente de interpretação vem procurando salientar a "abertura" das economias da Ásia, as elevadas taxas de poupança, o investimento em "capital humano" e o caráter subsidiário e pró-mercado (*market friendly*) da intervenção do Estado e dos arranjos "corporativos". Impossibilitada de negar a presença ativa do Estado ou o papel importante dos processos de decisão, apoiados no "consenso" e na autoridade, quando não no autoritarismo, esta linha de pensamento dedica-se a apontar a sabedoria da "mão visível", movida pelas instâncias "políticas", na promoção do desenvolvimento e da competitividade.

O controvertido estudo do Banco Mundial, *The East Asia Miracle*, de 1993, procura confirmar o acerto desta interpretação, reconhecendo, no entanto, que não faz justiça aos argumentos da versão institucionalista:

> *A maioria das economias está submetida apenas à competição imposta pelos mercados. Nós sustentamos (neste estudo) que as Economias de Alto Crescimento da Ásia foram além, crian-*

do condições e desafios que combinam a concorrência com os benefícios da cooperação entre as empresas e entre o governo e o setor privado. Tais condições vão desde simples normas de alocação de recursos não baseadas no mercado, como é o caso do acesso facilitado ao crédito para os exportadores, até a complexa coordenação do investimento privado, no Japão e na Coreia, executada pelos conselhos formados por empresários e representantes do governo. A característica central de tais "concursos" é que o governo distribui prêmios — acesso ao crédito ou a divisas — sob critérios de avaliação de desempenho. Para serem bem-sucedidas, as intervenções devem ser disciplinadas pela concorrência, quer através dos mercados, quer dos "desafios" institucionalizados. Estas formas de concorrência exigem árbitros imparciais e competentes — ou seja, instituições sólidas.

A FORMAÇÃO DO BLOCO ASIÁTICO

Este texto, que compõe um amplo diagnóstico das causas do "milagre asiático", foi escrito na "fase de aquecimento" do ciclo de expansão dos anos 90, que culminaria na crise cambial e monetária do final de 1997. Neste período, a despeito da persistente estagnação japonesa, deflagrada pelo colapso dos preços dos imóveis e da Bolsa de Tóquio no início dos anos 90, as economias da Ásia revelavam grande vitalidade, expressa nas taxas de crescimento do produto e da renda per capita, na velocidade da acumulação de capital e de incorporação do progresso técnico, aumentado sua participação nos mercados mais dinâmicos e "competitivos" da economia mundial. A China já havia se transformado na grande vedete da região e as economias da Coreia, de Taiwan e de Cingapura ampliavam significativamente sua participação nos mercados mundiais de automóveis, eletrônica de consumo, microprocessadores e outros componentes de informática e microeletrônica. Este ciclo dos anos 90 inspirou a ideia dos *flying geese*, a formação dos "gansos voadores", em que os líderes dão a direção aos demais.

Pode-se afirmar que o bloco asiático vai nascer como uma reação do grande capital japonês — conglomerados e seus bancos — às consequências políticas e econômicas do seu próprio sucesso. Depois da prosperidade proporcionada pela *reaganomics*, generalizou-se entre as classes dirigentes japonesas a percepção de que estavam sob ameaça as condições externas e internas favoráveis que haviam permitido, desde o imediato pós-guerra, o crescimento rápido. Esta sensação começou a se disseminar entre o empresariado e a burocracia econômica do Japão na metade da década de 80, mais precisamente em 1985, após o famoso Acordo do Plaza, quando os Bancos Centrais concordaram em "administrar" a desvalorização do dólar.

É mais do que sabido que, no início dos anos 80, a política econômica de Reagan — com seu dólar supervalorizado, enormes déficits orçamentários e nas contas de comércio — foi chuva criadeira para os países da Ásia, em particular para Japão, Coreia e Taiwan. Esse foi o período dos grandes superávits comerciais japoneses, taiwaneses e coreanos. Os bancos japoneses começaram a galgar posições no *ranking* das finanças globais, deslocando os americanos e os europeus, encalacrados na crise da dívida latino-americana e enfraquecidos pela recessão provocada pela brutal elevação dos juros nos EUA, em 1979. Com esta providência, diga-se, o Estado americano reinstaurou a supremacia do dólar como moeda reserva e mandou para casa os acadêmicos e os homens práticos que sonhavam com a reforma do sistema monetário internacional.

O aparecimento de bancos, corretoras e seguradoras japonesas no cenário das finanças globais foi o produto inevitável da acumulação dos enormes excedentes financeiros, decorrentes dos sucessivos e crescentes superávits comerciais do Japão, principalmente com os Estados Unidos, mas também com a Europa. Isto implicou o crescimento significativo da participação dos ativos denominados em moeda estrangeira nas carteiras das instituições financeiras nipônicas. Os ativos não eram constituídos apenas de títulos do governo americano, mas também de papéis e obrigações emitidas por empresas estrangeiras de boa reputação, além de participação em investimentos diretos e compras de ativos imobiliários no exterior. Este avanço dos bancos japoneses chegou a sugerir a possibilidade de que o iene (assim como o marco) viesse a disputar com o dólar, nos negócios internacionais, a condição de moeda principal. Mas o fato é que, já neste momento, depois da elevação brutal dos juros, o dólar estava recuperando sua participação como principal moeda na denominação de contratos e no faturamento dos preços cobrados nas transações mercantis efetuadas no mercado internacional.

A Coreia — à semelhança dos países da América Latina — havia se endividado fortemente durante o ciclo de expansão do crédito internacional dos anos 70. No entanto, o ajustamento coreano à crise da dívida — provocada pela elevação da taxa de juros e pela contração do crédito internacional — foi curto e eficaz. Esta reação pronta permitiu que a economia coreana escapasse da reiteração perversa entre desvalorização/aceleração da inflação/estagnação/nova desvalorização. Os coreanos puderam sustentar a desvalorização real da taxa de câmbio e, ao mesmo tempo, conter as pressões inflacionárias, porque receberam importante apoio financeiro do Japão. A combinação entre esta ação de última instância, destinada a sustentar o won, e a geração de excedentes comerciais foi decisiva para a rápida reativação da economia coreana e para o renovado vigor da estratégia de *catching up*.

É nesta etapa que se ensaiam os primeiros passos do processo de internacionalização de *chaebols* como Samsung, LG, Daewoo e Hyunday. As empresas privadas coreanas seriam as primeiras de sua classe, originárias de um país "em desenvolvimento", a assumir posições importantes na competição à escala global. Mais tarde, este desempenho induziria muitos observadores à conclusão de que a Coreia havia atravessado a linha divisória entre o núcleo dos desenvolvidos e a periferia em processo de industrialização. Seria a prova de que é possível, com políticas adequadas, romper o círculo da "dependência".

Quando, porém, os Estados Unidos resolveram reverter a brutal valorização do dólar, que já havia causado danos quase irreparáveis a sua indústria, foi dado um sinal claro de que pelo menos esta parte da festa estava prestes a acabar. Os japoneses foram obrigados a engolir a valorização do iene, o que, por um lado, afetou suas exportações para a área de predominância da moeda americana e, por outro, causou sérios prejuízos para os bancos, corretoras e seguradoras que carregavam em suas carteiras ativos em dólar. A famosa *endaka* dará impulso, como veremos, ao movimento de "deslocalização" da indústria japonesa para os países da região, apoiado na capacidade de financiamento de seus bancos, que tentavam compensar as perdas em que incorreram os ativos denominados em dólar.

Coreia, Taiwan e os "tigres" de segunda geração, como Tailândia, Malásia e Indonésia, haviam atrelado suas moedas ao dólar, o que tornava atraente o deslocamento do investimento nipônico. Por outro lado, taxas de juros em ienes eram extremamente convidativas e compensavam pelos menos em parte o risco de uma valorização adicional da moeda japonesa. A China (e seu já desvalorizado iuane) iria completar a primeira década de crescimento acelerado. Este novo e gigantesco protagonista do "milagre asiático" vinha executando seus programas de reforma econômica com grande eficácia. Estas reformas buscavam a combinação entre agressiva estratégia exportadora, atração de investimentos diretos estrangeiros nas zonas liberadas e forte intervenção do Estado. A ação estatal concentrou-se no estímulo à agricultura familiar, em maciços investimentos em infraestrutura e na utilização das empresas públicas como "âncora" para a constituição de grandes conglomerados industriais. Tudo isso foi acompanhado de uma cuidadosa transição do sistema de preços da antiga economia de comando para a "nova" economia de mercado.

A metástase do sistema industrial do Japão suscitou, imediatamente, uma onda de investimentos de Taiwan e da Coreia, principalmente para a China, mas também para a Tailândia, a Malásia e a Indonésia. Os dois "tigres" também reagiam às pressões americanas por maior liberalização comercial e financeira e tratavam de se antecipar aos efeitos de prováveis retaliações comerciais. As praças financeiras "internacionalizadas" de Hong Kong e Cingapura integraram-se rapidamente ao complexo "asiático" em formação, através dos bancos locais e estrangeiros aí sediados. Estes fluxos cruzados de investimento direto, de expansão do crédito e, mais tarde, de aplicações de portfólio estimularam o crescimento muito rápido do comércio entre os países da região, sobretudo através das transações intrafirmas. Entre 1988 e 1993, o comércio entre os países da área iria se expandir a taxas impressionantemente altas, superando as relações comerciais com a Europa e a América do Norte. Medeiros, em seu excelente artigo "Globalização e inserção internacional", mostra que

> *foi se afirmando um "cluster" regional de investimento e de comércio intraindústria e intrafirmas, permitindo às empresas, sobretudo às japonesas e coreanas, formar no setor manufatureiro importantes economias de escala e de especialização (...) Esta dinâmica não pode, contudo, ser explicada fora de um contexto marcado por expansão macroeconômica regional, combinando investimentos, comércio interindústria e penetração nos grandes mercados da OCDE* (Medeiros, 1997).

Não é possível, porém, uma compreensão adequada do auge e, depois, da derrocada conjunta das economias da região sem levar em conta que entre estas se estabeleceram relações de solidariedade e, ao mesmo tempo, de forte concorrência. Coreia e o Japão, por exemplo, tornaram-se ferozes competidores, em terceiros mercados, nos setores de maior dinamismo, como o automobilístico, o de microprocessadores e o da eletrônica de consumo. De outra parte, a expansão coreana apoiou-se fortemente na importação de bens de capital e no financiamento dos bancos japoneses para manter as elevadas taxas de acumulação exibidas ao longo dos anos 90. Essas relações de "concorrência e solidariedade" são ainda mais evidentes no caso da China, cuja "competitividade" é crescente, tanto nos mercados menos qualificados, quanto, ainda de forma incipiente, nos de tecnologia mais sofisticada. O *drive* exportador chinês vai deslocando a participação de seus parceiros asiáticos em terceiros mercados muito antes da controvertida desvalorização de 1994. Simultaneamente, os chineses sustentavam a continuada elevação da taxa de acumulação de capital e a rápida incorporação de novas tecnologias mediante estímulo às *joint ventures* com empresas coreanas, japonesas e de Taiwan. Estas relações conflitantes tornaram essas economias muito sensíveis, como é óbvio, às alterações nas taxas de câmbio relativas e, sobretudo, às flutuações periódicas e amplas na paridade iene/dólar.

ABERTURA FINANCEIRA E INFLAÇÃO DE ATIVOS

O auge regional é também concomitante à rápida expansão e à desregulamentação dos mercados financeiros "globalizados", fenômeno que se seguiu à crise das Bolsas de Valores de 1987 e à intervenção salvadora dos Bancos Centrais, comandada pelo Federal Reserve, já então dirigido por Alan Greenspan. Neste ambiente, intensificaram-se as pressões, no Japão e nos dois tigres asiáticos de segunda geração (Coreia e Taiwan), para a liberalização financeira. É preciso sublinhar que a abertura e a desregulamentação financeiras — ou seja, a progressiva liberalização das transações registradas na conta de capital e o afrouxamento dos controles sobre a atividade dos bancos — vão ocorrer por razões tanto externas (transformações dos mercados de capitais "globalizados" e exigências dos EUA diante do desequilíbrio comercial crônico e acumulação de reservas em moeda forte), quanto internas. As razões internas são, em primeiro lugar, de natureza macroeconômica: os bancos japoneses estavam obrigados a "reciclar" os excedentes em divisas para evitar os desequilíbrios monetários e financeiros domésticos. As autoridades monetárias do Japão, com sua política monetária passiva e de baixas taxas de juros, pretendiam obviar tanto a valorização excessiva do iene, quanto a expansão indesejável da dívida pública que seria causada pela esterilização da oferta adicional de moeda, decorrente dos persistentes saldos comerciais. Cuidavam, neste sentido, de estimular os bancos e empresas japonesas a adquirir ativos financeiros e reais no exterior, aliviando a pressão monetária interna.

A segunda razão é, digamos, "microeconômica" e diz respeito às transformações na gestão de tesouraria da grande empresa japonesa e coreana, frequentemente às voltas com excedentes de caixa ou lucros acumulados acima de seu cronograma de dispêndio, o que exigia a oferta de serviços mais diversificados e sofisticados por parte das instituições financeiras locais.

A "desopressão" financeira envolveu, assim, três tipos de providências: 1) eliminação dos controles cambiais, ampliando a possibilidade de os agentes domésticos realizarem transações em moeda estrangeira não decorrentes de uma operação comercial; 2) liberação das taxas de juros, com restrição progressiva dos créditos dirigidos e subsidiados; e 3) desregulamentação bancária, ensejando que os bancos locais pudessem ampliar a gama de "serviços financeiros" prestados às empresas não financeiras.

Os bancos japoneses acostumados a prover crédito para as empresas, sob o amparo das práticas de redesconto do Banco do Japão, diversificaram sua atuação, intermediando operações nos mercados imobiliários, alavancando posições nas Bolsas de Valores e em negócios com derivativos. Essas transformações foram a causa dos formidáveis surtos especulativos com ações e imóveis que culminaram nas agudas deflações de preços dos ativos sobrevalorizados, entre 1989 e 1990.

A questão se tornou ainda mais delicada porque a política de taxas de juros baixas praticada pelo Banco do Japão permitiu que os bancos expandissem desmesuradamente o crédito para sustentar posições alavancadas nos mercados de ações e de imóveis. Além disso, ações ou imóveis supervalorizados eram usados como garantia para a contratação de mais empréstimos. Quando ocorreu o colapso de preços, os bancos acordaram do sonho especulativo com carteiras podres e garantias imprestáveis. Daí para frente, o poderoso sistema bancário japonês foi objeto de sucessivos programas de reestruturação e resgate, sem qualquer resultado prático.

Entre o final dos anos 80 e os primeiros anos da década de 90, a recessão generalizou-se, atingindo a Europa e os Estados Unidos. Esta crise foi administrada por um afrouxamento das políticas monetárias sob a condução do Federal Reserve e do Banco do Japão. Foram incisivas as reduções nas taxas de juros, com o propósito de impedir a degradação dos ativos bancários e impedir um *credit crunch*, aliviando, simultaneamente, para as empresas e famílias, os encargos decorrentes das dívidas assumidas no ciclo de expansão dos anos 80. Para os bancos japoneses, a política monetária permissiva era uma oportunidade para compensar os problemas das carteiras incobráveis e da geração de nova dívida de qualidade no mercado doméstico, com a aquisição de novos ativos nas economias da vizinhança, que prometiam rendimentos mais elevados. Nos Estados Unidos, a partir de 1992, a liquidez abundante permitiu que os bancos e os investidores institucionais cuidassem de atender à demanda de crédito gerada pela recuperação da economia americana e ainda diversificassem seus empréstimos e aplicações nas economias emergentes.

Os europeus, por seu turno, apesar de envolvidos com os problemas da unificação alemã e com as tensões no âmbito do Sistema Monetário Europeu, ancorado no marco — o que impediu um movimento semelhante das taxas de juros governadas pelo Bundesbank —, foram estimulados a buscar melhores oportunidades, face à estagnação da economia europeia.

Estas circunstâncias serviram para orientar uma fração crescente dos fluxos de capitais para os ditos países emergentes. Os dados do BIS e do FMI mostram claramente que, no início dos anos 90, particularmente a partir de 1992, há forte incremento dos fluxos de capitais — investimento direto, empréstimos bancários, aquisição de bônus, financiamentos comerciais e compras de ativos — para os mercados de maior risco, inclusive aqueles que ainda sofriam as sequelas da crise da dívida dos anos 80. O aumento dos empréstimos bancários e a absorção de maior volume de colocações de títulos privados e públicos foram acompanhados, até a eclosão da segunda crise mexicana, de queda significativa dos diferenciais de juros entre os títulos emitidos pelos "emergentes" e os títulos de mesmo prazo do governo americano.

Apesar da prosopopeia "reformista" do Consenso de Washington e de seus acólitos subdesenvolvidos, o movimento de capitais obedeceu e vem obedecendo apenas e tão somente a seus impulsos mais profundos, ou seja, "dinheiro caçando rendimento". Trocando em miúdos: os administradores da riqueza livre e líquida — fundos de pensão, fundos mútuos, *hedge funds* — deslocaram um fração marginal, mas crescente, deste capital flutuante para capturar pingues rendimentos em mercados que oferecessem taxas de juros mais elevadas ou apresentassem perspectivas de ganhos de capital elevados.

Os movimentos de capitais responderam, portanto, às perspectivas de menor rentabilidade nos mercados de "qualidade" e à situação de sobreliquidez (causada por um período de taxas de juros muito baixas), diante das oportunidades surgidas nos países "emergentes", sobretudo na Ásia. Nos mercados financeiros desregulamentados, um fator importante para a alocação de recursos é a concorrência entre as instituições financeiras para atrair os aplicadores. Os administradores de portfólios, no afã de carrear mais dinheiro para os seus fundos e na ânsia de bater os concorrentes, devem exibir performances espetaculares. Para tanto, vêm-se forçados a abrir espaço em suas carteiras para ativos de maior risco.

No caso das economias da Ásia, era ampla a oferta de ações, projetos imobiliários e industriais que prometiam alta rentabilidade, localizados em economias com programas ambiciosos de modernização urbana e com tradição de elevadas taxas de crescimento e prolongados períodos de expansão econômica. A isto se deve adicionar a convicção, disseminada entre os investidores e entre agências avaliação de risco (e confirmada pelas análises dos organismos multilaterais), quanto à sólida situação macroeconômica dos países da região. Estas "convenções" otimistas exacerbaram o "choque de demanda" sobre o conjunto de ativos, provocando o surgimento de fenômenos inter-relacionados: sobreinvestimento nas áreas consideradas mais "dinâmicas", explosão de preços de ativos de oferta inelástica, sobrevalorização das moedas, déficits crescentes em transações correntes, endividamento em moeda estrangeira e, finalmente, fragilidade financeira.

Na Ásia, dadas as características das economias da região e sua forma de integração comercial, produtiva e financeira, o ciclo expansivo foi superexcitado pela persistência da estagnação japonesa, pela sobreliquidez mundial e pela tentativa dos governos de estimular a qualquer preço a "ultrapassagem" dos sistemas industriais concorrentes.

A professora Meredith Woo-Cummings, da Northwestern University, em artigo sobre a liberalização dos mercados na Coreia, mostrou que a internacionalização financeira, ao invés de maior eficiência na alocação de recursos, levou, isto sim, à especulação com ativos reais e financeiros, à aquisição de empresas já existentes, ao sobreinvestimento e, finalmente, à maior vulnerabilidade em transações correntes e à fuga de capitais. No caso da Tailândia, o foco gerador da crise, os surtos especulativos formaram-se nos mercados imobiliários e nos mercados de ações. Durante quase cinco anos, até o início de 1996, a Bolsa tailandesa apresentou taxas de capitalização mais elevadas que a média mundial, alimentadas pela abundância e "baixo preço" da liquidez em ienes.

Não parece ter sido muito diferente a situação de alguns vizinhos da Tailândia, como Filipinas e Malásia, até outro dia incensados como a nova geração de tigres asiáticos. Em algum momento, as antecipações tornam-se negativas quanto à evolução dos preços dos ativos, à rentabilidade dos investimentos ou à manutenção das paridades cambiais, deflagrando vendas em massa e liquidação de posições na moeda sobrevalorizada. Em geral, mas não necessariamente, estas antecipações negativas estão associadas a uma trajetória imprudente do déficit de transações correntes do balanço de pagamentos. Nestas situações, a fuga dos ativos inflados e cujos preços estão despencando é, ao mesmo tempo, uma fuga da moeda local em direção aos ativos financeiros denominados na moeda realmente forte que servia de referência, ou seja, o dólar.

SALVANDO OS MERCADOS

Os Estados Unidos e o Fundo Monetário Internacional coordenaram financiamentos de emergência de grande porte para impedir que a crise financeira se aprofundasse, ameaçando contaminar outros mercados que apresentavam evidentes sintomas de vulnerabilidade. O governo americano e o Fundo, num primeiro momento, subestimaram a gravidade dos problemas financeiros que ora afetam as economias da Ásia.

Duas impropriedades foram amplamente divulgadas, nos primeiros dias da crise.

Impropriedade nº 1: as declarações do secretário executivo do FMI, Michel Camdessus, dizendo que "o modelo asiático já cumpriu o seu papel e está superado". Mais do que qualquer outra coisa, o globocrata quis dizer que se tratava do fracasso de um modelo de desenvolvimento, com muito Estado, bancos emprestando à beça, economias fechadas e outras mazelas do gênero.

A chamada "mídia internacional" e (naturalmente) a cabocla gastaram tinta, papel e energia humana para especular sobre as consequências do destino merecido dos imprudentes. Como sempre, alguns dias depois, quando empresas e bancos americanos começaram a antecipar resultados menos gloriosos, fazendo o índice Dow Jones dobrar os joelhos, os papalvos deram-se conta de que o estrago era universal. Mais americano do que universal, como declarou, voltando da Ásia no início de janeiro, o economista David Hale a seus clientes do Departamento de Estado e do

Pentágono. Ele não deixou por menos: "A velocidade e ferocidade desta crise são estonteantes."

Impropriedade nº 2: o secretário do Tesouro dos Estados Unidos, Robert Rubin, no alvorecer da turbulência cambial e financeira, veio a público para comunicar aos contribuintes que "não gastaria um níquel para salvar investidores e credores privados". Formou-se, aliás, uma corrente de opinião, no *establishment* conservador americano, que pretendia impedir o Tesouro de seu país ou o seu longo braço, o FMI, de gastar um mísero centavo no socorro a investidores privados imprudentes. Até prova em contrário, as trapalhadas cambiais e financeiras ocorridas na Ásia são frutos da ação de investidores, credores e devedores privados. Não está claro, portanto, o que o secretário Rubin pretendia dizer. Os fundamentos fiscais estavam em ordem, à exceção das Filipinas, como atestam os dados do Fundo Monetário. O economista Jeffrey Sachs denunciou corretamente, no *Financial Times*, que poucos meses antes o FMI havia se derretido em elogios à situação macroeconômica dos combalidos tigres, alongando-se nos encômios às elevadas taxas de poupança agregada.

Os analistas mais badalados da finança globalizada, como Paul Krugman, ficaram espantados com o caráter "privado" da crise. Vamos adivinhar o que se passou nesta cabeça coroada da economia: os mercados privados são "eficientes" e, portanto, os agentes usam de forma adequada a informação disponível e decidem racionalmente. Sendo assim, os episódios de descontrole financeiro deste porte só poderiam, em princípio, ser explicados por desmandos dos governos.

Diante da realidade macroeconômica dos países atingidos pelas turbulências, Krugman encontrou remédio para a fragilidade de suas hipóteses, ao atribuir a catástrofe financeira em curso à promiscuidade entre os bancos mal supervisionados e regulamentados, empresas engordadas com subsídios e favorecidas em razão de relações familiares com chefes dos governos. Não foram poucos, diga-se, os economistas ilustres que descarregaram sobre o "capitalismo de cupinchas" (*crony capitalism*) a responsabilidade pela *débâcle* financeira. Restava, no entanto, explicar em que condições os bancos e demais instituições financeiras americanas e europeias poderiam se desvencilhar de suas posições "asiáticas", uma vez que tiveram participação decisiva na promoção do ciclo de sobreinvestimento e de especulação com ativos reais e ações.

O governo americano, os seus sócios menores do G7 e o FMI não tiveram outra opção senão sancionar as expectativas dos mercados: muito dinheiro oficial estaria disponível para limitar as perdas incorridas por administradores de carteiras e grandes bancos estrangeiros. A alternativa seria a contaminação de outras praças financeiras e o agravamento do *crash* global. Esta história de "deixa quebrar" é muito boa quando se trata do banco do vizinho.

Mais do que em qualquer outro período da história econômica recente, as políticas econômicas, mais especificamente as políticas monetárias, estão sobrecarregadas pelas tensões e desequilíbrios que nascem dos mercados financeiros e cambiais. As intervenções destinadas a conter estas crises sistêmicas criam inevitavelmente os chamados riscos morais, ou seja, os agentes tornam-se mais imprudentes e audaciosos quando incorporam em suas avaliações a possibilidade da intervenção "salvadora" dos Bancos Centrais. Para evitar que este tipo de intervenção de última instância seja frequente, estimulando a irresponsabilidade dos investidores, as autoridades teriam que fazer retroceder a desregulamentação irresponsável e, sobretudo, colocar freios no capital livre e líquido. Mas neste vespeiro os banqueiros centrais do mundo não querem enfiar a mão.

A CRISE E SEU DESENVOLVIMENTO

Durante quase todo o ano de 1997, os mercados financeiros sustentaram as conjecturas de uma possível elevação das taxas curtas pelo Federal Reserve. Essas expectativas fortaleceram-se diante do crescimento vigoroso da economia norte-americana e da queda da taxa de desemprego, que se situou abaixo dos 5%. É sabido que, desde o início dos anos 80, vem aumentando a sensibilidade dos donos e administradores da riqueza financeira às mudanças imaginadas do nível geral de preços. Assim, por exemplo, um deslocamento para cima do patamar inflacionário, julgado desprezível em outras épocas, tem suscitado reações elásticas das taxas de juros de longo prazo.

A crise asiática, no entanto, parece ter dissipado os temores dos mercados quanto a uma possível aceleração da inflação. Muito ao contrário, as atenções e especulações concentram-se, agora, no possível impacto deflacionário das fortes desvalorizações cambiais observadas na região. Em janeiro, o relatório mensal do Departamento do Comércio dos Estados Unidos confirmou uma queda de preços dos produtos importados da ordem de 0,6%. É claro que os preços do petróleo e dos produtos agrícolas, em queda livre, contribuíram, em grande medida, para este resultado. Excluídos do cálculo estes dois grupos de bens, sobra um declínio de preços dos importados de 0,2%. O PPI, índice de preços no atacado, acusou, em janeiro, deflação de 0,7%. Descontados energia e comida, a queda se reduz a 0,1%.

Isto significa que, apesar das dificuldades nascidas da quase paralisia dos financiamentos bancários e do aumento do custo dos insumos importados, as desvalorizações ocorridas na Ásia vêm produzindo cortes nos salários reais, redução na absorção doméstica e, provavelmente, contração nas margens de lucro das empresas, estimulando, assim, as exportações. Até agora, os efeitos inflacionários das megadesvalorizações foram (para alguns) surpreendentemente modestos, garantindo, portanto, uma boa fatia de desvalorização real da taxa de câmbio.

A intensidade da perda de valor real dos preços das mercadorias denominados em wons, baths (Tailândia), ringitts (Malásia) e até mesmo em ienes deverá provocar, ao longo deste ano, um aumento do déficit comercial americano e talvez uma redução dos superávits dos países europeus, como França e Alemanha. Estes dois países haviam religado, no ano passado, o motor do crescimento, cuja ignição recebeu energia de duas fontes: a valorização do dólar em relação ao marco e a continuada expansão da economia norte-americana.

Ainda não estão claras as consequências das fortes desvalorizações asiáticas sobre o comércio intrarregional, mas há evidências de que o Japão será o maior perdedor: suas exportações para a Coreia e para os tigres de segunda geração estavam concentradas em bens de capital. Diante da queda do produto e da renda — o que já vem ocorrendo na maioria daquelas economias — e do enorme excedente de capacidade recém-criada nos setores mais "dinâmicos", o investimento deverá entrar em colapso. Por outro lado, já há sinais de que, apesar do baixo crescimento da economia, devem aumentar as importações japonesas oriundas dos países da região, principalmente da Coreia, de Taiwan, da Tailândia e da Malásia.

Há receio quanto a uma possível desvalorização do iuane. As autoridades de Pequim vêm negando seguidamente a intenção de tomar esta medida. A desvalorização do iuane causaria danos consideráveis à economia de Hong Kong, tornando inviável qualquer medida de defesa da paridade fixa entre a moeda local e o dólar. Isto precipitaria, por certo, uma fuga de capitais desta praça financeira, lançando outra onda de desconfiança contra as demais moedas da região. Além disso, uma desvalorização da moeda chinesa provocaria graves desequilíbrios no já conturbado comércio intrarregional, anulando as vantagens competitivas, em terceiros mercados, dos países que concentram as suas exportações em bens de baixo conteúdo tecnológico, como Indonésia, Malásia, Tailândia e Filipinas.

Não se sabe até quando a China poderá resistir à tentação de desvalorizar. As análises mais recentes da economia chinesa revelam que tendências deflacionárias estão começando a se manifestar, sobretudo pela entrada em operação dos grandes investimentos que vem sendo realizados desde o início da década. A publicação especializada *Far Eastern Economic Review*, em sua edição de 15 de janeiro de 1998, sugere, para este ano, uma taxa de crescimento do PIB que pode ficar abaixo dos 8% projetados. Os analistas da economia chinesa consideram 8% uma taxa insuficiente para acudir a necessidade de criação de empregos. A freada na expansão da economia terá forçosamente efeitos nefastos sobre o emprego e sobre a programada reestruturação das empresas estatais: estavam previstas dispensas de trabalhadores e realocação da mão de obra em outras atividades.

Diante deste quadro e do risco de serem transformados nos únicos "compradores de última instância", assumindo sozinhos os encargos da estabilização econômica dos países asiáticos, os Estados Unidos vêm pressionando as autoridades japonesas para que executem rapidamente uma política de geração de déficits orçamentários, destinada a reanimar a demanda doméstica e as importações. Nos últimos seis anos, os japoneses montaram quatro pacotes fiscais, entre aumento de dispêndio e cortes de impostos, cujo valor médio ficou próximo a US$ 100 bilhões. Apesar do déficit e da dívida pública terem atingido proporções elevadas em relação ao PIB (4,4% e 82,6%, respectivamente), os efeitos sobre o crescimento da economia foram modestos. Dois fatores têm sido decisivos para impedir a recuperação sustentada da economia: primeiro, o elevado coeficiente de endividamento das empresas, cuja contrapartida é uma montanha de capacidade instalada "sobrante", em vários setores; segundo, esta dívida incobrável precisa ser eliminada das carteiras dos bancos, mas, ainda assim, persistiriam as dificuldades para o surgimento de novos e "bons" devedores.

Os especialistas vêm sugerindo às autoridades econômicas japonesas um drástico corte nos impostos, com o propósito de estimular um *boom* de consumo. Mas, neste ponto, as recomendações econômicas chocam-se com as virtudes locais, que valorizam a frugalidade e a poupança. Alem disso, a possibilidade de aumento do desemprego e a ameaça às práticas tradicionais, como a do emprego à vida, ajudam a manter deprimida a propensão a consumir.

DEFLAÇÃO DE PREÇOS *VERSUS* INFLAÇÃO DE ATIVOS

Nos últimos meses, na esteira do comportamento já observado dos preços e das previsões que indicam inflação próxima de zero ou mesmo deflação, a taxa de juros dos títulos do Tesouro americano de 30 anos mostrou forte tendência à baixa. Depois de ameaçar romper os 7%, ainda em meados do ano passado, essa taxa caiu abruptamente para um mínimo de 5,75% no auge da crise asiática, em dezembro, para, em fevereiro de 1998, chegar aos 5,84%. Esse comportamento da taxa de juros de longo prazo exprime a maior demanda e a consequente elevação dos preços desses títulos. Neste mundo das finanças desregulamentadas e securitizadas, a flutuação de preços destes papéis é o indicador mais importante do estado de espírito dos mercados globalizados. Esses movimentos respondem às antecipações dos administradores de carteira e dos bancos acerca da evolução das condições gerais de liquidez dos mercados financeiros, bem como do comportamento esperado dos preços dos diferentes ativos, em termos de rentabilidade e risco. Esta queda das taxas de juros longas foi acompanhada de uma nova escalada do índice Dow Jones. Este, no auge da crise, baixou de mais de 8.000 pontos para as cercanias dos 7.600. Apesar das antecipações negativas sobre as consequências da crise das economias da Ásia sobre o crescimento econômico e sobre a rentabilidade das empresas americanas, o mercado retomou a sua euforia altista e o Dow já bateu na casa dos 8.700 pontos.

A peculiaridade da atual conjuntura financeira internacional parece residir na convivência entre forças contraditórias: 1) tendências deflacionárias nos mercados de bens e serviços e 2) surtos recorrentes de aceleração de preços nos mercados de ativos financeiros e reais cuja oferta é inelástica a curto prazo. Este é o caso das ações, graças aos movimentos de fusões, aquisições e de compra de papéis da própria empresa para evitar a transferência selvagem da propriedade.

O presidente do Federal Reserve vem advertindo seguidamente para o comportamento assimétrico das taxas de juros na inflação e na deflação. Isto quer dizer o seguinte: ao menor sinal de recrudescimento da inflação, as taxas nominais tendem a elevar-se instantaneamente; já diante da formação de um ambiente e de expectativas deflacionárias, mostram-se muito mais preguiçosas e caem lentamente. Dependendo da profundidade da deflação nos mercados de bens e serviços, as taxas de juros reais para os produtores e consumidores podem subir ou se manter muito elevadas, sobrecarregando os devedores e aumentando, desta forma, o risco de inadimplência para os credores.

Este é um fenômeno sobejamente conhecido, estudado pelos partidários da *Banking School* no século XIX e reconhecido por Irving Fisher e Keynes nas primeiras décadas do século XX. Diante da expectativa da continuidade da queda de preços dos bens, sobe o valor presente de determinada soma de dinheiro. Ou seja, eleva-se o prêmio esperado pela posse da riqueza sob a forma líquida. Há o perigo de que a confirmação destas expectativas possa levar a economia para uma trajetória de queda cumulativa de preços, a uma interrupção de pagamentos e a uma crise aguda do sistema bancário.

A política monetária americana move-se, portanto, entre dois objetivos conflitantes: prevenir uma eventual queda cumulativa dos preços dos bens e, ao mesmo tempo, evitar que prospere a "exuberância irracional" dos mercados, o que levaria a nova escalada no preço das ações.

Para conter as forças deflacionárias, seria necessária uma queda mais rápida dos juros, o que poderia justificar a ação do Federal Reserve no sentido de reduzir as taxas curtas. Nas circunstâncias atuais, isso seria como dar milho a bode, exacerbando os ânimos dos altistas que antecipam ganhos ainda mais espetaculares nos mercados de ações. Há de se reconhecer que a taxa de juros não pode cumprir simultaneamente os dois papéis, o de conter as tendências à deflação e o de desestimular a especulação altista nas Bolsas. Seja como for, tal discrepância na evolução dos preços — os dos bens produzidos e os da riqueza não produzida — costuma terminar de forma desagradável. As reconciliações, historicamente, têm-se revelado violentas, com fortes desvalorizações da massa de riqueza sobrevalorizada e reverberações na esfera produtiva.

CAPÍTULO 6

"FINANCEIRIZAÇÃO" DA RIQUEZA, INFLAÇÃO DE ATIVOS E DECISÕES DE GASTO EM ECONOMIAS ABERTAS[1]

Introdução

Nos anos 90, generalizou-se a consciência a respeito do peso e da influência dos ativos financeiros nas economias modernas. Isto não é surpreendente. Em pouco mais de uma década, desde o início dos anos 80, a composição da riqueza social sofreu importante mutação. Cresceu velozmente a participação dos haveres financeiros na composição da riqueza privada. Nos países desenvolvidos, as classes médias passaram a deter — diretamente ou através de fundos de investimentos ou de fundos de pensão e de seguro — importantes carteiras de títulos e ações. O patrimônio típico de uma família de renda média passou a incluir ativos financeiros em proporção crescente, além dos imóveis e bens duráveis.

As empresas em geral também ampliaram expressivamente a posse dos ativos financeiros e não apenas como reserva de capital para efetuar futuros investimentos fixos. Na maioria dos casos, a "acumulação" de ativos financeiros ganhou status permanente na gestão da riqueza capitalista.

Por isso, a taxa de juros — critério geral de avaliação da riqueza, na medida em que exprime as expectativas de variação dos preços e, portanto, a "liquidez" dos distintos ativos financeiros — passa a exercer papel muito

---

1. Coautoria de Luciano Coutinho. Publicado originalmente em: *Economia e Sociedade*, Campinas, Instituto de Economia da Unicamp, v. 7, nº 2 (11), p. 137-150, dez. 1998.

relevante nas decisões das empresas e bancos, conforme já advertira, primeiramente, nosso colega José Carlos Braga em sua tese de doutoramento. Configura-se, assim, forte tendência à "financeirização" e ao rentismo nas economias capitalistas.

Este processo não ficou confinado às fronteiras nacionais. Muito embora a maior parcela dos ativos financeiros, em cada país, seja de prosperidade dos seus residentes, cresceu a participação cruzada de investidores estrangeiros, com a liberalização dos mercados de câmbio e desregulamentação dos controles sobre os fluxos de capitais. O valor da massa de ativos financeiros transacionáveis nos mercados de capitais de todo o mundo saltou de cerca de US$ 5 trilhões, no início dos anos 80, para US$ 35 trilhões, em 1995, segundo as estimativas do BIS.

Esta impressionante escalada do volume da riqueza financeira (a um ritmo de pelo menos 15% ao ano) suplantou de longe o crescimento da produção e da acumulação de ativos fixos. Como, em última instância, os ativos financeiros representam direitos de propriedade sobre o capital (em funções ou direitos sobre a renda futura gerada), é inescapável concluir que ocorreu nos últimos anos notável inflação dos ativos financeiros. Em outras palavras, os preços desses ativos subiram muito além da velocidade de acumulação dos ativos instrumentais do capital, criando em seus detentores uma percepção de enriquecimento acelerado.

Assim, empresas, bancos e também famílias abastadas — através dos investidores institucionais — passaram a subordinar suas decisões de gasto, investimento e poupança às expectativas quanto ao ritmo do seu respectivo "enriquecimento" financeiro. Do ponto de vista individual, este "enriquecimento" não parece fictício, pois os títulos podem ser perfeitamente validados por mercados líquidos e profundos. A certeza de "comercialização", ou seja, de que os papéis sempre poderiam ser reconvertidos à forma monetária e geral da riqueza, realimenta o circuito de valorização, induzindo uma parcela crescente de agentes a alavancar suas carteiras de ativos financeiros com base em dívidas tomadas junto ao sistema bancário. Os autores já assinalaram, em texto anterior (cf. Coutinho & Belluzzo, 1996), as características do mercado financeiro na atualidade:

- *profundidade*, assegurada por transações secundárias em grande escala e frequência, conferindo elevado grau de negociabilidade aos países;
- *liquidez e mobilidade*, permitindo aos investidores facilidade de entrada e de saída entre diferentes ativos e segmentos do mercado;
- *volatilidade* de preços dos ativos resultante das mudanças frequentes de

avaliação dos agentes quanto à evolução dos preços dos papéis (denominados em moedas distintas, com taxas de câmbio flutuantes).

O veloz desenvolvimento de inovações financeiras nos últimos anos (técnicas de *hedge* por meio de derivativos, técnicas de alavancagem, modelos e algoritmos matemáticos para "gestão de riscos"), associado à intensa informatização do mercado, permitiu acelerar espantosamente o volume de transações com prazos cada vez mais curtos. Essas características, combinadas com a alavancagem baseada em créditos bancários, explica o enorme potencial de realimentação dos processos altistas (formação de bolhas), assim como os riscos de colapso no caso dos movimentos baixistas.

O objetivo deste breve ensaio é examinar as mudanças que o processo de "financeirização" vem impondo às principais relações macroeconômicas (determinação das decisões de investimentos e de consumo) em economias abertas, sujeitas a regimes cambiais flutuantes ou de variação administrada, num mundo onde os fluxos de capitais financeiros (entre mercados nacionais, moedas e ativos de diferentes categorias) são intensos, rápidos e altamente sensíveis às mudanças de expectativas. A intenção é contribuir para a formulação de uma nova macroeconomia aberta, sob a dominância de ativos financeiros.

Ciclo de valorização de ativos e decisões de gasto numa economia aberta

A mudança na composição da riqueza provocou dois efeitos importantes para as decisões de gasto: 1) ampliou o universo de agentes que, detendo importante parcela de sua riqueza sob a forma financeira, têm necessidade de levar em conta a variação de preços dos ativos; 2) esta ampliação do efeito riqueza implica a possibilidade de flutuações mais violentas do consumo e do investimento. O consumo deixa de ter o comportamento relativamente estável previsto pela função consumo keynesiana e passa a apresentar um componente típico das decisões de gasto dos capitalistas.

Isto não significa apenas que uma fração do consumo deixa de ser proporcional à renda corrente, fenômeno que, aliás, se estabelece a partir da generalização do crédito ao consumidor. Significa, isto sim, que aumenta significativamente a possibilidade de endividamento por parte de grupos importantes de consumidores. Esta maior "alavancagem" dos gastos de consumo das famílias é permitida pela percepção dos consumidores (e dos bancos) de que sua riqueza aumentou por conta da capitalização acelerada dos ativos financeiros. É preciso explicar que o "efeito riqueza" não se realiza mediante venda de ativos para a conversão do resultado monetário em consumo, mas mediante ampliação da demanda de crédito por parte dos consumidores "enriquecidos".

Confiantes numa trajetória ascendente de valorização da sua parcela de riqueza, os consumidores tendem a elevar sua propensão a consumir sobre a renda corrente e simultaneamente a admitir gastos extraordinários, apoiados no aumento do endividamento. A perspectiva de enriquecimento acelerado passa a comandar as decisões de gasto de consumo: o nível de endividamento não é mais calculado sobre a renda corrente e, sim, sobre a expectativa de crescimento dos preços dos ativos que compõem o seu portfólio. Assim, é possível observar aumentos do serviço da dívida sobre a renda corrente, embora a relação entre este serviço e o estoque de riqueza possa se manter estável ou venha a declinar.

É o consumo "diferencial" de bens de alto valor e de serviços, sobretudo lazer, que se beneficia desta forma especial do efeito riqueza.

Na medida em que um segmento expressivo das classes médias é capturado por este efeito riqueza ampliado, um ciclo de valorização de ativos tem o condão de excitar a demanda muito além das expectativas normais dos empresários que produzem bens de consumo. Num mundo em que as economias são cada vez mais abertas e sujeitas ao acirramento da competição entre os setores *tradeables*, este deslocamento da propensão a consumir produz efeitos sobre o balanço de pagamentos e sobre as decisões de investimento, com poucas pressões sobre os preços. As elevações de preços causadas pela excitação da demanda ficam circunscritas aos serviços e aos demais bens não *tradeables*.

As decisões de investimento, por seu turno, sofrem tripla influência da inflação de ativos: 1) superaquecimento do consumo, que eleva a eficiência marginal do capital do setor produtor de bens consumo; 2) aumento do valor do patrimônio líquido (via aumento do valor de mercado da empresa) e consequente ampliação da capacidade de endividamento empresarial (assim, embora as empresas estejam envolvidas num esforço de investimento, a relação dívida/capital próprio pode se manter estável ou até declinar); 3) consequente redução dos custos de capital para a empresa mais bem avaliada pelas agências de *rating*, baixando a percepção do risco para prestamistas e para tomadores.

Sob a influência desses fatores, à medida que a taxa de investimento do setor privado se acelera, manifestam-se os conhecidos efeitos macroeconômicos: redução do déficit público e ampliação do déficit externo, acompanhados do crescimento do emprego, da renda corrente e da redução das margens de capacidade ociosa.

Vários são os mecanismos de incitação ao investimento. O primeiro é o aumento da confiança dos consumidores, devido à redução da taxa de desemprego e à continuada valorização de ativos. O segundo é o reforço do circulo virtuoso (cf. Kalecki, 1971), em que o aumento dos investimentos produz um aumento dos lucros. Esta elevação dos lucros induz uma maior valorização do patrimônio líquido das empresas, o que se reflete numa ulterior valorização das ações. Decorre daí o comportamento do sistema de crédito que, conseguindo manter elevados níveis de liquidez corrente de seus ativos, tende a reduzir a percepção do risco, atendendo de forma elástica a demanda por novos empréstimos.

Como em todo o ciclo expansivo, os preços de demanda dos ativos reais e dos ativos financeiros tendem a crescer conjuntamente. A especificidade do ciclo atual, comandado pela inflação de ativos, está no fato de que pode ocorrer crescimento mais rápido dos preços de mercado dos ativos não reprodutíveis do que dos rendimentos esperados dos ativos de capital instrumentais. Um dos problemas da atual (1998) capitalização da Bolsa americana é a brutal elevação das relações preço/lucro. A sustentação dos níveis de preços já atingidos dependerá crescentemente de avaliações cada vez mais otimistas por parte dos investidores quanto ao fluxo futuro de lucros.

Formas de reversão do ciclo

Numa economia com regulação nacional do crédito e dominância dos bancos na intermediação financeira, a forma clássica de reversão do ciclo supõe queda da eficácia marginal do capital, a partir de uma mudança "autônoma" no estado de expectativas dos empresários. A queda da eficiência marginal do capital promove redução imediata dos preços de demanda dos ativos de capital, tanto os financeiros, como os instrumentais. Segue-se um declínio dos preços das ações e dos gastos de investimento, com posterior contração dos lucros e dos salários. O sistema bancário seria inevitavelmente afetado pela crise e procuraria recuperar o mais rapidamente possível o crédito estendido às empresas, recusando-se a rolar integralmente os passivos e seu serviço. Se não for induzido pela ação do Banco Central a abastecer a economia de liquidez adequada, o sistema bancário, em sua ação defensiva, determinaria um agravamento brutal da crise, levando à deflação. Na sequência clássica do ciclo keynesiano, a contração do crédito estará respondendo a uma queda autônoma da taxa de acumulação das empresas.

Mesmo nesta economia em que a intermediação financeira é dominada pelo crédito bancário e não pela finança direta, a reversão cíclica pode ainda começar com uma "perda de confiança" dos bancos quanto à realização integral do valor de suas carteiras de empréstimos. Haveria, neste caso, subida das taxas de juros e maior seletividade na oferta de crédito. Este fator seria suficiente para levar à queda da eficiência marginal do capital. Se o *animal spirits* dos investidores fraquejar diante da ação dos bancos, seria deflagrado um movimento recessivo, causado pela rápida contração do investimento.

Numa economia em que os bancos participam indiretamente no financiamento do gasto mediante linhas de crédito destinadas a sustentar posições no mercado de capitais, Keynes não descartou a possibilidade de uma reversão cíclica originada por quedas de preços dos ativos, rapidamente transmitidas para o sistema de crédito (cf. *Treatise on Money*). Foi essa possibilidade que levou os reformadores do sistema bancário americano, em 1933, a inscrever em lei (Glass-Steagall Act) uma rigorosa segmentação dos mercados financeiros, com explícita proibição de participação, direta ou indireta, dos *money center banks* nos mercados de ativos. A ideia era evitar o risco de alavancagem excessiva por parte das corretoras e bancos de investimento, acarretando pressões "inflacionárias" sobre os papéis, sempre acompanhadas de fragilização financeira.

A peculiaridade das economias contemporâneas, nas quais predomina a finança direta e securitizada, parece ser a alta sensibilidade das decisões de gasto a flutuações nos preços dos ativos. Os mecanismos de transmissão são rápidos, variados e poderosos. Em primeiro lugar, a desregulamentação e a liberalização facilitaram o envolvimento dos bancos com o financiamento de posições nos mercados de capitais. Isto permitiu os atuais níveis de "alavancagem" das corretoras, fundos e bancos de investimento. Quando estes agentes são surpreendidos por movimentos adversos dos preços e as perdas estimadas obrigam à liquidação de posições para cobertura de margem, tanto o risco de mercado, quanto o risco de liquidez ampliam-se rapidamente. A queda muito abrupta e profunda dos preços afugenta os eventuais compradores destes ativos, inviabilizando seus mercados. Na ausência de socorro tempestivo do emprestador de última instância, a propagação do pânico pode levar à ruptura do sistema de pagamentos e à corrida bancária.

Ainda que o emprestador de última instância contenha a crise de pagamentos, sua intervenção não será capaz de reverter a subida do custo de capital para empresas e países considerados de maior risco. O trauma num destes mercados tem enorme potencial de contaminação, em geral provocando fugas para moedas e ativos considerados de melhor reputação e qualidade. A crise de liquidez rebate pesadamente sobre a solvência e sobre a capacidade de gasto dos emissores de ativos de maior risco, sejam países, empresas ou bancos.

Os detentores destes ativos depreciados, por sua vez, terão que digerir as perdas e tentar recompor seus níveis de capitalização, restringindo a oferta de crédito para outros agentes, inclusive aqueles de melhor reputação. Exemplo disso foi a espetacular subida de 400 a 1.000 pontos básicos nos *spreads* cobrados às pequenas e médias empresas americanas, após os episódios da Rússia, do ataque ao Brasil e da quebra do LTCM.

As autoridades monetárias não podem deixar que prosperem e se aprofundem o processo de contágio e a deflação de ativos. É necessário que os Bancos Centrais estejam dispostos, nestas circunstâncias, a prover abundante liquidez para os mercados em crise, promovendo rápida redução das taxas de juros.

A estes riscos de reversão do ciclo, comandado pela inflação de ativos, podem se agregar outros fatores, próprios de uma economia aberta.

No estágio avançado de qualquer ciclo expansivo, costumam surgir tensões inflacionárias decorrentes do aquecimento da demanda de trabalho, da elevação dos preços das matérias-primas e de serviços e insumos *non-tradeables*. Numa economia aberta, porém, o aumento do preço de demanda dos ativos de capital e a perspectiva de expressivos ganhos com a valorização dos ativos financeiros intensificam o ingresso de capitais do exterior. Essa entrada de capitais determina valorização da taxa de câmbio, agravando o déficit comercial. A valorização do câmbio contribui temporariamente para abafar as tensões inflacionárias mencionadas acima. No entanto, à medida que o déficit comercial e de transações correntes se amplia, aumenta a probabilidade de que os portfólios privados, na margem, se recusem a continuar absorvendo ativos denominados na moeda do país deficitário. Instala-se, assim, uma tendência à desvalorização da taxa de câmbio, o que envolve duplo risco: a explicitação das tensões inflacionárias e a reversão dos fluxos de capitais diante da possibilidade de perdas futuras para os aplicadores estrangeiros.

Nesta etapa do ciclo, o mercado fica especialmente sensível à possibilidade de subida das taxas de juros por parte das autoridades monetárias, temerosas tanto de elevação futura da inflação, quanto de desvalorização abrupta do câmbio. Além disso, o fluxo de lucros pode perder força não só por conta de uma desaceleração dos dispêndios na acumulação produtiva, como também por força do crescimento do déficit comercial. Ambos os fatores acentuam a erosão dos lucros, tornando ainda mais evidente a "exuberância irracional" das avaliações dos preços das ações, descontados à taxa de juros corrente.

As autoridades monetárias, nestas circunstâncias, são colocadas diante de uma escolha difícil. O temor quanto à aceleração da inflação e à saída de capitais recomendaria a subida dos juros de curto prazo. Esta medida poderia, no entanto, deflagrar perigoso colapso na bolha formada pelo crescimento desmesurado dos preços dos ativos.

São grandes, portanto, os riscos numa economia que atinge o auge de um ciclo expansivo exacerbado pela inflação de ativos. O colapso abrupto destes preços levará inevitavelmente a economia à depressão, devido ao caráter cumulativo e de autorreforço imposto pela deflação de ativos. Dadas as elevadas alavancagens, as famílias e as empresas serão colocadas diante de forte crescimento inesperado de suas dívidas, tanto em relação à renda, quanto em relação aos respectivos patrimônios. No caso das empresas, ficará exposta uma situação em que a relação dívida/capital próprio cresce involuntariamente, piorando o *rating* e tornando desfavorável a tomada de novos empréstimos. Essa degradação do valor de mercado das empresas e de sua situação de endividamento provocará, por certo, ulteriores desvalorizações de suas ações.

Os consumidores, por sua vez, "empobrecidos" pela deflação de ativos, buscarão recompor a relação riqueza/renda desejada e reduzir a relação dívida/patrimônio, devendo, para tanto, aumentar a poupança corrente. Isto significa que o corte nos gastos de consumo será provavelmente muito pronunciado, atingindo particularmente os setores que se alimentaram da inflação de ativos e da expansão do crédito — os bens de alto valor e os serviços diferenciados. São exatamente estes setores os que experimentaram maior crescimento relativo na expansão recente.

Diante da ampliação generalizada das margens de endividamento de famílias e empresas e da depreciação das garantias contratuais, a reação do sistema bancário é contrair violentamente o crédito, provocando um *credit crunch* e acelerando a caminhada da economia para a depressão.

Nestes ciclos comandados pela inflação de ativos, as autoridades monetárias estão sempre colocadas diante do risco de um *crash* de enormes proporções, o que as obriga a tentar suavizar a aterrissagem. A primeira reação é baixar os juros e impedir que o sistema bancário provoque o *credit crunch*. No entanto, numa economia aberta em que a finança direta tornou-se importante, a queda da taxa de juros pode ser inócua. Na medida em que os preços deprimidos dos ativos privados não se recuperam, em decorrência de forte deslocamento da curva de preferência pela liquidez, persistirão a tendência à fuga de capitais e as pressões para a desvalorização do câmbio.

Nestas circunstâncias, a política monetária pode se tornar impotente frente ao *credit crunch*, se a deflação de ativos e a fuga de capitais continuarem a degradar o valor das garantias oferecidas pelo setor privado e da própria base de capital dos bancos. Isto, aliás, é o que vem acontecendo com a economia japonesa. A economia dos Estados Unidos, por sua vez, parece estar próxima do início da desinflação de preços dos ativos.

A situação atual revela, por um lado, que a dominância da valorização de ativos sobre as decisões de gasto implica desagradável simetria entre as fases de expansão e auge dos ciclos e as etapas subsequentes de desaceleração e crise. De outra parte, num contexto de crescente interpenetração e interdependência dos mercados de riqueza, a divergência cíclica entre os países pode colocar sérias restrições às políticas de regulação e estabilização da economia.

Ciclo de preço dos ativos, dilemas de política econômica e desajustes globais

O que foi exposto na seção anterior descreve um comportamento cíclico da economia que, na verdade, corresponde a uma forma exacerbada do ciclo minskyano. Seguindo a tradição keynesiana e marxista, Minsky (1995) já havia sublinhado a relevância da inflação de ativos na etapa madura do ciclo. Trabalhando com dois sistemas de preços, um para os ativos instrumentais e reprodutíveis (preço de oferta) e outro para os ativos financeiros, este autor mostrou como, na medida em que o ciclo de prosperidade avança, é crescente a divergência entre os dois preços, em favor dos ativos financeiros. Esta peculiaridade "informacional" da economia capitalista estimula inevitavelmente o ingresso de devedores e de credores na região de riscos crescentes — os primeiros, ávidos para acumular novos ativos em rápido processo de valorização; os segundos, confiantes na realização rentável de suas carteiras de empréstimos. A valorização dos ativos provoca redução generalizada da percepção dos riscos, ao inflar o valor da riqueza capitalista.

Não pretendemos invocar qualquer originalidade para nossa abordagem, de resto já avançada por Michel Aglietta em se livro *Macroéconomie financière* (cf. Aglietta, 1995). À luz dos acontecimentos em curso nos mercados mundiais, desejamos, no entanto, sublinhar os pontos a seguir.

• Este ciclo apresenta, como já foi dito na "Introdução", uma dominância de comportamentos rentistas por parte das famílias e das empresas, talvez sem paralelo em outras etapas do desenvolvimento capitalista.
• Os mecanismos de realimentação entre decisões de gasto e inflação de ativos apareceram mais cedo no ciclo atual e se revelaram mais "robustos" durante um período longo.
• A disposição dos Bancos Centrais de contornar e circunscrever crises localizadas de mercados ou regiões vem sancionando a percepção de que os riscos podem sempre absorvidos, sem consequências maiores para os possuidores de riqueza.
• O volume e a velocidade dos movimentos de capitais vêm permitindo a ampliação das inconsistências entre a inflação de ativos, valorização cambial e a situação dos balanços de pagamentos.

As duas primeiras características deste ciclo estão fortemente correlacionadas, uma vez que a posse generalizada de riqueza sob a forma financeira torna abrangentes os efeitos da valorização dos ativos sobre as decisões de gasto. Na medida em que o mercado e o sistema de crédito vão sancionando as expectativas otimistas dos possuidores de riqueza, aumenta a demanda por ativos financeiros. Isto, por sua vez, tende a estimular a elevação dos preços, refletindo-se sobre a expansão do crédito e sobre o dispêndio agregado, generalizando a sensação de que a sociedade está mais rica.

A organização dos mercados e a forte presença de investidores institucionais adicionam outro elemento importante de exacerbação do ciclo financeiro. Na busca de bater os concorrentes, de ganhar a dianteira, os administradores de fundos de pensão e fundos mútuos são obrigados a apresentar à clientela produtos financeiros de alta performance. Isto os induz a ampliar o grau de alavancagem e a buscar combustível em outras praças de maior risco e menor grau de informação. A rentabilidade destes fundos depende de se alcançar taxas de sucesso superiores a determinada taxa de juros referência.

Parece ser este o motivo do envolvimento de grandes bancos internacionais no financiamento à Rússia.

É pouco sublinhado nas análises convencionais o fato apontado acima, ou seja, a formação de um bloco importante de instituições gestoras de grandes massas de riqueza, comprometidas com a continuada elevação de preços. A alavancagem excessiva as torna extremamente vulneráveis a reversões abruptas. Neste quadro, agrava-se progressivamente a fragilidade financeira, fenômeno que é mascarado pelo surto de valorização acelerada dos ativos.

O envolvimento intenso de grandes bancos e empresas internacionalizadas neste jogo de valorização da riqueza inibe a atuação moderadora dos Bancos Centrais. As autoridades monetárias têm repetidas vezes emitido sinais de que consideram excessivamente otimistas as expectativas daqueles agentes. Mas, ao mesmo tempo, são obrigados a contemporizar, diante do temor de que qualquer ação restritiva possa desatar inclinações baixistas nos mercados e, consequentemente, a deflação de ativos. A forte interação entre inflação de ativos e gasto agregado — característica da economia japonesa dos anos 80 e da economia americana desde o início dos anos 90 — ilustra o vigor destes mecanismos de realimentação.

A sucessão de episódios críticos em diversos mercados, ao longo das décadas de 80 e 90, foi em geral neutralizada com intervenções de suporte de liquidez que visavam impedir a disseminação da queda de preços para outros ativos. Esta atitude dos Bancos Centrais, sem dúvida, fortaleceu a crença de que os mercados estarão sempre a salvo de perdas pronunciadas e definitivas. As eventuais crises seriam momentâneas, apenas oportunidades em que se apresentariam pontos de compra convidativos para o início de uma nova temporada de alta generalizada.

Nos auges cíclicos, começa a se manifestar, no entanto, a desconfiança de alguns agentes, que suspeitam da possibilidade de sustentação do nível de preços atingido pelos ativos. Estes agentes começam a formar posições baixistas nos elos mais fracos destes mercados globalizados, ainda predominantemente altistas. Apostam contra moedas apreciadas, Bolsas de Valores da periferia (consideradas sem fôlego para capitalização ulterior), mercados imobiliários excessivamente valorizados e com oferta sobrante. Habitualmente, estes *hedge funds* operam nos mercados futuros de câmbio, com grandes posições vendidas nas moedas que se candidatam a um ataque especulativo.

Os mercados financeiros têm revelado forte tendência para mudanças súbitas de opinião, polarização das expectativas e profecias autorrealizáveis.

No *Treatise on Money*, Keynes sublinhou a importância da "divisão de opiniões" entre baixistas e altistas para a manutenção da estabilidade nos mercados em que é avaliada a riqueza capitalista. No entanto, esses mercados estão sujeitos à "assimetria" de poder e de informação entre os agentes "formadores de opinião" e aqueles que não têm alternativa senão seguir a tendência dominante. Estão criadas, assim, as condições para a irrupção de processos miméticos, que inclinam as expectativas em determinada direção, dando origem a "bolhas especulativas", invariavelmente sucedidas por colapsos de preços, contágio de outros ativos e moedas e intensa "aversão ao risco".

Tanto o peso das posições assumidas pelos especuladores altistas, quanto a crescente presença de agentes baixistas nos mercados emergentes reforçam as estratégias defensivas dos Bancos Centrais, tornando suas políticas monetárias prisioneiras da necessidade de evitar fugas de capitais e desvalorizações abruptas.

Nos países periféricos, estas medidas defensivas restringem-se quase sempre à elevação das taxas de juros para defender as paridades. Esta providência é, em geral, contraproducente. Em primeiro lugar, porque deprime a capitalização dos ativos mobiliários e dos imóveis, afeta o serviço da dívida pública e atinge a saúde financeira dos sistemas bancários nativos. Em segundo e por último, porque a elevação dos juros aumenta a desconfiança em relação à sustentabilidade da âncora cambial, engendrando desvalorizações selvagens e descontroladas.

Estas características do ciclo de ativos acentuam o caráter assimétrico dos ajustamentos dos balanços de pagamentos entre países de moeda forte e aqueles de moeda fraca. No caso destes últimos, não pode ser mais gritante a inadequação dos programas de ajustamento adotados para reparar os efeitos de inevitável colapso do câmbio sobrevalorizado. Não custa lembrar que os ciclos recentes de "valorização" das moedas locais favoreceram invariavelmente o financiamento de importações predatórias e, consequentemente, promoveram a desestruturação produtiva, o desemprego em massa e, por fim, a acumulação de volumosos passivos externos e internos. É neste ambiente que os referidos programas exigem dos países devedores a elevação da taxa de juros, o ajuste fiscal de curto prazo e a imposição de perdas, em termos reais, aos salários e à massa de rendimentos.

Na cúspide da hierarquia de moedas, os Estados Unidos, em função da capacidade de atrair capitais para os seus mercados — fenômeno que se acentua, diante de uma crise de confiança nos "emergentes" —, podem se dar ao luxo de manter taxas de juros moderadas, apesar da ampliação do déficit em transações correntes. Ademais, como já foi dito, nos momentos de crise nos mercados da periferia, a demanda por títulos de maior qualidade permite a queda dos rendimentos de longo prazo. Isto significa que, do ponto de vista internacional, o atual ciclo de ativos reforça a supremacia do dólar e induz os movimentos de capitais a ampliar desmesuradamente o poder de *seigniorage* dos Estados Unidos. Esta é uma das razões pelas quais foi possível prolongar o crescimento americano, sem que se manifestassem as temidas pressões inflacionárias.

Em contrapartida, a recuperação da economia japonesa torna-se mais difícil. A política monetária mostra-se incapaz de reanimar os preços dos ativos domésticos, configurando-se, como observou corretamente Krugman (1998), um quadro de "armadilha da liquidez". Numa economia com "abertura financeira", a manutenção de taxas de juros muito baixas, acompanhada de *credit crunch*, faz com que a liquidez disponível em ienes seja transformada em demanda de títulos americanos e europeus.

A divergência entre os ciclos de ativos acentua e agrava as divergências entre os de crescimento do produto e da renda. Neste sentido, as taxas de câmbio são determinadas pela expectativa de valorização dos ativos denominados nas distintas moedas. As moedas valorizam-se ou se desvalorizam de acordo com o movimento para cima ou para baixo dos preços dos ativos, deixando em plano secundário a posição do balanço de transações correntes. O país de moeda dominante, por exemplo, mesmo apresentando déficits crescentes, na margem, pode se beneficiar de fortes revalorizações de sua moeda, caso o preço de seus ativos ainda esteja em ascensão.

Esta assimetria de ajustamento supõe, além disso, possibilidade de flutuações exacerbadas entre as paridades cambiais dos países que formam o núcleo duro do sistema monetário. Estas flutuações tendem a provocar sérias dificuldades para o ajustamento dos balanços de pagamentos, na medida em que afetam a avaliação dos preços dos ativos — denominados nas distintas moedas —, impondo a adoção de medidas que podem não ser compatíveis com a estabilização da economia global.

Não é seguro imaginar que, na eventualidade de prolongada e profunda "correção de preços" na Bolsa de Nova York, acompanhada de forte desvalorização do dólar, seja possível aos Estados Unidos reagir com uma redução dos juros para conter a recessão mundial. É óbvio que uma desvalorização do dólar, nas atuais condições dos mercados, pode ensejar a fuga dos ativos denominados nessa moeda, agravando o problema que se pretende resolver. Esta possibilidade torna-se ainda maior diante da perspectiva da formação de um padrão monetário alternativo com a entrada em vigor da moeda única europeia.

Como é reconhecido, num sistema com taxas flutuantes, com ampla e rápida mobilidade de capitais e provimento de liquidez através do mercado — mediante a ação de agentes privados especializados —, as taxas de juros e de câmbio tornam-se cada vez mais "endogeneizadas" e dependentes das bruscas mudanças de expectativas. Nas é de espantar que neste sistema sejam muito mais frequentes as crises de liquidez, resolvidas por meio de violentas quedas de preços dos ativos ou de ciclos curtos de valorização ou desvalorização das moedas. As intervenções, neste caso, são *ex post*, e sua inevitável recorrência quase sempre acarreta riscos morais.

As relações de "causalidade" não são as mesmas para os diferentes sistemas monetário-financeiros. Num sistema internacional "regulado" — com taxas de câmbio fixas (mas ajustáveis), limitada mobilidade de capitais e predominância de provimento "centralizado" de liquidez para os agentes devedores e deficitários —, pode-se dizer que, em boa medida, o câmbio e os juros são âncoras para a formação de expectativas mais estáveis por parte dos possuidores de riqueza.

Na verdade, a recente evolução dos mercados financeiros exacerbou o predomínio da lógica inerente à avaliação dos estoques de riqueza já existente e não reprodutível sobre os fluxos de comércio e de produção. Isto significa que as antecipações quanto aos movimentos dos diferenciais de juros ou alterações nas taxas de câmbio podem provocar distúrbios de grandes proporções, forçando a adoção de políticas fiscais e monetárias perversas para as perspectivas de crescimento das economias.

Contrariamente ao que vêm pregando os partidários da liberalização e da desregulamentação financeiras — sobretudo os radicais da *Free Banking School* —, mais do que nunca a dimensão da moeda, enquanto ativo desejável em si mesmo, se sobrepõe a suas demais funções. Num mundo de finanças globais e com um sistema plurimonetário, em que a moeda central está sob suspeita, a preferência pela liquidez, hoje exercida através do dólar, pode subitamente se deslocar para uma moeda alternativa. Também por isso, as crises manifestam-se sobretudo como crises de liquidez que os mercados privados não têm capacidade de resolver.

CAPÍTULO 7

FINANÇA GLOBAL E CICLOS DE EXPANSÃO[1]

A CONTROVÉRSIA SOBRE O CAPITAL FINANCEIRO

Este artigo tem o propósito de discutir o papel desempenhado no processo de desenvolvimento capitalista pelos diversos "sistemas" monetários e pela transformação dos mercados financeiros internacionais. O período escolhido vai desde o padrão-ouro e as finanças liberalizadas do final do século XIX até o atual arranjo com taxas flutuantes de câmbio e crescente liberalização financeira. Não há qualquer pretensão de se proceder a um estudo exaustivo da questão ao longo da história do capitalismo. Trata-se tão somente de, com o apoio de trabalhos históricos existentes, tentar investigar em que medida os vários arranjos monetários e financeiros, em sua evolução, favoreceram determinadas orientações do desenvolvimento capitalista e influíram na morfologia de seus ciclos de expansão e das crises.

Com a modéstia requerida no tratamento de tema tão complexo e controvertido, vou partir de Giovanni Arrighi, que, em seu livro *O longo século XX*, sustenta que "o capitalismo financeiro não foi um novo rebento da década de 1900", mas que a sua predominância é o sinal de outono dos grandes desenvolvimentos capitalistas. Ao mesmo tempo, este autor contrasta as teorias sobre o capital financeiro elaboradas por Hilferding e Hobson. Pretende demonstrar que Hilferding trata, na verdade, de uma

---

1. Publicado originalmente em: FIORI, J. L. (org.). *Estados e moedas no desenvolvimento das Nações*. Petrópolis: Vozes, 1999, p. 87-119.

forma particular de capitalismo financeiro, o capitalismo monopolista de Estado, que corresponderia a "um quadro bastante exato das estratégias e estruturas de capital alemão do final do século XIX e início do século XX". Já Hobson "capta os aspectos essenciais da estratégia e da estrutura do capital britânico no mesmo período". Como tal, sua concepção "é muito mais útil que a de Hilferding na análise da expansão financeira do fim do século XIX".

No início da década de 80, a professora Maria da Conceição Tavares e eu arriscamos algumas notas sobre o conceito de capital financeiro em Marx, bem como sobre as contribuições já mencionadas de Hilferding e Hobson.[2] Nosso objetivo, então, era avaliar — à luz do ciclo de internacionalização financeira que estava prestes a se esgotar — o que, nestes autores, seria capaz de iluminar as atuais transformações do capitalismo.

O PADRÃO-OURO CLÁSSICO E A FINANÇA GLOBAL NO SÉCULO XIX

Hobson e Hilferding escrevem entre o final do século XIX e o começo do XX. Ambos realizam suas observações sobre um capitalismo financeiro que se desenvolve sob as normas do padrão-ouro. Na verdade, seria correto afirmar que o padrão-ouro clássico foi a organização monetária do apogeu da Ordem Liberal Burguesa. Isto quer dizer que aquele padrão apresentava-se como a forma "adequada" de coordenação do arranjo internacional que supunha a coexistência de forças contraditórias: 1) a consolidação da hegemonia financeira inglesa, exercida através de *acceptances houses* e dos bancos de depósitos, 2) a exacerbação da concorrência entre a Inglaterra e as "novas" economias industriais dos *trusts* e da grande corporação, nascidos na Europa e nos Estados Unidos, 3) a exclusão das massas trabalhadoras do processo político, dada a inexistência do sufrágio universal, e 4) a constituição de uma periferia "funcional", fonte produtora de alimentos, matérias-primas e, sobretudo, fronteira de expansão dos sistemas de crédito dos países centrais.

A combinação desses fatores levou a prolongado declínio dos preços — a Grande Depressão do período 1873/1896 — e, ao mesmo tempo, a notável expansão do comércio e da produção. Na passagem dos anos oitocentos para os novecentos, o auge do comércio internacional expressou-se no

---

2. Ver Capítulo 1, p. 39-43.

crescimento espetacular do volume e do valor das exportações mundiais, bem como na diversificação das mercadorias envolvidas no intercâmbio "global" e na incorporação de novas áreas periféricas, especializadas na produção de alimentos e matérias-primas. Este auge foi impulsionado, no centro, por importantes inovações nos métodos de produção e pelo surgimento de novos produtos, acompanhados de significativas alterações nas escalas de produção. Estas transformações foram amparadas por forte expansão das transações financeiras internacionais, o que engendrou intenso processo de concentração bancária na Inglaterra e, ao mesmo tempo, suscitou o aparecimento de novos centros financeiros dispostos a concorrer com Londres. Arrighi aponta corretamente para a intensificação da concorrência — entre os sistemas empresariais e financeiros da industrialização originária e aqueles recém-constituídos sob a forma monopolista — como o fator capaz de explicar a aparente contradição, sinalizada por alguns estudiosos, entre a deflação prolongada de preços e a rápida acumulação de capital.

O florescimento da finança internacional, como em todos os ciclos de crédito, estava primordialmente amparado no crescimento dos negócios do desconto de letras de câmbio originárias de compra e venda de mercadorias. Em seu desenvolvimento, porém, o sistema financeiro internacional liderado pela Inglaterra foi ampliando suas demais funções, como as de emissão e negociação de títulos de dívida, soberanos ou privados, concessão de avais e recebimento de depósitos de governos estrangeiros. Londres manteve até as vésperas da Primeira Guerra a sua posição de liderança na emissão de títulos dos países da periferia.

O economista italiano Marcello De Cecco, em seu livro clássico *Moneta e impero*, mostra que, entre 1870 e 1890, havia um predomínio incontrastável de Londres como centro de intermediação financeira. Essa superioridade da City iria ser contestada por Paris e Berlim nas duas décadas que antecederam a Primeira Guerra Mundial.

A liderança do sistema financeiro inglês estava assentada no grande desenvolvimento dos bancos de depósito, o que havia permitido a Londres assegurar-se do financiamento do comércio de todo o mundo. Segundo De Cecco, a Inglaterra possuía, então, todos os requisitos para o exercício desta função de "financiadora do mundo": a moeda nacional, a libra, era reputada como a mais sólida entre todas e, por isso, mantinha uma sobranceira liderança como intermediária nas transações mercantis e instrumento de denominação e liquidação de contratos financeiros. O rápido crescimento e a impressionante concentração dos bancos de depósito colocavam à disposição esta *matéria-prima* para o desconto de cambiais emitidas em vários países.

Impulso decisivo para o avanço da globalização financeira daqueles tempos foi dado, em boa medida, pelo crescente endividamento dos países da periferia e da semiperiferia do sistema, obrigados a tomar empréstimos nas praças financeiras mais importantes, com o propósito de sustentar a conversibilidade de suas moedas. Isto porque os problemas de balanço de pagamentos eram recorrentes, normalmente associados a perdas nas relações de troca ou às flutuações periódicas no nível de atividades nos países centrais. As economias periféricas funcionavam, na verdade, como áreas de expansão comercial e financeira dos países centrais nas etapas expansivas do ciclo e como uma "válvula de segurança" para o ajustamento das economias desenvolvidas nas fases de contração.

O período situado entre 1880 e a eclosão, em 1914, da Primeira Grande Guerra, foi pródigo na produção de episódios de instabilidade cambial e financeira na periferia. Eram tão frequentes os ataques desferidos contra as paridades estabelecidas legal ou informalmente entre moedas fracas e o ouro, quanto as súbitas e pronunciadas quedas de preços dos títulos de dívida emitidos pelos governos, bancos e empresas localizados em países da periferia ou semiperiferia capitalista, onde estavam incluídos países como a Rússia, a Itália e o Império Austro-Húngaro.

Mesmo os Estados Unidos, economia em rápida ascensão, poderoso competidor nos mercados mundiais de alimentos, matérias-primas e manufaturados, eram frequentemente afetados por severas crises financeiras e cambiais, dada sua posição devedora e a reputação duvidosa (na melhor das hipóteses) de Nova York como praça financeira internacional. Colapsos de preços dos títulos e corridas bancárias sucederam-se na posteridade da Guerra Civil. Os Estados Unidos voltaram ao padrão-ouro em 1879 e logo depois, em 1894, sofreram as consequências de grave crise financeira, o que se repetiria mais tarde, em 1893-97, para culminar com o famoso episódio de 1907.

A acumulação de estoques respeitáveis de dívida externa naturalmente gerava um contrafluxo da periferia para o centro, correspondendo aos pagamentos dos juros, cuja periodicidade era fixada contratualmente. Essa circunstância permitia aos profissionais da arbitragem a determinação do momento em que haveria concentração de compras de moeda estrangeira da parte daqueles países com dificuldades para cobrir as necessidades de financiamento de seu balanço de pagamentos. As nações devedoras e deficitárias estavam, portanto, condenadas a defender, na maioria das vezes em vão, a conversibilidade das suas moedas em relação ao ouro.

Enquanto isso, os que faziam arbitragem internacional, não raro os mesmos que emprestavam em divisa forte, transformavam-se em especuladores, tratando de tomar pesadas posições contra as moedas "fracas", tanto nos mercados à vista, quanto em operações a termo. O risco de perdas era pequeno, já que o controle das informações permitia não só calcular antecipadamente as necessidades de financiamento dos países periféricos, como influenciar a "opinião" dos mercados, que se convenciam da situação de fragilidade dos devedores.

Na maioria das vezes, a especulação contra as moedas dos devedores habituais não se fazia diretamente nos mercados cambiais. Concentravam-se nos mercados de títulos da dívida externa, em geral nas praças financeiras em que a dívida da periferia era avaliada e negociada. As crises cambiais normalmente eram desencadeadas por uma venda em massa dos papéis "condenados". A queda pronunciada no preço dos títulos provocava pânico nos detentores "nacionais" da dívida soberana, que, ao tentar liquidar suas posições, automaticamente "vendiam" a moeda local. A perspectiva iminente de desvalorização e provável declaração de inconversibilidade da moeda sob ataque precipitava vendas adicionais da divisa fraca.

Como já afirmamos em outra ocasião,[3] o suposto automatismo do *price-specie-flow mechanism,* que deveria comandar os ajustamentos do balanço de pagamentos, era, na verdade, um produto da crença dos que controlavam da riqueza financeira no firme comprometimento dos Bancos Centrais com a defesa das paridades. Estamos falando, naturalmente, das instituições que integravam o núcleo industrializado do capitalismo, sob a liderança do Banco da Inglaterra.

No auge dos ciclos, quando as saídas de ouro ameaçavam colocar sob tensão o balanço de pagamentos, os banqueiros centrais elevavam as taxas de desconto, confiantes na atuação cooperativa de seus pares. A medida destinava-se a restringir a liquidez doméstica e a atrair capital estrangeiro, evitando a saída de ouro. Por isso, as expectativas dos mercados financeiros e os movimentos de capitais eram, em geral, "estabilizadores" e convergentes com a ação dos Bancos Centrais na defesa das paridades. Os capitais faziam "arbitragem", buscando os mercados nacionais onde os ativos prometiam ficar mais baratos e ofereciam a possibilidade de uma recuperação mais rápida dos preços.

---

3. Ver Capítulo 3, p. 71-2.

É claro que este arranjo de convenções dos mercados e ação dos responsáveis pela gestão monetária favorecia a sucessão periódica dos ciclos de negócios, provocando ajustamentos deflacionários, com seu séquito de liquidação de ativos e crises bancárias. Aliás, as políticas econômicas reduziam-se à política monetária, e esta estava primordialmente voltada para a defesa do valor externo das moedas e, às vezes, empenhada em evitar colapsos bancários. O estado de convenções que prevalecia sob o padrão-ouro disseminou entre os proprietários de riqueza e até mesmo entre as classes trabalhadoras a convicção de que os ajustamentos deflacionários eram não só naturais e incontornáveis, como benéficos ao funcionamento da economia.

Não havia, portanto, espaço nem instrumentos fiscais e monetários para a execução de políticas destinadas a anular ou mesmo atenuar os demais efeitos provocados por uma reversão mais aguda do ciclo.

A etapa depressiva do ciclo eliminava o excesso de capital e de capitalistas, ao desvalorizar os ativos, deprimir os preços e salários e incrementar a insolvência. Esses movimentos de preços e suas consequências sobre a distribuição da riqueza estimulavam o processo de centralização dos capitais e a valorização dos saldos monetários, criando as condições para o início de nova fase de recuperação da economia.

Estes ajustamentos, já foi dito, eram muito mais dramáticos na periferia, onde as reversões cíclicas vinham acompanhadas de quedas de preços dos produtos primários, crise aguda do balanço de pagamentos e, muito frequentemente, abandono do padrão ouro.

Nos auges cíclicos, Londres, Paris e Berlim coordenavam as respectivas políticas monetárias, elevando a taxa de desconto, com o propósito de evitar as saídas de ouro. Beneficiavam-se, assim, da queda dos preços das matérias-primas e dos alimentos e de um influxo positivo de capitais de curto prazo, absorvendo a liquidez mundial, fatores que amorteciam a fase descendente do ciclo. Os movimentos de capitais da periferia para o centro eram "estabilizadores"; os ajustes de preços relativos, "virtuosos" para as economias industrializadas.

Policentrismo financeiro e colapso do padrão-ouro

Não foram poucos os estudiosos que viram a empreitada de ressuscitar o padrão-ouro, na década de 20, como uma tentativa de "fazer o relógio andar para trás". A Grã-Bretanha havia perdido a liderança financeira para os Estados Unidos, uma economia continental que ainda não podia desempenhar o mesmo papel "internacional" da sua predecessora. Além disso, a rivalidade entre as grandes potências industriais havia se acentuado, as massas trabalhadoras foram despertadas durante a guerra para a sua importância social e política e, finalmente, como é óbvio, havia se dissipado o clima de cooperação entre os Bancos Centrais que permitira o bom funcionamento do padrão-ouro.

Nos escritos que se sucederam à paz de Versalhes e antecedem a crise de 1929, Keynes tentou explicar, de um ponto de vista britânico, que os pressupostos acima mencionados da Ordem Liberal Burguesa não mais subsistiam e a insistência em tentar reanimá-los só daria sustentação e fôlego à instabilidade e à desordem monetária e financeira.

O *Treatise on Money* é uma tentativa muito bem-sucedida de definir os problemas de administração da moeda numa situação histórica em que os constrangimentos internacionais começam a impor suas razões, de forma assimétrica, à ação dos Bancos Centrais. Esse fenômeno, muito conhecido pelos administradores da moeda nos países da periferia, começou a incomodar os colegas mais ilustres das economias industrializadas. Keynes advertiu que o grau em que uma economia, individualmente, é capaz de, ao mesmo tempo, manter as condições de estabilidade interna e o equilíbrio de sua posição internacional depende de seu poderio financeiro.

Depois da Primeira Guerra, diz ele, a França e os Estados Unidos estavam em condições de ignorar seu desequilíbrio externo por longo período de tempo, em proveito de sua estabilidade interna, enquanto a Grã-Bretanha podia ser tomada como exemplo de país obrigado a conceder atenção prioritária à situação externa de sua economia, em detrimento do desempenho doméstico.

Ao realçar a importância do poderio financeiro para determinar a maior ou menor liberdade de execução das políticas monetárias, Keynes apontava para a hierarquia entre as moedas nacionais. Pretendia sublinhar a capacidade inferior das economias devedoras e "dependentes" de atrair recursos "livres" para a aquisição de ativos e bens denominados na moeda nacional. Desta diferença de poder financeiro nascem importantes assimetrias nos processos de ajustamento de balanço de pagamentos, entre países credores e devedores.

A posição então subalterna da Grã-Bretanha permitiu que Keynes, observando as desordens do entreguerras, denunciasse o componente "político" dos sistemas monetários fundados no padrão-ouro, que as alegações de naturalismo, impessoalidade e automatismo, características do liberalismo da *Belle Époque*, pretendiam ocultar. As classes dirigentes e dominantes aparentemente negligenciaram a natureza essencialmente política do padrão-ouro, ao tentar restabelecê-lo, sob a forma do *Gold Exchange Standard*, a qualquer custo, na posteridade da Primeira Grande Guerra (cf. Belluzzo & Almeida, 1989).

Neste período, conforme já observamos anteriormente,[4] a economia mundial foi palco de rivalidades nacionais irredutíveis, que se desenvolveram sem peias, na ausência de um núcleo hegemônico e de mecanismos de coordenação capazes de conter as desesperadas iniciativas para escapar dos efeitos das crises. Diante dos desequilíbrios financeiros dos anos 20, nascidos do problema das reparações e da volta precipitada ao padrão-ouro, o projeto do governo republicano dos Estados Unidos era o de concentrar nas mãos dos grandes bancos privados americanos a responsabilidade pelos financiamentos "de última instância". Este foi o caso da Comissão Dawes, que negociou o empréstimo de estabilização para a Alemanha em 1924. A Comissão tinha a liderança "técnica" do financista Owen T. Young e de especialistas do Banco Morgan. Esta ação do Banco Morgan foi, aliás, o sinal para "explosão" dos financiamentos de curto prazo americanos para a Europa, sobretudo para a Alemanha. É reconhecido o papel negativo deste movimento de capitais especulativos no agravamento da instabilidade financeira que levou à Depressão dos anos 30.

Paradigmático, no plano internacional, foi o episódio das desvalorizações competitivas que assolaram o começo dos anos 30, depois que os países centrais e periféricos começaram a abandonar o *Gold Exchange Standard*. Estas reações acabaram provocando uma contração espetacular dos fluxos de comércio e suscitando tensões nos mercados financeiros. Tais forças negativas propagavam-se livremente, sem qualquer capacidade de coordenação por parte dos governos. Na verdade, o que se assistiu foi à disseminação das práticas do *beggar-your-neighbour*. A economia global mergulhou numa espiral deflacionária que atingiu indistintamente os preços dos bens e dos ativos.

A Grande Depressão e a experiência do nazifascismo colocaram sob suspeita as pregações que exaltavam as virtudes do liberalismo econômico. Frações importantes das burguesias europeia e americana tiveram que rever seu patrocínio incondicional ao ideário do livre mercado e às políticas desastrosas de austeridade na gestão do orçamento e da moeda, diante da

---

4. Ver Capítulo 4, p. 99-100.

progressão da crise social e do desemprego. A contração do comércio mundial, provocada pelas desvalorizações competitivas e pelos aumentos de tarifas, como foi o caso da Lei Smoot-Hawley nos Estados Unidos, provocou uma onda de desconfiança contra as proclamadas virtudes do livre-comércio e deu origem a práticas de comércio bilateral e à adoção de controles cambiais. Na Alemanha nazista, estes métodos de administração cambial incluíam a suspensão dos pagamentos das reparações e dos compromissos em moeda estrangeira, nascidos do ciclo de endividamento que se seguiu à estabilização do marco em 1924.

Assim que a coordenação do mercado deixou de funcionar, setores importantes das hostes conservadoras, não só na Alemanha, aderiram aos movimentos fascistas e à estatização impiedosa das relações econômicas, como último recurso para escapar à devastação de sua riqueza. Em sua essência, estas reações foram políticas, no sentido de que envolveram a tentativa de submeter os processos supostamente impessoais e automáticos da economia ao controle consciente da sociedade. Com o colapso dos mecanismos econômicos, a politização das relações econômicas tornou-se inevitável.

Entre os observadores mais agudos da trajetória que iria culminar no retumbante fracasso de 1929, estava, sem dúvida, John Maynard Keynes, advogando com uma veemência crescente o abandono da "relíquia bárbara" e a adoção de regimes de "moeda administrada", tanto na esfera das relações entre as moedas nacionais, quanto no âmbito interno.

Padrão dólar e "repressão" financeira

Já salientamos[5] que a última reestruturação importante daquilo que, parodiando Schumpeter, se poderia chamar de Ordem Capitalista, começou a se desenvolver a partir dos anos 30 e encontrou seu apogeu nas duas primeiras décadas que se seguiram à Segunda Guerra Mundial. Nos trabalhos elaborados para as reuniões que precederam as reformas de Bretton Woods, Keynes tomou posições radicais em favor da "administração" centralizada e pública do sistema internacional de pagamentos e de criação de liquidez.

As propostas do *bancor* e da *Clearing Union* são, na verdade, aperfeiçoamentos da ideia, aventada no *Treatise*, de um banco supranacional. Esta instituição — um Banco Central dos Bancos Centrais — seria encarregada

---
5. Ver Capítulo 4, p. 99.

de executar a gestão "consciente" das necessidades de liquidez do comércio internacional e dos problemas de ajustamento entre países credores e devedores: "O ponto principal é que não deve ser permitido ao credor permanecer passivo. Pois, se ele se comportar assim, uma tarefa impossível é lançada contra o devedor, que naturalmente está na posição mais débil" (Keynes, 1980).

Com este parágrafo, Keynes quis ressaltar o caráter negativo dos ajustamentos de balanço de pagamentos, num sistema internacional em que problemas de liquidez ou de solvência dos países deficitários e de menor "poderio financeiro" têm de ser resolvidos mediante a busca da "confiança" dos mercados de capitais. Em setembro de 1941, Keynes reafirmaria que "é próprio de um padrão monetário de livre conversibilidade atirar o ônus do ajustamento sobre as posições devedoras em seu balanço de pagamentos — ou seja, sobre os países mais fracos e acima de tudo menores, se comparados com a escala do resto do mundo".

Neste arranjo institucional não haveria lugar para a livre movimentação de capitais de curto prazo entre as diversas praças financeiras. Já foi mencionado que esses fundos líquidos eram vistos, no padrão-ouro clássico, como veículos da "especulação estabilizadora", na medida em que respondiam aos sinais da taxa de desconto, acionados pelos Bancos Centrais do "núcleo duro" da finança global.

No entreguerras, o arranjo monetário e financeiro

> *permitiu a livre remessa e aceitação de fundos de capitais internacionais, por motivos de fuga, especulação ou de investimento. Na primeira fase, depois da última guerra* [no caso, a Primeira Guerra Mundial], *o fluxo de fundos continuou a mover-se na direção dos países credores para os devedores, mas uma grande parte de tais fluxos, sobretudo aqueles que saíam dos Estados Unidos para a Europa, deixaram de corresponder ao desenvolvimento de novos recursos. Na segunda fase, às vésperas da guerra atual* [no caso, a Segunda Guerra Mundial], *a degeneração foi completa e os fundos começaram a sair dos países que tinham a balança deficitária na direção daqueles em que a balança era favorável.*

A ideia keynesiana do *bancor* assumia o compromisso de estabelecer uma regulação da moeda e do sistema internacional de pagamentos que atribuísse um papel para o ouro apenas na fixação da unidade de conta da moeda universal. Nenhum papel efetivo lhe seria concedido na liquidação das transações e contratos — função que seria exercida pela moeda bancária internacional, administrada pelas regras da *Clearing Union*. O plano de Keynes visava, sobretudo, eliminar o papel perturbador exercido pelo ouro como último ativo de reserva do sistema, instrumento universal da preferência pela liquidez

Neste sentido, apenas as moedas nacionais estariam investidas plenamente em suas três funções. Isso, aliás, era coerente com a visão keynesiana da ordem mundial. Para Keynes, a produção de bens e serviços e, sobretudo, as finanças deveriam ser desenvolvidas de acordo com os interesses nacionais de cada país. As relações internacionais seriam, portanto, tão somente residuais.

Num sistema internacional "regulado", como o de Bretton Woods, os processos de ajustamento deveriam funcionar mais ou menos assim: taxas de câmbio fixas, mas ajustáveis; limitada mobilidade de capitais; e demanda por cobertura de déficits (problemas de liquidez) atendida, sob condicionalidades, por meio de uma instituição pública multilateral. O câmbio e os juros, nesse sistema, são "preços âncoras", cujas relativas estabilidade e previsibilidade constituem guias para a formação das expectativas dos possuidores de riqueza.[6]

No pós-guerra, o rápido crescimento das economias capitalistas esteve apoiado em forte participação do Estado, destinada a impedir flutuações bruscas do nível de atividades e a garantir a segurança dos mais fracos diante das incertezas inerentes à lógica do mercado. Esta ação de regulação dos mercados e de promoção do crescimento supunha a redução da influência dos condicionantes externos sobre as políticas macroeconômicas domésticas. Os controles de capitais eram prática corrente e, assim, as políticas monetárias e os sistemas financeiros nacionais estavam voltados para a sustentação de taxas elevadas de crescimento econômico. Comandados por políticas monetárias acomodatícias, os sistemas financeiros — inclusive os Bancos Centrais — funcionavam como redutores de incertezas para o setor privado, o qual, por sua vez, sustentava elevadas taxas de investimento.

O círculo virtuoso entre gasto público, oferta de crédito barato, investimento privado e estabilidade financeira foi a marca registrada da *economia da demanda efetiva*. A concepção de demanda efetiva supõe que as

---
6. Ver Capítulo 6, p. 144.

decisões dos capitalistas são tomadas a partir de expectativas a respeito da evolução de dois conjuntos de preços: 1) os preços da produção corrente *vis-à-vis* os dos ativos de capital; e 2) as variações esperadas nos preços das dívidas contraídas para sustentar a posse daqueles ativos.

O primeiro sistema de preços aparece na *Teoria Geral* expresso no conceito de eficácia marginal do capital; o segundo relaciona o preço das dívidas e demais compromissos com a disposição dos detentores de riqueza líquida de "comprar" aqueles títulos que representam direitos contra a riqueza real.

São as expectativas a respeito da evolução provável destes dois conjuntos de preços que vão determinar as decisões quanto à forma de posse da riqueza dos que controlam os meios de produção e o crédito e, portanto, o ponto de demanda efetiva. Ou seja: o valor monetário do produto e da renda que os detentores dos meios de produção e os controladores do crédito estarão dispostos a criar vai depender da relação entre os dois conjuntos de preços.

Assim, a oferta de empregos na economia resultará, por um lado, da expectativa dos empresários a respeito dos fluxos de rendimentos prováveis, decorrentes da sua decisão de colocar em operação a capacidade produtiva existente, tanto no setor de meios de consumo, quanto no que produz bens de capital. De outra parte, estas decisões de gasto estão subordinadas às expectativas dos possuidores de riqueza líquida — do sistema bancário, em derradeira instância — de criar liquidez, incorporando novos títulos de dívida à sua carteira de ativos.

Michel Aglietta (1995) mostra que, de maneira geral, nos sistemas financeiros da *economia da demanda efetiva*, as taxas nominais de juros são rígidas, seja porque estão sob o controle das autoridades monetárias, seja porque são determinadas pelo oligopólio bancário. Se ocorrer súbita elevação nos planos de gasto das empresas, a demanda de crédito vai aumentar, suscitando a subida na taxa de inflação e, portanto, a queda nas taxas de juros reais. O investimento vai se elevar, e a variação positiva da renda e do emprego vai gerar a "poupança" (lucros) necessária para servir à dívida contraída.

As políticas keynesianas tinham, portanto, o propósito declarado de estimular o acesso à riqueza por meio do crédito dirigido à acumulação produtiva, com o desiderato de manter o pleno emprego, elevando, em termos reais, os salários e demais remunerações do trabalho. A regulamentação financeira foi a norma em todos os países. Os Estados Unidos recorreram à segmentação dos mercados e à especialização das instituições, buscando proteger os *money center banks* das eventuais instabilidades originadas nos mercados de capitais. Os países europeus e o Japão construíram sistemas financeiros em que prevaleciam as relações de clientela entre os bancos e as empresas. No Japão, é reconhecida a importância do *main bank* para o financiamento das altas taxas de acumulação de capital e de inovação das empresas.

Observamos mais atrás,[7] que a rápida recuperação das principais economias europeias e o espetacular crescimento do Japão foram causas importantes do progressivo desgaste das regras monetárias e cambiais acertadas em Bretton Woods. A concorrência das renovadas economias industrializadas da Europa e do Japão e o fluxo continuado de investimentos americanos diretos para o resto do mundo determinaram, desde o final dos anos 50, um enfraquecimento do dólar, que funcionava como moeda central de sistema de taxas fixas (mas ajustáveis) de câmbio. O enfraquecimento do dólar provocou reiteradas tentativas de "reforma" do sistema de Bretton Woods, mas todas terminaram na resistência americana em aceitar uma redução do papel de sua moeda no comércio e na finança internacionais. As decisões políticas tomadas pelo governo americano, ante a decomposição do sistema de Bretton Woods, já no final dos anos 60, foram ampliando o espaço supranacional de circulação do capital monetário.

Diga-se que o *establishment* financeiro americano jamais se conformou com a regulamentação imposta aos bancos e demais instituições não bancárias pelo Glass-Steagall Act no início dos anos 30. Foi também grande a resistência dos negócios do dinheiro às propostas de Keynes e de Dexter White para a reforma do sistema monetário internacional. Na verdade, as políticas americanas de resposta às ameaças contra a hegemonia do dólar estavam associadas à recuperação do predomínio da alta finança na hierarquia de interesses que se digladiam no interior do Estado plutocrático americano. É deste ponto de vista que devem ser analisadas as mudanças na política econômica americana entre os anos 70 e 80.

Tais mudanças devem ser entendidas como um dos fatores centrais que determinaram os movimentos de internacionalização financeira gestados pela desorganização do sistema monetário e de pagamentos criados em Bretton Woods, no final da Segunda Guerra Mundial.

No crepúsculo dos anos 60, a desorganização progressiva do sistema de regulação de Bretton Woods recebeu decisiva contribuição, com o surgi-

---

7. Ver Capítulo 4, p. 102.

mento de operações de empréstimos/depósitos que escapavam do controle dos Bancos Centrais.

A fonte inicial dessas operações "internacionalizadas" no chamado euromercado, como já salientamos,[8] foi certamente o fluxo de dólares que brotava dos crescentes déficits do balanço americano e excedia a demanda dos agentes econômicos e das autoridades monetárias estrangeiras.

Depois do primeiro "choque do petróleo", em 1973, o circuito financeiro internacionalizado e operado pelos grandes bancos comerciais — à margem de qualquer regulamentação ou supervisão dos Bancos Centrais — acentuou sua tendência à superexpansão do crédito concedido a empresas, bancos e governos, alimentando, sobretudo, forte endividamento da periferia. Passou a funcionar como sistema de "crédito puro" em suas relações com governos e empresas, com criação endógena de liquidez e altos prêmios de risco. Os agentes endividados, por sua vez, aceitavam qualquer taxa de juros para a rolagem e ampliação de suas dívidas. O sistema bancário americano, como também já ficou dito,[9] foi cúmplice e beneficiário da chamada "negligência benigna", na medida em que o declínio da moeda americana permitia sua participação nos ganhos de *seigniorage*. Isto era possível por meio da ampliação continuada do volume de crédito, denominado em dólares, numa velocidade maior do que a taxa de desvalorização da moeda. Isso acabou exasperando a busca por novos devedores, afrouxando os critérios de avaliação de risco dos bancos e gerando, nos devedores "soberanos", a inclinação a ingressar, primeiro, na região da finança especulativa e, finalmente, na zona perigosa da *Ponzi finance*, isto é, da sustentação do pagamento do serviço da dívida com endividamento adicional. Os símbolos desta era foram, sem dúvida, o crescimento espetacular do euromercado e das praças *offshore*, que alimentaram a primeira etapa do ciclo de endividamento da periferia no pós-guerra.

Essa etapa da "internacionalização financeira" — convém repetir —[10] pode ser entendida como a crescente supremacia da função de meio de financiamento e de pagamento do dólar à custa de sua função de *standard* universal. O conflito entre as duas funções está na raiz da crise do dólar dos anos 70 e chegou a suscitar tentativas de substituição do dólar por Direitos Especiais de Saque, ativos de reserva emitidos pelo Fundo Monetário Internacional e lastreados em uma "cesta de moedas".

---

8. Ver Capítulo 2, p. 78.
9. Ver Capítulo 4, p. 102.
10. Ver Capítulo 2, p. 54.

Ao impor a regeneração do papel do dólar como *standard* universal, através de uma elevação sem precedentes das taxas de juros em 1979, os Estados Unidos, além de deflagrarem uma crise de liquidez para os devedores, deram o derradeiro golpe no estado de convenções que sustentara a estabilidade relativa do pós-guerra.

As tentativas de assegurar a centralidade do dólar — depois da desvinculação do ouro, em 1971, e da introdução das taxas de cambio flutuantes, em 1973 — determinaram o enfraquecimento da demanda da moeda americana para transações e como reserva e o surgimento de um instável e problemático sistema de paridades cambiais. O dólar "flutuava" continuamente para baixo. Sendo assim, não era de espantar que o papel da moeda americana nas transações comerciais e financeiras começasse a declinar, assim como sua participação na formação das reservas em divisas dos Bancos Centrais.

Não há dúvida de que o gesto americano de subir unilateralmente as taxas de juros em outubro de 1979 foi tomado com o propósito de resgatar a supremacia do dólar como moeda reserva. O fortalecimento do dólar tinha se transformado, então, numa questão vital para a manutenção da liderança do sistema financeiro e bancário americano, no âmbito da concorrência global.

Durante os anos 80, a economia mundial foi afetada por flutuações amplas nas taxas de câmbio das moedas que comandam as três zonas monetárias (dólar, iene e marco). Estas flutuações nas taxas de câmbio foram acompanhadas de extrema volatilidade das taxas de juros. As flutuações das taxas de câmbio, supostamente destinadas a corrigir desequilíbrios do balanço de pagamentos e da maior autonomia às políticas domésticas, na verdade provocaram instabilidade. Isso porque a crescente mobilidade dos capitais de curto prazo obrigou a seguidas intervenções de esterilização, determinando fortes oscilações entre taxas de juros das diversas moedas e criando severas restrições à ação da política fiscal e à política monetária.

Ainda nos anos 80, a ampliação dos dois déficits — orçamentário e comercial — dos Estados Unidos foi importante fator para dar o segundo impulso e nova direção ao processo de globalização financeira.

Na prática, a ampliação dos mercados de dívida pública constituiu a base sobre a qual se assentou o desenvolvimento do processo de securitização. Isto não apenas porque cresceu a participação dos títulos americanos na formação da riqueza financeira demandada pelos agentes privados americanos e de outros países, mas também porque os papéis do governo dos Estados Unidos são ativos dotados de grande liquidez.

A expansão da posição devedora líquida norte-americana permitiu o ajustamento, sem grandes traumas, das carteiras dos bancos, à medida que os créditos desvalorizados dos países em desenvolvimento foram sendo substituídos por dívida emitida pelo Tesouro Nacional dos Estados Unidos.

A evolução da crise do sistema de crédito internacionalizado e as respostas dos Estados Unidos ao enfraquecimento do papel do dólar criaram, portanto, as condições para o aparecimento de novas formas de intermediação financeira e para o desenvolvimento de uma segunda etapa da globalização. Foi nesse ambiente de reimposição da supremacia do dólar e de desestruturação do sistema monetário internacional que ocorreu a "grande fuga para frente", consubstanciada no aparecimento dos novos processos de globalização, desregulamentação e securitização.

Esse processo de transformações na esfera financeira pode ser entendido como a generalização e a supremacia dos mercados de capitais em substituição à dominância anterior do sistema de crédito comandado pelos bancos. Esses "novos" mercados teriam a virtude de combinar as vantagens da melhor circulação da informação, da redução dos custos de transação e da distribuição mais racional do risco.

A teoria dos "mercados eficientes" pretendia, enfim, ensinar que todas as informações relevantes sobre os "fundamentais" da economia estão disponíveis em cada momento para os participantes do mercado. E que, na ausência de intervenção dos governos, a ação racional dos agentes seria capaz de orientar a melhor distribuição dos recursos, entre os diferentes ativos, denominados em moedas distintas.

O PODER DO DÓLAR E A FINANCEIRIZAÇÃO DA RIQUEZA

Em artigo recente,[11] o professor Luciano Coutinho e eu procuramos demonstrar que, desde o início dos anos 80, a composição da riqueza social vem apresentando importante mutação. Cresce velozmente a participação das formas financeiras de posse da riqueza. Nos países desenvolvidos, particularmente nos Estados Unidos, as classes médias passaram a deter importantes carteiras de títulos e ações, diretamente ou através de fundos de investimentos ou de fundos de pensão e de seguro. O patrimônio típico de

---
11. Ver Capítulo 6, p. 131-3.

uma família de renda média passou a incluir ativos financeiros em proporção crescente, além dos imóveis e bens duráveis.

As empresas em geral também ampliaram expressivamente a posse dos ativos financeiros, e não apenas como reserva de capital para efetuar futuros investimentos fixos. A "acumulação" de ativos financeiros ganhou, na maioria dos casos, status permanente na gestão da riqueza capitalista.

Por isso, a taxa de juros — critério geral de avaliação da riqueza —, ou seja, a expectativa de variação dos preços dos ativos financeiros, passa a exercer papel muito relevante nas decisões das empresas e bancos, conforme já advertira, primeiramente, o professor José Carlos Braga em sua tese de doutoramento, configurando-se uma tendência à "financeirização" e ao rentismo nas economias capitalistas.

Este processo não ficou confinado às fronteiras nacionais. Muito embora a maior parcela dos ativos financeiros em cada país seja de propriedade dos seus residentes, cresceu a participação cruzada de investidores estrangeiros, com a liberalização dos mercados de câmbio e desregulamentação dos controles sobre os fluxos de capitais. O valor da massa de ativos financeiros transacionáveis nos mercados de capitais de todo o mundo saltou de cerca de US$ 5 trilhões, no início dos anos 80, para US$ 35 trilhões, em 1995, segundo as estimativas do BIS.

Esta impressionante escalada do volume da riqueza financeira (a um ritmo de pelo menos 15% ao ano) suplantou de longe o crescimento da produção e da acumulação de ativos fixos. Como, em última instância, os ativos financeiros representam direitos de propriedade sobre o capital em funções, é inescapável a conclusão de que ocorreu nos últimos anos notável inflação dos ativos financeiros. Em outras palavras, os preços desses ativos subiram muito além da velocidade de acumulação dos ativos instrumentais do capital, criando nos seus detentores uma percepção de enriquecimento acelerado.

Assim, as empresas, os bancos e também as famílias abastadas passaram a subordinar suas decisões de gasto, investimento e poupança às expectativas quanto ao ritmo de seu respectivo "enriquecimento" financeiro. Do ponto de vista individual, este "enriquecimento" não parecia fictício, pois os títulos podiam ser perfeitamente validados por mercados líquidos e profundos. A certeza de comercialização, de que os papéis sempre poderiam ser reconvertidos à forma monetária e geral da riqueza, realimentava o circuito de valorização, induzindo crescente parcela de agentes a alavancar suas carteiras de ativos financeiros com base em dívidas tomadas junto ao sistema bancário. Os autores já assinalaram, em texto anterior (1998), as características do mercado financeiro na atualidade: *profundidade*, assegurada por transações secundárias em grande escala e frequência, conferindo elevado grau de negociabilidade aos países; *liquidez e mobilidade*, permitindo aos investidores facilidade de entrada e de saída entre diferentes ativos e segmentos do mercado; *volatilidade* de preços dos ativos, resultante das mudanças frequentes de avaliação dos agentes quanto à evolução dos preços dos papéis (denominados em moedas distintas, com taxas de câmbio flutuantes).

O veloz desenvolvimento nos últimos anos de inovações financeiras (técnicas de *hedge* através de derivativos, técnicas de alavancagem, modelos e algoritmos matemáticos para "gestão de riscos"), associadas à intensa informatização do mercado, permitiu acelerar espantosamente o volume de transações com prazos cada vez mais curtos. Essas características, combinadas com a alavancagem baseada em créditos bancários, explicam o enorme potencial de realimentação dos processos altistas (formação de bolhas), assim como os riscos de colapso no caso dos movimentos baixistas.

Como se viu anteriormente,[12] no início dos 80, a política econômica de Reagan — com seu dólar supervalorizado, enormes déficits orçamentários e nas contas de comércio — foi estimulante para a Europa e permitiu que os países endividados cumprissem a duras penas seus programas de ajustamento, mas foi particularmente generosa para os países da Ásia. Esse foi o período dos grandes superávits comerciais japoneses, taiwaneses e coreanos. Os bancos japoneses começaram a galgar posições no *ranking* das finanças globais, deslocando os americanos e os europeus, encalacrados na crise da dívida latino-americana e enfraquecidos pela recessão provocada pela brutal elevação dos juros nos Estados Unidos, em 1979.

O aparecimento de bancos, corretoras e seguradoras japonesas no cenário das finanças globais foi o produto inevitável da acumulação dos enormes excedentes financeiros, decorrentes dos sucessivos e crescentes superávits comerciais do Japão, principalmente com os Estados Unidos, mas também com a Europa. Isto implicou o crescimento significativo da participação dos ativos denominados em moeda estrangeira nas carteiras das instituições financeiras nipônicas. Os ativos não eram constituídos apenas de títulos do governo americano, mas também por papéis e obrigações emitidas por empresas estrangeiras de boa reputação, além da participação

---

12. Ver Capítulo 5, p. 117-20.

em investimentos diretos e compras de ativos imobiliários no exterior. Este avanço dos bancos japoneses chegou a sugerir a possibilidade de que o iene (assim como o marco) viesse a disputar com o dólar, nos negócios internacionais, a condição de moeda principal. Mas o fato é que, já neste momento, depois da elevação brutal dos juros, o dólar estava recuperando sua participação como principal moeda na denominação de contratos e no faturamento dos preços cobrados nas transações mercantis efetuadas no mercado internacional. A política do dólar forte correspondeu à recuperação da liderança por parte dos grandes bancos americanos e, mais importante, à campanha de promoção da exportação do "modelo" americano de mercado de capitais "desregulamentados" para o resto do mundo.

Foi nesse ambiente que se intensificaram as pressões sobre o Japão e os dois tigres asiáticos de segunda geração, Coreia e Taiwan, para a liberalização financeira. É preciso sublinhar que a abertura e a desregulamentação financeiras — ou seja, a progressiva liberalização das transações registradas na conta de capital e o afrouxamento dos controles sobre a atividade dos bancos — vão ocorrer no momento em que os bancos japoneses estão obrigados a "reciclar" os excedentes em divisas para evitar os desequilíbrios monetários e financeiros domésticos. As autoridades monetárias do Japão, com sua política monetária passiva e de baixas taxas de juros, pretendiam obviar tanto uma valorização excessiva do iene, quanto uma expansão indesejada da dívida pública, que seria causada pela esterilização da oferta adicional de moeda decorrente dos persistentes saldos comerciais. Cuidavam, neste sentido, de estimular bancos e empresas japonesas a adquirir ativos financeiros e reais no exterior, aliviando a pressão monetária interna.

Alem disso, foram grandes as transformações na gestão de tesouraria da grande empresa japonesa, frequentemente às voltas com excedentes de caixa ou lucros acumulados — acima de seu cronograma de dispêndio —, o que exigia a oferta de serviços mais diversificados e sofisticados por parte das instituições financeiras locais.

A "descompressão" financeira envolveu, assim, três tipos de providências: 1) eliminação dos controles cambiais, ampliando-se a possibilidade de os agentes domésticos realizarem transações em moeda estrangeira não decorrentes de uma operação comercial; 2) liberação das taxas de juros, com restrição progressiva dos créditos dirigidos e subsidiados; e 3) desregulamentação bancária, ensejando-se que os bancos locais pudessem ampliar a gama de "serviços financeiros" prestados às empresas não financeiras.

Os bancos japoneses, acostumados prover crédito para as empresas sob o amparo das práticas de redesconto do Banco do Japão, diversificaram sua atuação, intermediando operações nos mercados imobiliários e alavancando posições nas Bolsas de Valores e em negócios com derivativos. Essas transformações foram a causa dos formidáveis surtos especulativos com ações e imóveis que culminaram nas agudas deflações de preços dos ativos sobrevalorizados, entre 1989 e 1990.

Entre o final dos anos 80 e os primeiros anos da década de 90, a recessão generalizou-se, atingindo a Europa e os Estados Unidos. Esta crise foi administrada por um afrouxamento das políticas monetárias sob a condução do Federal Reserve e do Banco do Japão. Foram incisivas as reduções nas taxas de juros, com o propósito de impedir a degradação dos ativos bancários e impedir um *credit crunch*, aliviando, simultaneamente, para as empresas e famílias, os encargos decorrentes das dívidas assumidas no ciclo de expansão dos anos 80. Para os bancos japoneses, a política monetária permissiva era uma oportunidade para compensar os problemas das carteiras incobráveis e da geração de nova dívida de qualidade no mercado doméstico, com a aquisição de novos ativos nas economias da vizinhança, que prometiam rendimentos mais elevados. Nos Estados Unidos, a partir de 1992, a liquidez abundante permitiu que os bancos e os investidores institucionais cuidassem de atender à demanda de crédito gerada pela recuperação da economia americana, e ainda diversificassem seus empréstimos e aplicações nas economias emergentes.

Os europeus, por seu turno, apesar de envolvidos com os problemas da unificação alemã e com as tensões no âmbito do Sistema Monetário Europeu, ancorado no marco — o que impediu um movimento semelhante das taxas de juros governadas pelo Bundesbank —, foram estimulados a buscar melhores oportunidades, face à estagnação da economia europeia.

Estas circunstâncias serviram para orientar uma fração crescente dos fluxos de capitais para os ditos países emergentes. Os dados do BIS e do FMI mostram claramente que, no início dos anos 90, particularmente a partir de 1992, há forte incremento dos fluxos de capitais — investimento direto, aplicações de portfólio, empréstimos bancários, aquisição de bônus, financiamentos comerciais e compras de ativos — para os mercados de maior risco, inclusive aqueles que ainda sofriam as sequelas da crise da dívida dos anos 80. O aumento dos empréstimos bancários e a absorção de maior volume de colocações de títulos privados e públicos foram acompanhados, até a eclosão da crise mexicana, de significativa queda dos diferenciais de juros entre os títulos emitidos pelos "emergentes" e os títulos de mesmo prazo do governo americano.

Os administradores da riqueza livre e líquida — fundos de pensão, fundos mútuos, *hedge funds* — deslocaram um fração marginal (mas crescente) deste capital flutuante para capturar fartos rendimentos em mercados que oferecessem taxas de juros mais elevadas ou apresentassem perspectivas de ganhos de capital elevados.

Os movimentos de capitais responderam, portanto, às perspectivas de menor rentabilidade nos mercados de "qualidade" e à situação de sobreliquidez (causada por um período de taxas de juros muito baixas), diante das oportunidades surgidas nos países "emergentes", sobretudo na Ásia.

Um fator importante para esta invasão de capital monetário, nos mercados financeiros "desregulamentados" da periferia, é a concorrência entre as instituições financeiras para atrair os aplicadores. Os administradores de portfólios, no afã de carrear mais dinheiro para os seus fundos e na ânsia de bater os concorrentes, devem exibir os melhores desempenhos. Para tanto, vêm-se forçados a abrir espaço em suas carteiras para ativos de maior risco.

A explosão especulativa na Ásia, bem como a euforia mexicana da primeira metade dos 90 e as "estabilizações" com âncora cambial da América Latina, foram os primeiros rebentos da Segunda Onda de expansão dos mercados financeiros "globalizados". Mais exatamente, foram fenômenos produzidos pela abundante liquidez derramada pelos Bancos Centrais do G7, especialmente pelo Federal Reserve, para impedir a deflação de ativos e o *credit crunch* depois da correção de preços na Bolsa de Nova York em outubro de 1987.

No caso das economias da Ásia, como vimos,[13] era ampla a oferta de ações, projetos imobiliários e industriais que prometiam alta rentabilidade, localizados em economias com programas ambiciosos de modernização urbana e com tradição de elevadas taxas de crescimento e prolongados períodos de expansão econômica. A isto se deve adicionar a convicção, disseminada entre os investidores e agências de avaliação de risco e confirmada pelas análises dos organismos multilaterais, quanto à sólida situação macroeconômica dos países da região. Estas "convenções" otimistas exacerbaram o "choque de demanda sobre o conjunto de ativos, provocando o surgimento de fenômenos inter-relacionados: sobreinvestimento nas áreas conside-

---

13. Ver Capítulo 5, p. 123.

radas mais "dinâmicas", explosão de preços de ativos de oferta inelástica, sobrevalorização das moedas, déficits crescentes em transações correntes, endividamento em moeda estrangeira e, por fim, fragilidade financeira.

A internacionalização financeira, em lugar da maior eficiência na alocação de recursos, levou à valorização das moedas locais, à especulação com ativos reais e financeiros, à aquisição de empresas já existentes e ao sobreinvestimento. Em algum momento, a maior vulnerabilidade em transações correntes e as antecipações negativas quanto à evolução dos preços dos ativos, à rentabilidade dos investimentos ou à manutenção das paridades cambiais deflagram vendas em massa e liquidação de posições na moeda sobrevalorizada. Em geral, mas não necessariamente, estas antecipações negativas estão associadas a uma trajetória imprudente do déficit de transações correntes do balanço de pagamentos. Nestas situações, a fuga dos ativos inflados e cujos preços estão despencando é ao mesmo tempo uma fuga da moeda local em direção aos ativos financeiros denominados na moeda realmente forte que servia de referência, ou seja, o dólar.

Esta diferença de "poder financeiro", como diria Keynes, torna delicada a situação dos países devedores e de moeda fraca. Deixando de lado a crise asiática, mais recentemente essa posição desconfortável ficou explícita nos episódios das crises financeira da Rússia de setembro de 1998 e na desvalorização brasileira de janeiro de 1999.

Os russos tentaram aplacar a desconfiança dos investidores, domésticos e internacionais, quanto à possibilidade de um *default*, o que acarretaria, de cambulhada, forte desvalorização do rublo. A intervenção do FMI e dos países do G7 fez a confiança retornar provisoriamente, depois da abertura de uma linha de crédito de mais de US$ 20 bilhões. Apesar disso, o *default* tornou-se inevitável, o rublo sofreu uma forte desvalorização e a Rússia não conseguiu escapar de prolongada crise econômica e financeira.

O Brasil suscitou uma operação de "financiamento preventivo", organizada no final de 1998, organizada pelo FMI e pelos países do G7. Primeiro, desde setembro, depois da moratória da Rússia, estava claro que as expectativas do mercado financeiro internacional antecipavam um "ataque" fulminante contra os ativos de maior risco, posições atraentes que tinham buscado com avidez desde o começo dos anos 90. Depois da crise asiática, a desconfiança em relação aos emergentes manifestou-se através de uma elevação dos *spreads* médios entre os papéis de maior risco e os títulos de igual prazo emitidos pelo Tesouro americano. Na posteridade do *default* russo, a aversão ao risco assumiu formas agudas.

Neste momento, as reservas brasileiras eram de US$ 70 bilhões. O Fundo Monetário exigiu o de sempre: ajuste fiscal, metas rigorosas para o crédito líquido doméstico, limites para o endividamento externo de curto prazo.

Curiosamente e — na visão de muitos — de forma incompatível com os pressupostos de seu próprio "modelo" de ajustamento, o Fundo concordou com a manutenção da política cambial vigente. O mercado percebeu que esse *monstrum vel prodigium* da tecnocracia "globalitária" teria vida curta. Intensificaram-se os ataques contra a cidadela enfraquecida do emergente em dificuldades. Há dúvidas quanto à origem da desastrosa manobra tática acolhida pelo Fundo Monetário: erro crasso de avaliação ou aviso para que os capitais se mandassem, usufruindo os benefícios de uma taxa de câmbio favorecida?

O governo brasileiro acabou desvalorizando o real, depois de uma perda de US$ 45 bilhões de reservas.

A chamada finança direta, de "mercado" ou "desregulamentada", costuma produzir ciclos de valorização e desvalorização dos ativos intensos, rápidos e propensos a reversões violentas. Por isso, já nas etapas de euforia,[14] aparecem inevitavelmente agentes-investidores que suspeitam da possibilidade de sustentação do nível de preços atingido pelos ativos. Esses senhores começam a formar posições "baixistas", que antecipam reversão do ciclo e queda dos preços. É essa lógica que tem guiado a ação de alguns investidores que apostam contra moedas apreciadas, Bolsas de Valores da periferia (consideradas sem fôlego para capitalização ulterior), mercados imobiliários excessivamente valorizados e com oferta excessiva. Habitualmente, esses fundos, conhecidos como *hedge funds*, costumam operar nos mercados futuros de câmbio, com grandes posições vendidas nas moedas que se candidatam a um ataque especulativo. Tanto o peso das posições assumidas pelos especuladores altistas, quanto a crescente presença de agentes baixistas nos mercados emergentes forçam os Bancos Centrais dos países de moeda fraca a tomar atitudes defensivas, tornando suas políticas monetárias prisioneiras quer da necessidade de evitar as fugas de capitais e de escapar das desvalorizações selvagens, quer da obsessão de manter a confiança dos investidores.

Nos países periféricos, essas medidas defensivas restringem-se, quase sempre, à elevação dos juros ou à concessão de estímulos à volta dos capitais. A rápida "recuperação" brasileira, por exemplo, é fruto não só da

---

14. Ver Capítulo 6, p. 141-2.

benevolência benigna que permitiu a fuga de capitais à taxa de câmbio favorecida ou da queda dos preços dos ativos em dólares, determinada pela desvalorização do real, mas também da submissão da política econômica ao objetivo de manter a economia atraente para o "retorno" dos capitais. Isto significa que o crescimento da economia estará determinado pelos humores e pelas percepções dos mercados que atendem às necessidades de financiamento do balanço de pagamentos.

DÓLAR: RECUPERAÇÃO DA HEGEMONIA OU CONCENTRAÇÃO DOS RISCOS?

Os fluxos líquidos de investimento em portfólio, destinados por estrangeiros ao mercado americano, cresceram quase dez vezes entre 1990 e 1997: passaram de US$ 52 bilhões, em 1990, para US$ 564,4 bilhões, em 1997. Se tomarmos como referência os últimos dois anos, 1995 e 1997, o fluxo líquido de investimento de portfólio simplesmente dobrou. As aplicações de residentes no Japão e o crédito barato em ienes vêm contribuindo com parte importante deste fluxo de capitais para os Estados Unidos.

Esses capitais estão sendo atraídos pela perspectiva de expressivos ganhos com a valorização dos ativos financeiros nos Estados Unidos.

Observamos antes[15] que os Estados Unidos, usufruindo do seu poderoso sistema financeiro, podem impor a dominância de sua moeda, mesmo exibindo um déficit elevado e persistente em conta-corrente e uma posição devedora externa. Isto significa que os mercados financeiros estão dispostos a aceitar, pelo menos por enquanto, que os Estados Unidos exerçam, dentro de limites elásticos, o privilégio da *seigniorage*.

Assim, os capitais de curto prazo contam, nos Estados Unidos, com um mercado amplo e profundo que funciona como porto seguro nos momentos de grande instabilidade ou quando a confiança fraqueja em outros mercados. A existência de um volume respeitável de papéis do governo americano, reputados por seu baixo risco e excelente liquidez, tem permitido que a reversão dos episódios especulativos, com ações, imóveis ou ativos estrangeiros, seja amortecida por um movimento compensatório no preço dos títulos públicos americanos.

Até agora, os EUA, em função da sua capacidade de atrair capitais para seus mercados de ações em alta, puderam se dar ao luxo de manter taxas

---

15. Ver Capítulo 4, p. 103.

de juros moderadas, apesar da ampliação do déficit em transações correntes. As sucessivas crises das moedas e dos mercados financeiros na periferia incitaram a demanda por títulos do governo norte-americano, considerados de maior qualidade. Isso vinha permitindo a queda das taxas de juros de longo prazo.

O movimento de capitais vem reforçando a supremacia do dólar, provocando a exuberante valorização das ações e ampliando desmesuradamente, como já foi dito, o poder de *seigniorage* dos Estados Unidos. Essa é uma das razões por que foi possível, até agora, prolongar o crescimento norte-americano sem inflação.[16]

As taxas de câmbio são determinadas pela expectativa de valorização dos ativos denominados nas distintas moedas. O país dominante, mesmo com déficits crescentes, pode se beneficiar de fortes revalorizações de sua moeda, caso o preço de seus ativos ainda esteja subindo. Portanto, não é seguro imaginar que, na eventualidade de prolongada e profunda "correção de preços" na Bolsa de Nova York, seja possível aos Estados Unidos reagir com redução dos juros para salvar sua economia e o mundo da *débâcle*. Na verdade, a recente evolução dos mercados financeiros não só exacerbou os desequilíbrios dos fluxos de rendimentos entre credores e devedores, como ampliou os riscos de deslocamentos entre os estoques de riqueza denominados em moedas distintas. As antecipações quanto aos movimentos dos diferenciais de juros e seus efeitos sobre alterações nas taxas de câmbio podem provocar mudanças nos preços dos ativos, assim como as mudanças "autônomas" nos preços dos ativos podem afetar as taxas de câmbio e as relações entre taxas de juros nas diferentes moedas. Neste sistema de taxas flutuantes, ampla e rápida mobilidade de capitais e provimento de liquidez efetuada a partir do mercado, mediante a ação de agentes privados especializados, as taxas de juros e de câmbio se tornam "endógenas" e ficam mais sensíveis às bruscas mudanças de expectativas dos possuidores de riqueza. Não é de espantar que nesse sistema seja mais frequente a ocorrência de graves problemas de liquidez, "resolvidos" por meio de violentas quedas de preços dos ativos e desvalorização das moedas.

No regime atual de taxas de câmbio flutuantes e ampla mobilidade de capitais, uma queda pronunciada nas cotações da Bolsa de Nova York pode provocar uma desvalorização do dólar. Essa desvalorização, caso ocorra de

---

16. Ver Capítulo 6, p. 143.

forma abrupta, deverá acentuar a fuga dos ativos denominados na moeda americana, o que, por sua vez, vai acelerar ainda mais a queda do dólar e, muito provavelmente, provocar mudança nas tendências da inflação. As taxas dos títulos do governo vão começar a subir, exigindo do Federal Reserve a elevação das taxas curtas.

Até recentemente, a ampliação do déficit na conta de comércio vem impedindo que a força da demanda interna em expansão possa se materializar numa aceleração inflacionária, ainda que os salários reais mostrem inclinação para subir. É importante registrar que a relativa estagnação europeia, a longa recessão japonesa e as desvalorizações levadas a cabo nos países emergentes ensejaram uma queda pronunciada no preço das *commodities* agrícolas e industriais.

Depois das desvalorizações em cadeia que acompanharam a crise asiática, o fenômeno tornou-se mais grave. É provável que o déficit comercial americano aproxime-se dos US$ 300 bilhões ainda em 1999.

As cifras do Departamento do Comércio dos Estados Unidos mostram que a tendência é de crescimento das compras externas — apesar da queda de preços dos bens importados — e de recuo nas taxas de crescimento das exportações. Não é de espantar que os mercados venham revelando uma especial sensibilidade diante das expectativas quanto ao fluxo de lucros esperados pelas empresas com ações cotadas em Bolsa. Os lucros ainda não revelam sinais de declínio, revelam os balanços trimestrais.

As previsões sobre uma possível "correção" de preços das ações na Bolsa de Valores de Nova York têm sido sistematicamente desmentidas. Klindelberger (1986), escrevendo sobre o *crash* de 1929, diz que *a posteriori* é fácil ironizar as hipóteses que naquela ocasião procuravam justificar as taxas elevadas de capitalização das ações. Tais hipóteses não eram diferentes das que são divulgadas agora: uma nova era de prosperidade capaz de assegurar uma elevação continuada dos preços. Negando que os níveis de preços e os volumes de transações fossem exagerados, Klindelberger aponta os "precários mecanismos de crédito" como responsáveis pelo colapso.

Na comparação com o que acontece hoje, dois aspectos devem ser sublinhados: primeiro, nos dias que correm, o uso abundante do crédito para alavancar posições especulativas não se restringe aos mercados à vista, mas se estende aos mercados futuros de índices, taxas de juros e câmbio; segundo, nos anos 20, como agora, os mercados financeiros eram interdependentes e integrados, facilitando as crises de contágio. A grande diferença entre ontem e hoje parece estar na capacidade das autoridades monetárias de empreender intervenções de última instância para conter os colapsos de preços dos ativos e as contrações do crédito que sucedem esses episódios.

Alguns analistas desconfiam que a peculiaridade da atual conjuntura internacional esteja na convivência entre forças contraditórias: 1) tendências à deflação ou ao crescimento lento dos preços nos mercados de bens e serviços e 2) surtos recorrentes de aceleração de preços nos mercados de ativos financeiros e reais cuja oferta é inelástica a curto prazo. Este é o caso das ações, devido aos movimentos de fusões e aquisições e à compra de papéis da própria empresa para evitar a transferência selvagem da propriedade. O relatório *Flows of Funds Accounts of the United States*, do Federal Reserve (1998), revela que, a despeito do aumento espetacular de US$ 2.661,7 bilhões no valor do estoque de ações nas bolsas americanas, a colocação líquida de papéis foi negativa. Nos últimos cinco anos, ações no valor de US$ 544,6 bilhões foram retiradas do mercado

A política monetária americana move-se, portanto, entre o objetivo de prevenir a ampliação da discrepância entre o movimento dos preços da produção corrente e a necessidade de regular a "exuberância irracional" dos mercados financeiros, evitando, sobretudo, a formação de bolhas especulativas, ou seja, a explosão dos preços das ações.

Diante das tendências atuais, parecem exageradas as preocupações do Federal Reserve com o reaparecimento das pressões inflacionárias. Mas é sabido que, desde o início dos anos 80, quando aumentou a participação da riqueza financeira no conjunto da riqueza capitalista, tornou-se mais acentuada a sensibilidade dos donos e administradores da riqueza financeira em relação às mudanças imaginadas do nível geral de preços. Assim, por exemplo, um deslocamento para cima do patamar inflacionário, julgado desprezível em outras épocas, tem suscitado reações elásticas das taxas de juros dos títulos de 30 anos do governo americano.

Neste momento, muitos observadores preveem o surgimento de tensões inflacionárias na economia americana, decorrentes do aquecimento da demanda de trabalho, da elevação dos preços das matérias-primas e de serviços e de outros insumos. Os efeitos de um aumento da inflação neste momento seriam também desastrosos, na medida em que as expectativas de taxas mais altas de elevação do nível geral de preços serão capturadas pelas taxas de juros de longo prazo, o que forçaria o Fed a ajustar tempestivamente as taxas curtas.

Um hipotético rearranjo de portfólios, antecipando-se a um possível ciclo "baixista" nos mercados financeiros americanos, coloca as autoridades monetárias americanas diante de decisões complicadas. O temor da saída de capitais recomendaria a manutenção ou até mesmo a subida dos juros de curto prazo. Tais medidas poderiam, no entanto, tornar mais agudo e rápido o processo de "encolhimento" da bolha formada pelo crescimento desmesurado dos preços dos ativos financeiros. Um colapso abrupto dos preços levaria inevitavelmente a economia à depressão, devido ao caráter cumulativo e de auto-reforço assumido pela deflação de ativos.[17]

O desenvolvimento da economia capitalista neste final de século parece dar guarida à ideia de Arrighi de que a predominância do capital financeiro sinaliza o outono dos ciclos de expansão. No entanto, comparado com etapas anteriores, o outono do final do século XX apresenta-se como uma síntese "expressionista" dos predecessores. A "financeirização" e a correspondente valorização fictícia da riqueza, como nunca, vêm subordinando a dinâmica da economia.

Marx e Keynes já haviam compreendido que a característica central do capitalismo não seria a produção de mercadorias por meio de mercadorias nem vai ser encontrada na coordenação, efetuada através dos mercados competitivos, dos planos dos indivíduos racionais, na busca da maximização da utilidade. Para eles, admiradores da sua enorme capacidade de produção de mercadorias e de seu formidável potencial de satisfação de necessidades, o capitalismo é um regime de acumulação de riqueza abstrata. Se, por um lado, é admirável seu potencial de criação de riqueza material, de progresso tecnológico e de bem-estar das nações, de outra parte é assustador seu inerente desprezo pelas condições particulares da existência dos povos e pelos conteúdos da vida. O capitalismo é o regime de produção em que a riqueza acumulada sob a forma monetária está sempre disposta a dobrar-se sobre si mesma, na busca da autorreprodução. D-D' — e não D-M-D' — é o processo em estado puro, adequado a seu conceito, livre dos incômodos e empecilhos de suas formas materiais particulares. Não se trata de uma deformação, mas do aperfeiçoamento de sua substância, na medida em que o dinheiro é o suposto e o resultado do processo de acumulação de riqueza no capitalismo. É este processo fantasmagórico de autorreprodução que o capital está realizando sob os nossos olhos nos mercados financeiros contemporâneos.

---

17. Para uma descrição dos efeitos da queda no preço das ações, ver Capítulo 6.

CAPÍTULO 8

A MUNDIALIZAÇÃO DO CAPITAL E A EXPANSÃO DO PODER AMERICANO[1]

FORMAÇÃO E EXPANSÃO DO SISTEMA CAPITALISTA

O circuito do capital mercantil articulou a primeira "economia mundo" européia em simultâneo com a formação dos Estados Nacionais Modernos no chamado "longo século XVI". Estes dois movimentos (o do capital e o dos Estados) essenciais à formação do sistema capitalista não se confundem entre si. A Europa foi progressivamente integrada pelos circuitos do capital mercantil, cujo movimento era periodicamente bloqueado pelas as guerras intraeuropeias. Os banqueiros tiveram um duplo papel, o de agentes da expansão capitalista e o de financiadores das guerras e da expansão ultramarina dos Impérios. Vários bancos quebraram com as derrotas dos príncipes ou com os excessos de gastos do poder imperial em territórios de onde não se podiam extrair impostos e excedentes mercantis suficientes para o pagamento das dívidas. A localização e o deslocamento das principais praças financeiras têm muito a ver não só com as rotas do capital mercantil, mas com os caminhos imperiais.

Portugal e Espanha tinham burguesias nacionais fracas e tiveram de se apoiar nos banqueiros do Mediterrâneo para suas expansões ultramarinas. A Holanda forjou seu Estado nacional na defensiva contra o império

---

[1]. Coautoria de Maria da Conceição Tavares. Publicado originalmente em: FIORI, José Luis (Org.). *O poder americano*. Petrópolis: Vozes, 2004, p. 111-138.

espanhol, mas possuía uma burguesia forte e altamente internacionalizada, desde que o centro financeiro europeu se deslocara para Amsterdã (a expansão europeia do império de Carlos V custara a sobrevivência dos banqueiros árabes, italianos e alemães). Podemos dizer que a expansão mundial do capital teve na Companhia das Índias Holandesas sua primeira grande empresa multinacional. No entanto, a Holanda, não tendo por trás um projeto de Estado nacional forte, não conseguiu assegurar um projeto imperial de dominação política de longa duração, nem nas Américas, nem na África.

As únicas potências capitalistas capazes de manter a hegemonia política de seus Estados nacionais e expandir seu capital sem limites territoriais a todos os continentes foram as anglo-saxônicas: a Inglaterra, no século XIX, e os EUA, na segunda metade do século XX, depois da vitória na Segunda Guerra Mundial. A união do poder político-militar e do capital financeiro deu-lhes um fôlego e uma dimensão global antes inexistentes. Tiveram como instrumento principal a emissão de uma moeda internacional dominante que exprimia seu poder político e a força de seu capital financeiro. Tanto sua dívida pública interna, quanto o movimento de mercadorias e de capitais no mercado internacional estavam denominados na sua moeda nacional.

O deslocamento dos centros do capitalismo produz as modificações na divisão internacional do trabalho e nas relações entre centro e periferia, isto é, na geoeconomia. Estas mudanças podem ser retardadas ou facilitadas pela geopolítica dos centros imperiais. As guerras foram determinantes periódicas no bloqueio do comércio internacional e afetaram profundamente o desenvolvimento das forças produtivas de muitas nações, tanto das grandes potências no último quartel do século XIX, quanto de algumas nações periféricas no século XX.

A expansão do capital tem sua expressão mais geral na apropriação privada da riqueza e na vocação compulsiva para a acumulação sem limites, que se expressa na sua forma mais geral, o dinheiro. Este é o Deus do Mercado, mas também o instrumento dos Príncipes. A expansão do capital não se processa em forma de "crescimento sustentado". Tem ciclos de acumulação, de incorporação de progresso técnico, de valorização e desvalorização do capital financeiro e de deslocamento espacial. A incorporação crescente de novos mercados, de novos consumidores, de novos trabalhadores a taxas de exploração variável são forças propulsoras imanentes da expansão do capitalismo, cujas contradições são expressas concretamente em termos de deslocamentos econômicos sociais e políticos, que geram crises periódicas no sistema.[2]

Já a expansão do poder dos Estados nacionais com vocação de potência imperial é limitada pelo poder internacional de seu "dinheiro público" e pela rivalidade imperialista. Nenhuma potência capitalista teve expansão territorial ilimitada, nem mesmo sua hegemonia alcançou a duração dos impérios antigos. Os limites à expansão imperial são sempre "externos", já que nenhuma foi derrubada ou barrada sem que outra a detivesse pelo poder das armas e do dinheiro. A ligação entre a expansão geográfica do capitalismo e a expansão dos impérios — decisiva para a história do sistema — não é dedutível do movimento imanente do capital nem de uma teoria geopolítica abstrata. A concorrência dos capitais e a rivalidade entre potências dão a este sistema um dinamismo fantástico incompatível com a noção de "estado estacionário", "equilíbrio de mercado" ou "equilíbrio de poder".

Tampouco existe um padrão monetário estável, como pretendem postular as teorias monetárias desde os economistas clássicos ingleses, que sempre andaram em busca de uma "constante" na qual se pudesse medir o valor da riqueza universal. Tornar a moeda independente do poder político dos Estados é obsessão recorrente dos economistas, como o demonstram a proposta do Plano Keynes, nas reuniões preparatórias de Bretton Woods, e a atual doutrina neoliberal dos Bancos Centrais Independentes. O "padrão dólar-ouro" já terminou há mais de 30 anos, passando ao "padrão dólar-flexível", que acelerou a globalização financeira e levou ao paroxismo a politização do valor da moeda americana.

Para alguns economista e sociólogos de esquerda e de direita, a ruptura do chamado "sistema de Bretton Woods" e as periódicas desvalorizações do dólar estão associadas à decadência da hegemonia americana ou à crise definitiva da "ordem capitalista". Para outros, agora que os impérios milenares — a Índia e a China — estão sendo incorporados à economia capitalista mundial como Estados nacionais independentes e que o império soviético ruiu, tratar-se-ia de uma vitória definitiva do capitalismo liberal e o caminho para uma "ordem unipolar".

O fato é que, mais uma vez, estamos num momento de descompasso entre a geoeconomia e a geopolítica, tanto na Europa quanto na Ásia, sem esquecer as periferias sul-americanas e africanas. Não estão à vista nem a

---

2. Não há modelo lógico do tipo "teoria objetiva" do valor que dê conta das contradições do capitalismo, assim como tampouco existe uma "filosofia" da história que determine seu movimento concreto.

"decadência do império americano", nem o surgimento de um novo *hegemon*, nem o "fim da história".

EMERGÊNCIA DO PODER AMERICANO NA ORDEM LIBERAL BURGUESA

A Primeira Revolução Industrial acrescentou o traço "liberal" ao caráter intrinsecamente "internacional" e "mercantil" do capitalismo inglês. Por outro lado, ao mesmo tempo em que a *Pax Brittanica* constituiu a nova periferia e destruiu os sistemas produtivos dos impérios milenares, também impulsionou as industrializações retardatárias no continente europeu e na Nova Inglaterra. Os nexos produtivos comerciais e financeiros propostos pela Inglaterra ensejaram, de fato, a adoção de estratégias industriais às regiões em que a divisão do trabalho, as relações de mercado (sobretudo na mobilização da força de trabalho) e a formação do Estado nacional haviam atingido maior desenvolvimento relativo.

Nas três últimas décadas do século XIX, a economia mundial viveu o tempo da Grande Depressão e das profundas transformações da Segunda Revolução Industrial. Entre 1873 e 1896, o aço, a eletricidade, o motor a combustão interna, a química da soda e do cloro, o telégrafo e o navio frigorífico alteraram radicalmente o panorama da indústria, dos transportes e das comunicações, até então marcado pelo carvão, pelo ferro e pela máquina a vapor. A aplicação simples da mecânica cedeu lugar à utilização e à integração sistemáticas da ciência nos processos produtivos.

Esta Segunda Revolução Industrial veio acompanhada de um processo extraordinário de ampliação das escalas de produção. O crescimento do volume de capital requerido pelos novos investimentos impôs novas formas de organização à empresa capitalista. A sociedade por ações tornou-se a forma predominante de estruturação da propriedade.

O final do século XIX foi marcado pelo desdobramento de cinco processos inter-relacionados: 1) a consolidação do sistema monetário e de pagamentos internacional, mediante a adoção generalizada do padrão-ouro; 2) a metamorfose do sistema de crédito, que ajusta suas funções e formas de operação à nova economia capitalista global; 3) a constituição de forças produtivas especificamente capitalistas, consubstanciada na crescente separação técnica e econômica entre o departamento de meios de consumo e o departamento de meios de produção; 4) o desenvolvimento da divisão internacional do trabalho entre um centro produtor de manufaturas e uma periferia produtora de matérias-primas e alimentos; 5) a emergência das "novas" potências industriais, Alemanha e Estados Unidos, construídas à sombra das relações comerciais e financeiras proporcionadas pela hegemonia liberal britânica.

Os Estados Unidos, a Alemanha e o Japão ingressaram no cenário mundial, fazendo valer a modernidade de suas respectivas estruturas capitalistas, especialmente a agilidade de seus bancos e a presença ativa de seus respectivos Estados nacionais. A emergência de novas potências inaugurou um período de grande rivalidade internacional. A disputa pela preeminência econômica intensificou a penetração de capitais nas áreas provedoras de matérias-primas e alimentos, alterando a configuração da chamada "periferia do mundo capitalista".

Nos capitalismos retardatários do século XIX, o sistema bancário, que concentrava suas operações no financiamento da dívida pública e no giro dos negócios, passa a avançar recursos para novos empreendimentos e a promover a fusão entre as empresas já existentes. Pouco a pouco, todos os setores industriais foram dominados por grandes empresas, sob o comando do capital financeiro. O movimento de concentração do capital produtivo e de centralização do comando capitalista tornou obsoleta a figura do empresário frugal, que confundia o destino da empresa com sua própria biografia. O magnata da finança é o herói e o vilão do mundo que nasce.

A economia americana construiu sua trajetória de expansão no século XIX sobre quatro vertentes: a inserção "virtuosa" na divisão internacional do trabalho proposta pela hegemonia britânica, a finança doméstica "desregulada", o protecionismo comercial e os privilégios concedidos por seu Estado nacional aos promotores de negócios. Na verdade, o peculiar caráter "liberal" do Estado americano, desde sua constituição, está relacionado com seu papel decisivo na garantia das normas da concorrência darwinista.

A porosidade do poder político aos interesses privados deu origem a um Estado plutocrático, na medida em que os grupos econômicos mais poderosos não só se desenvolveram à sua sombra e sob seu patrocínio, mas também se valeram da permissividade das instituições liberais. Em *Money, Greed and Risk*, Charles Morris escreve que, até o final do século XIX, os Estados Unidos não dispunham de uma legislação comercial adequada. Os ingleses do Barings queixavam-se frequentemente dos riscos que corriam, caso seus correspondentes americanos entrassem em *default*. "Não era claro", diz Morris, "se poderiam exercer seus direitos contra os inadimplentes". O escritor Kevin Phillips, em *Wealth and Democracy*, sugere que, desde a Guerra Civil, esta precariedade institucional sustentou o avanço das sucessivas gerações de "barões ladrões" que transformaram a economia e comandaram a política americana.

Os Estados Unidos, uma economia em rápida ascensão, terminou o século XIX como a maior economia industrial do planeta, tornando-se poderoso competidor nos mercados mundiais de alimentos, matérias-primas e manufaturados. Ainda assim, a economia americana protagonizou frequentes e severas crises financeiras e cambiais, dada a posição subordinada do dólar, a organização "desregulada" de seu sistema bancário e as intervenções arriscadas e especulativas dos bancos de investimento na promoção dos negócios. Colapsos de preços dos títulos e corridas bancárias sucederam-se na posteridade da Guerra Civil.

Nas últimas décadas do século XIX e no início do século XX, as práticas financeiras especulativas e os sucessivos episódios de deflação de preços — sempre acompanhados de liquidação dos devedores e de destruição da riqueza do "público" — suscitaram surtos violentos de centralização do capital e permitiram a consolidação do assim chamado capitalismo "trustificado". Essa forma "moderna" assumida pelo capitalismo foi desenvolvida a partir das modificações na economia americana depois da Guerra de Secessão. Os resultados das transformações observadas bem merecem a qualificação de "capitalismo moderno", sobretudo no sentido de que o surgimento e o desenvolvimento da grande corporação americana constituem-se no embrião nacional do posterior desdobramento transnacional do grande capital.

Em *Modern Capitalism*, Hobson mostra como as mudanças radicais operadas na organização industrial e no avanço tecnológico da grande empresa vão acompanhar o aparecimento de uma "classe financeira", o que tende a concentrar nas mãos dos que operam a máquina monetária das sociedades industriais desenvolvidas, isto é, dos grandes bancos, um poder crescente no manejo estratégico das relações intersticiais (intersetoriais e internacionais) do sistema.[3] Por maior que seja a extensão do espaço nacional monopolizado e protegido pelo Estado nacional, como era o caso dos Estados Unidos, a expansão contínua dos lucros excedentes obriga à busca de mercados externos, tanto para as mercadorias, quanto para os investimentos diretos e a exportação "financeira" de capital.

Em outras palavras, a internacionalização do capital se dá a partir da estrutura da grande empresa, aqui já referida, e condensa todos os mecanis-

---
3. Ver Capítulo 1, p. 40.

mos interiores de expansão: mercantis, industriais e financeiros. Condensa também as práticas dos Estados imperiais anteriores, desde o impulso expansionista até a face protecionista interna e francamente intervencionista na defesa das reservas estratégicas de matérias-primas.

Os chamados movimentos "populistas" foram tentativas — efêmeras e recorrentes — de interromper o processo de fusão entre os grandes negócios e o Estado. A Era Progressiva do começo do século XX foi um momento de rebelião "democrática" dos pequenos proprietários, dos novos profissionais liberais e das massas trabalhadoras contra o poder dos bancos e das grandes corporações. "Os progressistas", escreve Sean Cashman em *America Ascendant*, "queriam limitar o poder do *big business*, tornar o sistema política mais representativo e ampliar o papel do governo na proteção do interesse público e na melhoria das péssimas condições sociais e de pobreza". Estas consignas foram retomadas e aprofundadas com o *New Deal*, que, pela primeira vez, representou uma fratura entre a "classe financeira" de Wall Street e as novas grandes empresas industriais fortemente atingidas pela depressão dos anos 30.

A PASSAGEM DA HEGEMONIA INGLESA PARA A HEGEMONIA AMERICANA

O equilíbrio entre as potências e o padrão-ouro clássico foram, como já mencionamos,[4] as marcas registradas do apogeu da Ordem Liberal Burguesa, um conjunto de práticas e instituições encarregadas da coordenação de um arranjo internacional que abrigava forças contraditórias: a hegemonia financeira inglesa, exercida através do seu poderoso sistema bancário internacionalizado; a exacerbação da concorrência entre a Inglaterra e as "novas" economias industriais dos trustes e da grande corporação, nascidos na Alemanha e nos Estados Unidos; a exclusão das massas trabalhadoras do processo político (inexistência do sufrágio universal); e a constituição de uma periferia "funcional", fonte produtora de alimentos, matérias-primas e, sobretudo, fronteira de expansão dos sistemas de crédito dos países centrais.

As transformações ocorridas no sistema capitalista ao longo do século XX não podem ser compreendidas sem se levar em conta três fatores: os efeitos das guerras mundiais, as mudanças no padrão monetário internacional e as alterações da divisão internacional do trabalho. Todos afetaram

---
4. Ver Capítulo 7, p. 146.

poderosamente as mudanças na sociabilidade burguesa, com a ruptura da ordem liberal, o surgimento de reações nacionalistas autoritárias (o nacional-socialismo nazista e o socialismo "nacional" soviético) ou experiências intervencionistas e social-democratas que acompanharam a constituição de sociedades de massas na Europa e nos Estados Unidos.

Às vésperas da Primeira Guerra Mundial, explicita-se a fragilidade da Inglaterra como centro principal capaz de coordenar as finanças internacionais, dada a presença perturbadora de Wall Street e a ascensão dos centros financeiros concorrentes no continente europeu. Por outro lado, a crescente tensão política na Europa continental desgasta a diplomacia inglesa de equilíbrio entre as potências.

A Primeira Guerra Mundial foi, de fato, uma guerra interimperialista assimétrica: de um lado, os aliados Inglaterra, França e Rússia, potências industrialmente fracas frente à Alemanha (e aos Estados Unidos), que tinham se afirmado na Segunda Revolução Industrial. A Rússia, elo mais fraco tanto do ponto de vista econômico financeiro, como do ponto de vista militar, capitula em 1917, assinando a paz de Brest-Litovsky e entrando num processo de desintegração imperial e revolucionário. Neste mesmo ano, os Estados Unidos — que, a despeito da neutralidade, tinham concedido ajuda financeira aos aliados — entram no conflito e determinam a derrota definitiva da Alemanha.

Na Conferencia de Paris, os vencedores impõem ao Estado imperial alemão o desarmamento e o peso das reparações de guerra. Modificam o mapa da Europa, criando dezenas de países na Europa Central. Segue-se um período de turbulência financeira e política que isola a União Soviética e leva a República de Weimar ao colapso. Ao mesmo tempo, diante da atitude isolacionista americana, a Inglaterra tenta reassumir a hegemonia, ressuscitando o padrão-ouro e mantendo suas pretensões a comandar a ordem liberal-burguesa já em ruínas.

Enquanto a década de 20 foi um período de expansão — embora desequilibrado — para o capitalismo americano, consolidando uma sociedade de consumo de massas (*roaring twenties*), na Europa, as hiperinflações e os programas de estabilização na Alemanha e na Europa Central, as políticas de *stop and go* na Inglaterra e a crise econômica no norte da Europa geraram desemprego e tensões sociais, intensificação das lutas sindicais e populares, bem como o fortalecimento dos partidos social-democratas, na Europa continental, e trabalhistas, na Inglaterra e nos seus domínios "brancos" Canadá e Austrália.

O período do entreguerras liquidou de vez a hegemonia inglesa consubstanciada no imperialismo do livre-comércio e no padrão libra-ouro. O velho império britânico manteve suas colônias e domínios e estendeu seus "protetorados" para a Palestina e o Oriente Médio. As dívidas de guerra e a inexistência de nova divisão internacional do trabalho que lhe fosse favorável converteram rapidamente o padrão-ouro em anacronismo não operacional. Os Estados Unidos assumem a posição dominante em termos econômicos e financeiros e saem do conflito com mais da metade das reservas mundiais em ouro. Nesta condição, os americanos negam-se a renegociar a dívida dos aliados, transferindo para os banqueiros de Wall Street as negociações. A Inglaterra era devedora líquida dos Estados Unidos, mas ficou credora dos devedores de moeda fraca, sobretudo Rússia, países do Leste Europeu e Itália, mas também da França, com o que se transformou no vértice do triângulo entre o credor em última instância (os EUA) e o resto dos países devedores. Isto aumentou a pressão sobre as reparações de guerra da Alemanha, o que levou este país ao colapso financeiro, à hiperinflação e às negociações em 1924 com a Comissão Dawes sob o comando do banco Morgan.

O contubérnio entre os negócios e o Estado chegou ao ápice nos anos 20. O banco Morgan transformou-se no braço financeiro da política de Washington. Os funcionários do Morgan comandaram os empréstimos destinados a garantir reservas em moeda forte para o plano de estabilização da Alemanha em 1924 e para a França em 1926. Feito o empréstimo de estabilização, a Alemanha regressou ao padrão-ouro, o que forçou a Inglaterra a regressar em 1925, com a libra apreciada em relação ao dólar, fixada na paridade anterior à guerra. Neste momento, é deflagrado forte movimento de capitais dos Estados Unidos em direção à Europa estabilizada e à periferia endividada do sistema inglês. A partir daí, o Morgan tornou-se o carro-chefe da enxurrada de empréstimos baratos para a Europa e a América Latina.

A ordem liberal começa a ruir de alto a baixo, tanto do ponto de vista econômico-financeiro, quanto do ponto de vista social e político. A crise de 1930 agrava a desorganização do sistema mundial e leva ao surgimento de experiências nacionalistas e estatizantes de vários matizes. No extremo liberal-democrático, os Estados Unidos tentam a experiência do *New Deal*, enquanto a Inglaterra sai do padrão-ouro e faz uma política de juros baixos e gasto público compensatório. No continente europeu, a gravidade do desemprego, a deflação e a contração do comércio internacional decorrente das desvalorizações competitivas acarretam alto grau de intervenção do Estado. A arregimentação de massas sem precedentes leva ao surgimento de nacionalismos autoritários, que reforçam o expansionismo bélico das chamadas "potências do Eixo" e levaram à eclosão da Segunda Guerra Mundial.

A guerra de 1914-1918 promoveu mudanças radicais na geopolítica da Europa, cujos efeitos se fazem sentir até hoje, e marcou a entrada em cena de novo poder mundial: os EUA. Estes compareceram às negociações da Paz de Versalhes como poder arbitral, mas retiraram-se unilateralmente. O projeto wilsoniano da Liga das Nações foi rejeitado pelo Congresso norte-americano. O poder econômico-financeiro dos grandes trustes americanos regressou à tradição do *business as usual*. Os EUA abriram mão de (ou não puderam) estabelecer uma nova "ordem mundial".

As guerras mundiais e o poder americano

No final do século XIX, os EUA já eram a economia industrial mais poderosa do planeta, além de ostentar — graças à excepcional dotação de recursos naturais — a posição de grande exportadora de matérias-primas e alimentos e de contar com Nova York, um centro financeiro e de negócios capaz de promover simultaneamente o investimento de alto risco em novos setores e a rápida centralização de capitais.

Em 1913, a capacidade industrial americana havia ultrapassado com folga a de seus principais competidores europeus, Alemanha e Inglaterra. Mas a constituição da hegemonia americana não pode ser compreendida sem a avaliação dos efeitos das duas grandes guerras — a de 1914-1918 e a de 1939-1945.

Os historiadores reconhecem que a guerra de 1914-18 foi inovadora nos aspectos tecnológico, econômico, social e político, se comparada com os conflitos anteriores. A conflagração não foi apenas mundial, por conta do número de países envolvidos, mas também total: pela primeira vez, o chamado "esforço de guerra" comprometeu a quase totalidade dos recursos materiais e humanos das sociedades envolvidas, ou seja, exigiu a mobilização do conjunto das forças produtivas. Tal mobilização impôs o abandono drástico dos cânones da economia liberal, o que significou, então, a substituição dos mecanismos de mercado pela centralização das decisões nos órgãos estatais de coordenação, o abandono (de fato ou *de jure*) das regras de conversibilidade do padrão-ouro e a adoção de esquemas de financiamento do gasto governamental apoiados na elevação da carga tributária e, sobretudo, na colocação de dívida junto ao público e ao sistema bancário.

Na Primeira Grande Guerra, o potencial tecnológico e econômico desenvolvido a partir da Segunda Revolução Industrial foi colocado a serviço dos combatentes nos campos de batalha. Esta circunstância representou um salto no poder destrutivo dos armamentos e uma ampliação das vantagens competitivas da indústria norte-americanas que, desde o final do século XIX, vinha liderando, juntamente com a Alemanha, as inovações nos setores químicos, metalúrgico, metal-mecânico e de transportes. Estes setores foram "convertidos" para a produção de canhões de longo alcance, fuzis, metralhadoras, carros de combate, navios, submarinos e aviões, para não falar de munições de alto teor letal, além de armas químicas.

Na Primeira Guerra, sob o comando do Council of National Defense, organismos como o War Industrial Board, o United States Shipping Board e o Director General of Railroads estabeleceram o controle generalizado de preços, o planejamento da rede de transportes, o racionamento de alimentos e de carvão para aquecimento, a programação de compras do governo e a sustentação de um nível elevado de dispêndio público. Estas formas de controle e coordenação foram compatíveis com a subida expressiva dos lucros do setor privado e com a elevação dos salários reais, a despeito da duplicação do nível geral de preços entre 1913 e 1918. Tal como também ocorreria depois da Segunda Guerra, a acumulação de poder de compra "represado" por parte das famílias consumidoras teve impacto significativo no desempenho da economia americana no imediato pós-guerra.

Provedores de material bélico, os Estados Unidos saíram da Primeira Guerra na condição de país credor, o que afetou profundamente, como já foi dito, as negociações de Versalhes e o encaminhamento das tentativas frustradas de "normalização" econômica ao longo da década de 20.

Na Europa, as dívidas de guerra e as reparações exigiram esforço adicional de obtenção de recursos fiscais que as populações — principalmente as classes abastadas — não estavam dispostas a conceder aos governos. Os níveis de preços foram multiplicados por quatro ou cinco; os países, submetidos ao ônus de reparações e sobrecarregados com a reconstrução do aparato produtivo, sofreram o flagelo da hiperinflação. A generalização do sufrágio universal e a percepção da natureza "imperialista" da guerra

— atribuída à insensatez das elites econômicas e políticas — concederam maior peso à opinião das classes subalternas.

Neste quadro, na primeira metade dos anos 20, tornou-se impossível restaurar o regime monetário que prevalecera no período anterior à guerra. Os primeiros anos da paz permitiram que se observasse e avaliasse o funcionamento de um sistema de "flutuação livre" das taxas de câmbio. A experiência foi negativa e só aumentou a ansiedade pela restauração de um padrão monetário estável.

Em sua ressurreição, no entanto, o padrão-ouro foi incapaz de reanimar as convenções e de reproduzir os processos de ajustamento e as formas de coordenação responsáveis pelo sucesso anterior. O último país a declarar oficialmente sua adesão ao padrão-ouro foi a França, em 1928. Antes, entre 1923 e 1925, haviam retornado a Alemanha e seus parceiros na hiperinflação, Áustria, Hungria e Polônia. A Inglaterra retornara em 1925. O estabelecimento da paridade da libra com o ouro, no mesmo nível que prevalecia antes da guerra, foi a causa de muitos dos problemas de coordenação que se apresentaram durante os conturbados anos 20 e 30.

O regime do *Gold Exchange Standard* permitia — diante da escassez de ouro — a acumulação de reservas em moeda "forte" (o dólar e a libra, basicamente). A decisão da Inglaterra, tomada em 1925, de voltar à paridade do período anterior à guerra era claramente incompatível com o novo nível de preços internos e tampouco reconhecia o declínio de seu poderio econômico e financeiro.

A "sobrevalorização" da libra e a "subvalorização" de outras moedas, principalmente o franco, causaram, ao longo do tempo, o aprofundamento dos desequilíbrios do balanço de pagamentos e pressões continuadas sobre a moeda inglesa. As perspectivas dos mercados quanto à sustentação da paridade eram pessimistas e os ajustamentos entre países superavitários e deficitários não ocorriam. Muito ao contrário, os déficits e os superávits tendiam a se tornar crônicos, em boa medida porque os países superavitários tratavam de trocar seus haveres em "moeda forte" por ouro. Os Estados Unidos, a França e a Alemanha acabaram por concentrar fração substancial das reservas em ouro, o que contribuiu para confirmar as expectativas negativas quanto ao futuro da libra.

Os problemas de ajustamento tornaram-se mais graves, porque, entre 1925 e 1928, os capitais privados, principalmente de origem norte-americana, estimulados pelos diferenciais de juros (e ativos baratos) nos países de moeda recém-estabilizada, em particular na Alemanha, formaram bolhas especulativas, ávidos em colher as oportunidades de ganhos de capital. O ciclo de "inflação de ativos" estrangeiros foi concomitante à rápida valorização das ações da bolsa de valores americana. Esta onda de especulação altista, como não poderia deixar de ser, foi alimentada pela expansão do crédito nos EUA, onde as taxas de desconto ainda foram reduzidas em 1927, para aliviar as pressões exercidas contra a libra.

O desastre que se seguiu foi consequência da mudança de sinal da política monetária americana, em meados de 1928. O Federal Reserve, preocupado com o aquecimento da economia e com a febre dos mercados financeiros, subiu a taxa de desconto, provocando o "estouro" da bolha especulativa em outubro de 1929. Os "grilhões dourados" do regime monetário tiveram grande responsabilidade na imobilização das políticas econômicas, determinando uma quase completa incapacidade de resposta e de coordenação dos governos da Europa e, pelos menos até 1933, dos EUA.

Entre 1929 e o início da Segunda Guerra, as economias capitalistas mergulharam na violenta queda de preços das mercadorias, na deflação de ativos, nas sucessivas e intermináveis crises bancárias, nas desvalorizações competitivas das moedas, na ruptura do comércio internacional, do sistema de pagamentos e, finalmente, no colapso do *Gold Exchange Standard*. Nos EUA, as taxas de desemprego atingiram cifras superiores a 20% da população economicamente ativa. Os níveis de utilização da capacidade caíram dramaticamente, chegando, em alguns casos, a 30% do potencial instalado.

Não obstante as idas e vindas da política de Roosevelt, a ideia de intervenção planejada do Estado esteve presente nas várias etapas do *New Deal*. Na área industrial, os primeiros anos assistiram às tentativas de "restrição da concorrência", com a fixação de salários e preços. O objetivo era impedir que a concorrência predatória levasse à guerra destrutiva de preços e à queda dos salários nominais. No âmbito monetário e fiscal, o Estado envolveu-se nas operações de salvamento dos bancos e na estrita regulação do sistema de crédito com a edição do Glass-Steagall Act. A isto se juntaram, ainda tímidos, os programas de gasto público destinados a estimular a recuperação do emprego.

Apesar de tudo isso, a economia americana continuava em marcha lenta e sofreu nova recessão em 1937: atacado pela direita, Roosevelt resolveu "equilibrar o orçamento". Os sinais de recuperação firme só apareceram depois que a Inglaterra declarou guerra à Alemanha, em maio de 1940, e começou a ordenar a compra de material bélico. Em 1941, ainda antes de

Pearl Harbour, a produção industrial estava 40% acima do nível observado em 1929, antes da Depressão.

Os EUA entraram na guerra com reservas consideráveis de recursos não empregados — tanto de capacidade industrial instalada, quanto de mão de obra. Mas a forte recuperação promovida pela demanda militar iria exigir, muito rapidamente, a "conversão" da indústria civil. O papel da mobilização bélica no crescimento rápido da economia é inequívoco: em 1940 — apesar da expansão observada durante o *New Deal* —, o gasto público federal representava apenas 8,2% do produto interno bruto. Em 1944, os gastos do governo federal chegaram a 52,3% do PIB.

A participação americana nas duas guerras foi sem dúvida peculiar e decisiva. Não só entraram tardiamente nos dois conflitos — em 1917 e 1941 —, como, protegidos pelos oceanos Atlântico e Pacífico, os EUA não sofreram danos em seu território continental. Assim, a utilização de seu enorme potencial econômico foi realizada em condições ideais: o "esforço de guerra" legitimou a centralização das decisões nos órgãos estatais de coordenação, ao mesmo tempo em que a "segurança" do território garantiu a incolumidade do aparato produtivo e das redes de transportes e comunicações. Isto, sem dúvida, estimulou o avanço tecnológico (sobretudo nos ramos eletroeletrônico, químico e metal-mecânico) e a ampliação da capacidade em muitos setores. Os setores de transportes e telecomunicações ligados à guerra sofreram verdadeiras revoluções estruturais

Terminada a guerra, muitos temeram os efeitos depressivos da desmobilização e da redução do gasto público. Mas a economia americana contou, mais uma vez, com o poder de compra acumulado pelas famílias durante o esforço de guerra, sob a forma de ativos financeiros emitidos pelo governo para financiar os gastos militares.

A reconversão da indústria de duráveis, por exemplo, encontrou consumidores solventes, ávidos em substituir os velhos automóveis sobreviventes do período em que esteve vedada a produção para fins civis. Não menos importante para o desempenho da economia americana no imediato pós-guerra foi a ajuda financeira destinada a sustentar a reconstrução da Europa e a recuperação da economia japonesa.

Depois da Segunda Guerra Mundial e no âmbito da Guerra Fria, o chamado "complexo militar-industrial" incorporou-se à dinâmica do capitalismo americano. Suas ligações com o *establishment* acadêmico são fonte permanente de desenvolvimento científico-tecnológico autônomo destinado a manter e ampliar o poder militar norte-americano.

DA CONSTRUÇÃO POLÍTICA À CRISE DA HEGEMONIA AMERICANA

O surgimento de uma nova ordem hegemônica teria de esperar até o fim da Segunda Guerra Mundial, quando, sob a égide do padrão dólar, se constitui a hegemonia americana no interior de uma ordem geopolítica bipolar, que dividiu o mundo em duas esferas de influência. Os EUA emergiram da Segunda Guerra Mundial com claro projeto de afirmar sua posição de potência hegemônica do mundo capitalista. Este propósito implicava evitar as consequências desastrosas do "isolacionismo" que guiara a política americana no primeiro pós-guerra.

A marca registrada deste período do pós-guerra é a subordinação da economia à política. O economista americano Michael Hudson, em seu livro *Superimperialism*, teve a primazia de desvelar a subordinação da economia à política no processo de construção das instituições criadas em Bretton Woods e Dumbarton Oaks. Em sua essência, a criação das Nações Unidas, do Fundo Monetário, do Banco Mundial e do Gatt significou o reconhecimento do desmoronamento definitivo dos pilares da ordem liberal burguesa, ou seja, do equilíbrio entre as potências e dos supostos automatismos do padrão-ouro. Por isso, os princípios que informaram a construção da nova ordem estavam claramente dirigidos contra o que havia sobrado do velho império britânico.

Assim, em primeiro lugar, os Estados Unidos aliaram-se com a União Soviética no propósito de desmontar o sistema colonial que servira de base de sustentação ao império britânico. Em segundo, montaram um sistema de instituições internacionais de controle político-militar (Otan) e econômico financeiro (Gatt, FMI, Banco Mundial) e uma instância jurídica global capaz de incorporar na ONU os sucessivos países descolonizados, mas mantendo o poder decisório no núcleo das potências vitoriosas (Conselho de Segurança).

O poder soviético, por sua vez, tinha-se expandido durante a guerra até Berlim (com o acordo de Roosevelt e a oposição de Churchill), o que em pouco tempo levou à Guerra Fria. A Alemanha Ocidental foi rapidamente reconstruída com apoio americano, transformando-se no primeiro milagre econômico europeu. O mesmo ocorreu na Ásia, com Japão, Taiwan e Coreia do Sul, depois da vitória da revolução chinesa. A geopolítica na Europa ficou praticamente congelada, até a implosão da URSS e da Iugoslávia; continuou ativa na Ásia, até a derrota no Vietnã, e num jogo de intervenções americanas no Oriente Médio, que ainda continua num impasse.

As movidas hegemônicas para assegurar o controle do sistema capitalista compreenderam: 1) a instalação de bases militares nas fronteiras no sistema socialista rival; 2) o apoio decidido à recuperação econômica das ex-potências do Eixo derrotadas e desarmadas; 3) a substituição no Oriente Médio do tabuleiro montado pelas ex-potências imperiais, França e Inglaterra; 4) a tentativa de estender a *gendarmerie* à escala global. Ao alcançar o Extremo Oriente, culminou na adoção de uma estratégia de contenção em relação à China, o que propiciou o desenvolvimento a convite do Japão, da Coreia do Sul e de Taiwan.

Sob a hegemonia americana, a expansão mundial do capitalismo muda a divisão internacional do trabalho e o esquema centro-periferia proposto pela hegemonia inglesa, tanto porque a natureza e a dimensão dos centros são radicalmente diferentes, quanto porque sua expansão para fora e a incorporação de periferias funcionais não correspondem mais à divisão clássica entre um centro produtor de manufaturas e uma periferia produtora de matérias-primas. Como foi dito, a economia norte-americana, desde o século XIX, é simultaneamente grande produtora de manufaturas, matérias-primas e alimentos. Assim, sua expansão para fora não se dá apenas nem fundamentalmente pelo comércio, mas, sobretudo, pelas filiais do grande capital financeiro trustificado. Este é dominante internamente desde o final do século XIX e internacionalmente desde o começo do século XX.

No segundo pós-guerra, a expansão da grande empresa vai promovendo paulatinamente o aparecimento de fluxos comerciais entre países que são, na verdade, comércio entre matrizes e filiais. Este movimento vai se deslocando do Atlântico Norte para a América Latina, avançando depois para o Pacífico. Ao chegar à Ásia, muda novamente a divisão do trabalho, de modo que esta região se torna grande produtora de manufaturas baratas e importadora de matérias-primas. Estas modificações alteram completamente os termos da relação centro-periferia propostos pela Inglaterra e teorizados por Raúl Prebisch, o "fundador" da Comissão Econômica para a América Latina (Cepal). As relações de troca no comércio mundial deixam de inclinar-se a favor das manufaturas e contra os produtos primários, porque é no território dos países asiáticos de mão de obra barata e com abundância de IDE que se produzem as novas manufaturas. Assim, enquanto a deflação de ativos veio dos EUA, no final do século XX a deflação de preços de manufaturas veio da Ásia, bem como a grande demanda de alimentos e matérias-primas.

Com a nova divisão internacional do trabalho, facilitada pelo deslocamento das filiais *multisourcing*, a economia nacional americana se vê forçada a ampliar seu grau de abertura comercial e a gerar crescente déficit comercial para acomodar a expansão comercial assimétrica dos países asiáticos, produzida, em grande parte, pela expansão global do grande capital americano. Este movimento está na raiz da ruptura definitiva do sistema de Bretton Woods e da crescente liberalização financeira imposta pela potência hegemônica aos demais países a partir da década de 80.

O gesto do presidente Richard Nixon, em 1971, ao decretar a inconversibilidade do dólar em relação ao ouro, teve consequências que os protagonistas e observadores da época foram incapazes de avaliar. Depois da desvinculação do ouro em 1971 e da introdução das taxas de câmbio flutuantes em 1973, a demanda da moeda americana para transações e como reserva praticamente entrou em colapso, dando origem a um instável e problemático sistema de flutuações cambiais. O dólar "flutuava" continuamente para baixo. Sendo assim, não era de espantar que o papel da moeda americana nas transações comerciais e financeiras começasse a declinar, assim como sua participação na formação das reservas em divisas dos Bancos Centrais. A continuada desvalorização do dólar, ao provocar a queda das receitas e do valor das "reservas de óleo" denominadas na moeda americana, está também na origem dos dois choques do petróleo deflagrados em 1973 e 1979. Esta "crise do dólar" chegou a suscitar, no final dos anos 70, as tentativas de sua substituição por Direitos Especiais de Saque, ou seja, ativos líquidos emitidos pelo Fundo Monetário Internacional e lastreados em uma cesta de moedas.

A decisão do Fed de subir unilateralmente as taxas de juros americanas em outubro de 1979 (antes do segundo choque de petróleo) foi uma resposta à investida de europeus e japoneses, tomada com o propósito de resgatar a supremacia do dólar como moeda de reserva. Ao impor a regeneração do papel do dólar como *standard* universal, por meio de uma elevação sem precedentes das taxas de juros, em 1979, os EUA, além de deflagrarem uma crise de liquidez para os devedores do Terceiro Mundo, deram o derradeiro golpe nas pretensões de reformar a ordem monetária de Bretton Woods.

Na verdade, neste momento — argumenta corretamente Michael Hudson —, os EUA estavam impondo aos detentores de excedentes em dólar o *US Treasury Bill Standard*, um padrão monetário cujos ativos líquidos de última instância passaram a ser os títulos de dívida do Tesouro americano, e ampliando o poder de *seigniorage* da moeda americana. A partir de então, libertos das cadeias da conversibilidade e da paridade fixa com o ouro, os Estados Unidos puderam atrair capitais para seus mercados e se dar ao luxo de manter taxas de juros moderadas — fenômeno que se acentua nos anos

90 com a acumulação de reservas pelos países asiáticos a partir da ampliação dos déficits comerciais crescentes com a área.

Assim, enquanto os conflitos geopolíticos reais e potenciais continuam concentrados nas fronteiras movediças da Eurásia, a geoeconomia global, sob a égide do capital financeiro americano e do novo padrão monetário, tomou direção diferente, deslocando-se para o Extremo Oriente. A partir da década de 70, sobretudo depois do desastre do Vietnã, a diplomacia americana na Ásia concentrou-se nos aspectos econômicos e financeiros. O processo de globalização, comandado pelos EUA mediante a liberalização comercial e financeira e do investimento direto, avançou rapidamente na década de 80 e terminou abarcando a velha Ásia em ressurgimento. Esta última etapa da globalização financeira ocorreu junto com o maior e mais duradouro ciclo de crescimento da economia americana no pós-guerra, enquanto se reduz o ritmo de expansão dos demais parceiros da Tríade (Japão e Alemanha) e a Periferia endividada com a crise.

Mundialização financeira e mutação na riqueza capitalista

Já observamos no Capítulo 6 que, com a ruptura sistêmica da década de 70, a "acumulação" de ativos financeiros ganhou na maioria dos países status permanente na gestão da riqueza capitalista e o rentismo se ampliou de forma generalizada. Aceleram-se as mutações na composição da riqueza social do mundo capitalista e acentuam-se as assimetrias de crescimento entre países e distribuição de renda interclasses.

As classes altas e médias passaram a deter importantes carteiras de títulos e ações — diretamente, mas principalmente através de cotas em fundos de investimentos, de fundos de pensão e de seguro. O patrimônio típico de uma família de renda média passou a incluir ativos financeiros em proporção crescente, além dos imóveis e bens duráveis, o que altera substantivamente a distribuição de renda entre salários e rendas provenientes de ativos financeiros.

O Federal Reserve informa, no *Flow of Funds Accounts*, que, no primeiro trimestre de 2004 (depois do estouro da bolha dos anos 1990), o valor dos ativos financeiros detidos pelas famílias americanas — ações, cotas de fundos, títulos de dívida públicos e privados — era de US$ 34,8 trilhões, contra US$ 20,1 trilhões em ativos tangíveis (casa própria, bens duráveis).

As empresas em geral também ampliaram expressivamente a posse dos ativos financeiros, não apenas como reserva de capital para efetuar futuros investimentos fixos, mas como mudanças decisivas na estrutura de sua riqueza patrimonial. Por isso, a expectativa de variação dos preços dos ativos financeiros passou a exercer papel muito relevante nas decisões de empresas e bancos, e os lucros financeiros superaram como tendência os lucros operacionais.

Observadas do ponto de vista das instituições e dos instrumentos financeiros, estas transformações na riqueza espelham a maior importância da finança direta e "securitizada" em relação ao crédito bancário. A desregulamentação financeira rompeu os diques impostos depois da crise dos anos 30 à atuação dos bancos comerciais, transformados agora em supermercados financeiros. Esta mudança engendrou a "securitização" de créditos e facilitou o envolvimento dos bancos com o financiamento de posições nos mercados de capitais e em operações "fora do balanço" que envolvem derivativos. Isto não só vem permitindo maior liquidez para os mercados, mas também ensejando elevado grau de "alavancagem" das corretoras, fundos e bancos de investimento.

A concorrência entre as instituições financeiras foi fator decisivo na atração da clientela e na aceleração das inovações financeiras. Os administradores de portfólios, no afã de carrear mais dinheiro para seus fundos mútuos e de pensão e na ânsia de bater os concorrentes, procuram exibir as melhores performances. Para tanto, abriram espaço em suas carteiras para produtos e ativos de maior risco. A expectativa de variação dos preços dos ativos financeiros converteu-se em fator muito significativo nas decisões das empresas e bancos.

De forma pioneira, o professor José Carlos Braga, em sua tese de doutoramento, já advertira a tendência à "financeirização" e ao novo rentismo nas economias capitalistas, processo que não ficou confinado às fronteiras nacionais. Muito embora a maior parcela dos ativos financeiros em cada país seja de propriedade dos seus residentes, cresceu muito a participação cruzada de investidores estrangeiros, com a liberalização dos mercados de câmbio e a desregulamentação dos controles sobre os fluxos de capitais. O valor da massa de ativos financeiros transacionáveis nos mercados de capitais de todo o mundo saltou de cerca de US$ 5 trilhões, no início dos anos 80, para mais de US$ 100 trilhões, no final dos anos 90, segundo as estimativas do BIS.

Acompanhando o movimento de financeirização, os países centrais caminharam no sentido de um sistema de taxas flutuantes. Tratava-se, na visão de muitos, de escapar das aporias da "trindade impossível", ou seja, da convivência entre taxas fixas, mobilidade de capitais e autonomia da política monetária doméstica. As flutuações cambiais pronunciadas exacerbaram o papel das expectativas de valorização e desvalorização das moedas na avaliação dos diferentes ativos. Para os países de moeda conversível, especialmente para o gestor da moeda central, a política monetária tornou-se, de fato, um instrumento eficaz de estabilização do ciclo de negócios e do nível geral de preços. Mas, ao mesmo tempo em que, nos países centrais, as flutuações do nível de atividade eram "amortecidas" e as taxas de inflação de bens e serviços produzidos retrocediam, também se ampliaram as possibilidades de ocorrência de "bolhas" e crises sucessivas nos mercados financeiros.

Em artigo recente, os economistas Ben Bernanke e Mark Gertler reconheceram a importância da riqueza financeira e da situação patrimonial de empresas e famílias na concessão do crédito e, portanto, na determinação do gasto capitalista.

> *No mundo em que vivemos, em oposição àquele vislumbrado pelos modelos neoclássicos — os mercados de crédito não estão a salvo de imperfeições; isto é, problemas de informação, incentivos e cumprimento de contratos estão em toda a parte. Por causa disto, o crédito pode ser concedido mais livremente e a custos menores aos devedores que têm uma sólida posição financeira.*

As pesquisas sugerem, segundo Bernanke e Gertler, que os efeitos das variações de preços dos ativos na economia "são transmitidos através das mudanças no balanço das famílias, das empresas e dos intermediários financeiros". Os dois autores constroem um modelo de crescimento com expansão do crédito, ampliação do investimento e inflação de ativos, em que há um "prêmio de financiamento externo" (recursos de terceiros). Este prêmio varia inversamente às condições financeiras do tomador, isto é, será declinante para os demandantes de empréstimos que possam oferecer melhores garantias colaterais.

À medida que os preços dos ativos aumentam rapidamente e "inflam" o patrimônio líquido das empresas e das famílias, torna-se irresistível a utilização do endividamento como forma de alavancar o investimento produtivo ou posições que prometem expressivos ganhos de capital.

A sucessão de episódios de "inflação" de ativos e de risco de crises tem sido enfrentada — até agora com sucesso — pela política monetária americana. Assim foi na aguda crise do *hedge fund* Long Term Capital Management, quando os administradores de riqueza, surpreendidos por movimentos bruscos e não antecipados de preços, foram obrigados à liquidação de posições, em geral excessivamente "alavancadas". A pronta reação do Fed obviou uma crise sistêmica. O fato é que, ao longo dos últimos 20 anos, a política econômica americana mostrou-se capaz de compatibilizar três objetivos: 1) administrar as condições de liquidez doméstica nas etapas de expansão e de contração dos dois ciclos americanos; 2) garantir a resiliência do seu mercado financeiro, mediante intervenções de última instância; e 3) manter as condições de financiamento externo com elevadas flutuações na liquidez internacional, mas preservando o papel do dólar como moeda-reserva.

Já nas economias periféricas, de moeda não conversível — isto é, com demanda nula por parte de agentes de terceiros países —, a nova interdependência financeira introduziu constrangimentos importantes: as taxas de juros e de câmbio tornaram-se mais sensíveis às bruscas mudanças de expectativas dos possuidores de riqueza. Para estes países, a nova integração financeira tem sido acompanhada de frequentes problemas de liquidez externa, com amplas flutuações nos preços dos ativos e das moedas. Daí decorrem as severas limitações impostas às políticas monetária e fiscal que, sem dúvida, têm sido mais inflexíveis e duradouras no caso dos países que abriram suas contas de capital, surfaram nos ciclos de crédito externo e se tornaram amplamente devedores em moeda estrangeira.

Na fase de saída líquida de capitais, as reservas se reduzem, mas os juros sobem, o que engorda o estoque da dívida e promove a dolarização do passivo interno do governo. Esta situação, diga-se, ocorre tanto no regime de câmbio fixo quanto no flutuante. Em ambos os casos, o Banco Central é obrigado a comprar e vender dólares numa tentativa de acalmar o curso do câmbio e impedir um crescimento indesejável da relação dívida/PIB.

O montante relativamente elevado de reservas que os Bancos Centrais devem manter para aparentar condição de solvência é um dos sintomas da impossibilidade de adoção da flutuação cambial pura. Como os títulos de riqueza moeda local e os denominados em dólares são substitutos muito imperfeitos, o mercado financeiro continua a arbitragem entre juros internos e externos — atento ao risco cambial, de liquidez e de solvência —, o que impede a convergência das taxas de juros e exige a administração do câmbio.

Em países com elevado endividamento externo — mesmo quando conseguem reduzir de forma significativa o déficit em conta-corrente —, o câmbio flutuante não elimina o risco cambial, e o Banco Central está sempre obrigado a "sujar" as flutuações. As tendências à apreciação ou depreciação dependem, no curto prazo, em condições de abertura financeira, do estágio em que se encontra o fluxo de capitais e do maior ou menor "descasamento" entre os ativos e os passivos em dólar dos bancos, empresas e famílias rentistas sediadas no país periférico.

A REAFIRMAÇÃO DO PODER AMERICANO

Nos anos 70, como foi dito, a ruptura do padrão dólar fixo, a derrota do Vietnã e as crises do petróleo balançaram os pilares do poder americano. A maioria dos analistas continuou a proclamar a derrota definitiva da hegemonia americana, mesmo depois de 1985, quando a crise já tinha sido superada e os EUA avançavam na direção de um poder global.

A vulnerabilidade do dólar como moeda internacional foi contornada pela "diplomacia do dólar forte" do governo Reagan (Volker), executada sem piedade no início dos anos 80. O fortalecimento do dólar, como moeda de reserva e de denominação das transações comerciais e financeiras, promoveu profundas alterações na estrutura e na dinâmica da economia mundial. As transformações envolveram a redistribuição da capacidade produtiva na economia mundial — em particular na indústria manufatureira —, o aparecimento de desequilíbrios duradouros nos balanços de pagamentos entre os Estados Unidos, a Ásia e a Europa e o avanço da chamada "globalização financeira".

Em dois momentos (1980-1985 e 1995-2001), a valorização do dólar e a consequente expansão da posição devedora líquida dos Estados Unidos definiram o curso das transformações. No início dos anos 80, a elevação sem precedentes da taxa de juros fomentou, ao mesmo tempo, o déficit orçamentário do governo Reagan e a valorização do dólar, responsável pelo crescimento rápido do, até então, mais imponente déficit comercial do pós-guerra. Já nos anos 90, a ampliação do déficit em conta-corrente dos Estados Unidos foi provocada por forte crescimento do gasto e do endividamento privados. Nos dois momentos, é fundamental sublinhar, a economia americana ganhou liberdade para adotar, primeiramente, uma política fiscal expansionista e, nos anos 90, uma política monetária e de crédito permissiva. Em ambas as situações, o crescimento a taxas elevadas foi caracterizado por expansão da demanda nominal a um ritmo bem superior ao exibido pela produção doméstica, bem como por crescimento da relação endividamento total/PIB.

Como se observou,[5] importante para a revitalização da finança de mercado foi o papel desempenhado, no início dos anos 80, pela ampliação do endividamento público americano, de maior qualidade, fenômeno crucial para socorrer as carteiras e conter o colapso dos bancos envolvidos com a crise da dívida externa do Terceiro Mundo. As dívidas públicas dos Estados Unidos e da Europa cresceram rapidamente na década de 80, engordadas pelas taxas de juros elevadas. O crescimento "endógeno" do endividamento público foi acompanhado de maior dependência dos governos em relação aos mercados financeiros internacionalizados. A partir de então, de forma inédita na história da internacionalização capitalista, os Estados Unidos passaram da posição de maiores credores à de maiores devedores do mundo — tanto do ponto de vista interno, quanto do externo.

Passado o choque inflacionário do início dos anos 80, a política de *supply side economics*, combinada com a sobrevalorização do dólar, permitiu à economia americana retomar o crescimento sem pressões inflacionárias, com elevação do poder de compra dos salários reais apoiada em importações de bens de consumo baratos e expansão monetária acima da renda nominal.

> *Neste verdadeiro ajuste às avessas, os Estados Unidos conseguem, simultaneamente, obter transferências de liquidez, de renda real e de capitais do resto do mundo (...). A retomada do crescimento americano se fez com uma função de oferta global com rendimentos crescentes e grande capacidade de resposta aos estímulos da demanda. À elevação do déficit comercial corresponde uma tentativa de obtenção de saldos comerciais crescentes dos demais países industrializados. Exportar é a solução para todos, menos para a economia dominante, cuja solução é importar barato* (Tavares & Belluzzo, 1986).

No Capítulo 5 (p. 117-20), observamos que a política econômica de Reagan — com seu dólar supervalorizado e seus enormes déficits orçamentários e nas contas de comércio — foi "chuva criadeira" para os países da Ásia, em particular para Japão, Coreia e Taiwan. Esse foi o período dos

---
5. Ver Capítulo 3, p. 81.

grandes superávits comerciais japoneses, taiwaneses e coreanos. O aparecimento de bancos, corretoras e seguradoras japonesas no cenário das finanças globais foi o produto inevitável da acumulação dos enormes excedentes financeiros, decorrentes dos sucessivos e crescentes superávits comerciais do Japão, principalmente com os Estados Unidos, mas também com a Europa.

Quando, porém, em meados dos anos 80, os Estados Unidos resolveram reverter a brutal valorização do dólar, que já havia provocado danos quase irreparáveis à sua indústria, foi dado cristalino sinal de que pelo menos esta parte da festa estava prestes a acabar. Os japoneses foram obrigados a engolir a valorização do iene, o que, por um lado, afetou suas exportações para a área de predominância da moeda americana e, por outro, causou sérios prejuízos para os bancos, as corretoras e as seguradoras que carregavam em suas carteiras ativos em dólar. A famosa *endaka* dará impulso ao movimento de "deslocalização" da indústria japonesa para os países da região, apoiado na capacidade de financiamento de seus bancos, que tentavam compensar as perdas incorridas nos ativos denominados em dólar.

Coreia, Taiwan e os tigres de segunda geração, como Tailândia, Malásia e Indonésia, haviam atrelado suas moedas ao dólar, o que tornava atraente o deslocamento do investimento nipônico. Ademais, taxas de juros em ienes eram extremamente convidativas e compensavam, pelo menos em parte, o risco de valorização adicional da moeda japonesa.

A China e seu já desvalorizado iuane iriam completar a primeira década de crescimento acelerado. Este novo e gigantesco protagonista do "milagre asiático" vinha executando seus programas de reforma econômica com grande eficácia. Estas reformas buscavam a combinação entre agressiva estratégia exportadora, atração de investimentos diretos estrangeiros nas zonas liberadas e forte intervenção do Estado. A ação estatal concentrou-se no estímulo à agricultura familiar, em maciços investimentos em infraestrutura e na utilização das empresas públicas como "âncora" para a constituição de grandes conglomerados industriais. Tudo isso foi acompanhado de uma cuidadosa transição do sistema de preços da antiga economia de comando para a "nova" economia de mercado.

As praças financeiras "internacionalizadas" de Hong Kong e Cingapura integraram-se rapidamente ao complexo "asiático" em formação, através dos bancos locais e estrangeiros aí sediados. Estes fluxos cruzados de investimento direto, de expansão do crédito e, mais tarde, de aplicações de portfólio estimularam o crescimento muito rápido do comércio entre os países da região, sobretudo através das transações intrafirmas. Desde o final dos anos 80, o comércio entre os países da área iria se expandir a taxas impressionantemente altas, superando as relações comerciais com a Europa e a América do Norte. Carlos Medeiros, em seu excelente artigo *Globalização e inserção internacional* (1997), mostra que

> *foi se afirmando um* cluster *regional de investimento e de comércio intraindústria e intrafirmas, permitindo às empresas, sobretudo às japonesas e coreanas, formar no setor manufatureiro importantes economias de escala e de especialização (...). Esta dinâmica não pode, contudo, ser explicada fora de um contexto marcado por expansão macroeconômica regional, combinando investimentos, comércio interindústria e penetração nos grandes mercados da OCDE.*

Tampouco pode ser explicada fora do contexto da forte expansão macroeconômica norte-americana dos anos 90 e da estagnação japonesa no mesmo período.

O exuberante ciclo de expansão americano dos anos 90 — outra vez escoltado por gigantescos déficits em transações correntes — vai reforçar as relações de solidariedade e, ao mesmo tempo, de forte concorrência dentro do bloco asiático. Coreia e o Japão, por exemplo, tornaram-se ferozes competidores, em terceiros mercados, nos setores de maior dinamismo, como o automobilístico, o de microprocessadores e da eletrônica de consumo. De outra parte, a expansão coreana apoiou-se fortemente na importação de bens de capital e no financiamento dos bancos japoneses para manter as elevadas taxas de acumulação exibidas ao longo dos anos 90. Essas relações de "concorrência e solidariedade" são ainda mais evidentes no caso da China, cuja "competitividade" é crescente, tanto nos mercados menos qualificados, quanto (em ritmo acelerado) nos de tecnologia mais sofisticada. Sobretudo depois da desvalorização de 1994, o *drive* exportador chinês vai deslocando a participação de seus parceiros asiáticos em terceiros mercados, ao mesmo tempo em que estimula as importações de peças e componentes dos países da região. Simultaneamente, os chineses sustentam a continuada elevação da taxa de acumulação interna de capital e a rápida incorporação de novas tecnologias mediante o estímulo às *joint ventures* com empresas coreanas, japonesas e de Taiwan (com capitais sobrantes nas crises asiáticas da década de 90 e menor taxa de crescimento de seus mercados internos daí em diante). Estas relações de interdependência tornaram essas economias muito sensíveis, como é óbvio, às alterações nas taxas de câmbio relativas e particularmente a alterações nas relações de valor entre o dólar e o iene e entre ambas a moeda chinesa. Esta depois da desvalorização real de 1994/95 manteve-se ancorada nominalmente no dólar.

A posição chinesa na economia mundial melhorou rapidamente a partir de alta taxa de crescimento interno, de absorção de IDE e de crescimento das exportações, a qual se manteve a mais estável e vigorosa desde 1970 em relação ao resto do mundo, antes mesmo das reformas liberais. É o segundo maior absorvedor de investimento direto depois dos EUA e mantém com este país uma relação especial de competição e complementaridade. Ao contrário do Japão, que não contou com importante absorção externa de capitais e permanece até hoje como país credor dos EUA, a China é simultaneamente devedora (pelo IDE) e credora (pela acumulação de enormes reservas em dólar aplicados em títulos do Tesouro americano).

Qualquer diminuição acentuada no comércio e no investimento da China afetaria dramaticamente a economia do Leste Asiático — do qual a expansão chinesa é hoje o principal motor — e poderia provocar um "enfarte" numa das artérias mais importantes da globalização americana. A pressão exercida por expoentes do poder americano para penalizar o sistema de proteção chinês e diminuir seu superávit parece, uma vez mais, o cacoete protecionista para dentro e liberal para fora em que as lideranças americanas recaem periodicamente. Pode tratar-se também de uma manobra de *realpolitik*, apoiada pelo Japão para obter maiores concessões comerciais e financeiras da China e manter o "equilíbrio de poder" na Ásia. O governo chinês resiste e, além de manter alta a taxa de investimento para expandir o seu mercado interno, está iniciando uma ofensiva para investir no exterior, em países provedores de recursos naturais. Perseguir uma inserção internacional mais ampla faz parte de uma estratégia que libere a China do seu dilema secular — fechar-se no seu imenso espaço territorial ou ficar à mercê do jogo das grandes potências.

Conclusões

Os Estados Unidos, a despeito do monumental déficit em transações correntes, não precisaram se preocupar com o risco de uma fuga do dólar. A demanda pela moeda americana nasce hoje do papel dos Estados Unidos como economia dominante no comércio internacional e nos mercados financeiros onde continua a atração dos títulos públicos como ativos líquidos de última instância na economia global. Enorme vantagem para quem tem um déficit de transações correntes da ordem de US$ 550 bilhões. Com um déficit dessa magnitude, qualquer outro país teria sofrido um ataque contra sua moeda. No entanto, apesar dos augúrios, não parece provável uma derrocada do dólar. A demanda de não residentes por títulos do governo americano, especialmente a que nasce dos saldos comerciais e das enormes reservas dos países asiáticos, vem permitindo a expansão do crédito e a sustentação do preço dos ativos no mercado financeiro americano. Enquanto isso, as famílias endividam-se ainda mais, para adquirir produtos baratos oriundos dos "produtivistas" da Ásia.

A "globalização americana" ensejou, de forma inédita, a articulação estrutural entre o sistema de crédito, a acumulação produtiva das empresas, o consumo privado e a gestão das finanças privadas e do Estado (particularmente da dívida pública). Esta verdadeira fusão de funções e interesses reafirma o caráter essencialmente "coletivista" (e macroeconômico) da nova dinâmica de reprodução do capitalismo central. Uma exibição prática da "macroeconomia política" do Poder e da Riqueza Americanos, fundados nas relações entre hegemonia monetária, expansão do crédito, valorização de ativos e crescimento econômico.

As relações entre Estado e mercado (uma forma imperfeita de exprimir as relações entre política e economia) não são "externas", de mero intervencionismo. São orgânicas e constitutivas. Nos tempos da "economia global", tais formas socializadas do poder privado permitem diversificar a riqueza de cada grupo, distribuí-la por vários mercados e assegurar o máximo de ganhos patrimoniais, se possível no curto prazo. Os agentes destas operações são as instituições da finança privada. São estas que definem os preços de venda, os métodos de financiamento, a participação acionária dos grupos, as estratégias de valorização das ações. A garantia final — mas certamente não definitiva — do processo de valorização de ativos é a existência de um estoque de ativos líquidos e seguros emitidos pelo governo do país hegemônico. Este é o mercado "competitivo" do capitalismo formado por empresas gigantes na era da desregulamentação e da liberalização.

Nos dois "mercados flexíveis", o dólar e o petróleo, os EUA deixaram de arcar internamente com o ônus da desregulação que caracterizou o período da transição 1973-1985 e passaram a uma economia de comando, na qual a política norte-americana faz unilateralmente as intervenções preventivas ou corretivas, segundo a conjuntura. Sem regras gerais autoaplicáveis e sem consideração pelas regras dos organismos internacionais que ajudaram a criar, o intervencionismo preventivo dos Estados Unidos expandiu como nunca seu poder global.

A gestão econômica interna do intervencionismo preventivo norte-americano tornou-se mais complexa com a reafirmação da hegemonia dos EUA. No entanto, as eventuais divergências entre a Secretaria do Tesouro e o Fed a respeito da política econômica são facilmente contornáveis, quando se tem à disposição políticas fiscal e monetária elásticas e nenhum dos seus dirigentes pensa em contrariar os interesses dos grandes bancos americanos e da "comunidade financeira internacional", novamente consolidada em Wall Street depois de 1985. O mesmo não se pode dizer do petróleo e das armas. Afinal, o Texas não coordena adequadamente o mercado mundial de petróleo e muito menos as políticas setoriais e globais do complexo militar americano.

A política externa dos EUA, depois da movida diplomática de Nixon (Kissinger) em relação à China, tinha deixado de se concentrar nos conflitos Leste-Oeste, congelados pela distensão da Guerra Fria, e deslocara seu foco para o Oriente Médio. As pretensões "arbitrais" da velha Inglaterra no Oriente Médio estavam definitivamente minadas desde a crise do canal de Suez e requeriam a passagem do bastão para os EUA. Tratava-se de resolver simultaneamente a geopolítica da área e a geoeconomia do petróleo, ambas em grande período de turbulência. No que diz respeito à regulação e à geopolítica do petróleo, o condomínio americano-saudita-iraniano reafirmado pelo Acordo de Teerã de 1971 durou pouco, graças à instabilidade do sistema monetário internacional e aos conflitos crescentes nos países árabes, que se agravaram com a derrubada do xá do Irã.

Desde então, o tabuleiro político-militar no Oriente Médio não deixou de se mover aceleradamente. A estratégia da intervenção preventiva prosperou. No caso do Oriente Médio, os EUA não esperaram para substituir a velha *gendarmerie* colonial, como ocorreu no caso do Vietnã. Intervieram em todos os conflitos, fizeram tratados unilaterais com o Egito e com Israel, apoiaram primeiramente o xá do Irã e, quando este foi derrubado pela "revolução xiita" em 1979, armaram o Iraque na longa guerra que se seguiu, apoiando Saddam Hussein, o qual viriam a derrubar duas décadas depois. A Arábia Saudita manteve-se até hoje como o único aliado fiel dos EUA, depois das mudanças sucessivas de alianças e dos conflitos nos demais países árabes.

Dentro da lógica da expansão contínua e permanente da presença militar no mundo, os Estados Unidos mantiveram as antigas bases, instaladas após a Segunda Guerra Mundial dentro da União Europeia e expandiram-se para o Leste Europeu, depois da implosão da União Soviética. As bases mais recentes, no entanto, estão localizadas em países possuidores de petróleo ou nas atuais fronteiras russas e chinesas da Ásia Menor. O fato de que as bases militares no exterior respondem, em suas tarefas múltiplas, a comandos não internamente unificados das forças armadas e da espionagem norte-americanas muitas vezes perturba e distorce as informações disponíveis no Pentágono e no resto dos órgãos de segurança. Isso agrava as disputas entre a Secretaria de Defesa e o Departamento de Estado, que vêm se acentuando desde o governo Reagan. Não existe, na verdade, um comando unificado da Segurança Nacional norte-americana (como se viu no desastre de 11 de setembro), talvez porque a "doutrina de segurança" e as agências de inteligência se espalharam a todos os escalões do governo, desde que o poder nacional se confundiu com o poder global.

Os cruzamentos dos grandes interesses corporativos e militares que atravessam a geografia mundial, em particular desde a guerra do Iraque, tornam os "dissensos de Washington" sobre decisões da política externa norte-americana um verdadeiro quebra-cabeça. O aumento desmedido do poder global dos EUA, sem o consenso compartilhado dos seus antigos associados, é incompatível com a noção de Ordem Internacional, por sua inerente instabilidade estrutural.

Do ponto de vista da mundialização do capital, o "objeto do desejo" do Ocidente voltou a ser a China, como nos tempos do veneziano Marco Polo, no começo da modernidade mediterrânica. As zonas especiais de exportação começaram pelos mesmos portos ocupados, no século XIX, pelas grandes potências imperiais. Não se trata, porém, de ocupação bélica ou colonial, mas de aplicação das velhas teses da "abertura dos portos" ao livre-comércio e ao movimento de capitais, hoje expressas na Organização Mundial do Comércio. O governo chinês, mesmo depois das reformas liberais e da sua entrada na OMC, manteve o controle de câmbio e resiste à abertura de sua conta de capitais, o que não impede a China de ser o maior absorvedor de investimento direto das filiais globais. É também o segundo maior financiador do déficit americano, por meio da retenção de vultosas reservas aplicadas em títulos da dívida pública.

No começo do século XXI, está configurada uma nova anatomia da geoeconomia capitalista. O cérebro é o poder de contenção e de controle geopolítico da superpotência hegemônica, e o coração da economia mundial continua sendo sua gigantesca economia continental. O pulmão por onde respira e se expande a "segunda onda de globalização americana" é a Ásia em ressurgimento, em particular a China. A Índia, apesar de sua forte taxa de crescimento e de ser uma potência atômica, não é ator financeiro relevante na globalização do capitalismo, já que, ao contrário do sudoeste da Ásia, não possui praças financeiras internacionais relevantes para o movimento de capitais. A velha Europa continental, até há pouco uma fortaleza mercantil que incluía apenas 12 países, mantém-se em crescimento lento. A União Europeia aparece hoje como um enorme estômago às voltas com a digestão dos problemas acumulados desde a paz de 1919 na sua "fronteira oriental" e retomados com a desestruturação da União Soviética. A África tornou-se um continente em desagregação pelo fracasso do desenvolvimento autônomo depois da descolonização. A América Latina continua uma zona endividada de baixo crescimento. A Rússia, depois do desmantelamento do império russo, ficou isolada e economicamente depauperada, embora continue uma grande potência militar. A maior zona de instabilidade econômica (o petróleo) e política (guerras sucessivas) continua sendo o Oriente Médio, onde o sonho wilsoniano da paz universal e da autodeterminação dos povos se tornou um pesadelo.

CAPÍTULO 9

O REGIME DO CAPITAL E O DESENVOLVIMENTO CAPITALISTA[1]

Depois da queda do muro de Berlim, a teoria social predominante praticamente aboliu a palavra "capitalismo" de seu dicionário. É como se a vitória sobre o socialismo tivesse, num mesmo golpe, tornado inútil o conceito que designava o sistema triunfante. Trata-se de um estranho jogo dialético: o caráter histórico do capitalismo — afirmado por estudiosos mais autorizados, como Marx, Weber, Fernand Braudel e Polanyi — é eternizado numa tosca manobra de "naturalização" das relações sociais e econômicas.

A operação ideológica dá um passo atrás e promove a reidentificação do capitalismo ao mercado, à liberdade de contrato e à desimpedida circulação de mercadorias, inclusive a força de trabalho. Isto pressupõe a supressão dos processos de controle e de subordinação de classe implícitos na constituição e no desenvolvimento do regime do capital.

Já foi dito no Capítulo 4 (p. 106) que, no imaginário social, ressurge a figura de um sujeito funcionalmente adequado às exigências de operação da máquina econômica. Trata-se do renascimento do *homo oeconomicus*, a invenção triunfante da filosofia radical e da economia política do século XVIII, que postulavam o ser social reduzido às determinações da satisfação dos desejos por meio de uma razão viciada em adequar os meios aos fins.

---
1. Publicado originalmente em: *Revista Princípios*, São Paulo, Editora Anita Garibaldi, nº 79, p. 12-17, jun.-jul. 2005.

A economia política buscava e busca apresentar esta sua construção, o ser racional, calculador e egoísta, como fundamento da sociedade, definida como a agregação destes indivíduos atomizados. São naturais e, portanto, incontornáveis, as leis que induzem todo indivíduo à troca e o submetem ao veredicto da concorrência, ao julgamento impessoal e imparcial do mercado, entendido como *locus* de conciliação dos egoísmos privados.

O capitalismo em ressurgimento teve sucesso na empreitada de "renaturalizar" os nexos monetários e mercantis e apresentá-los como as condições para se alcançar simultaneamente a Liberdade, a Igualdade e a fruição da máxima Utilidade para todos.

Mas a crítica da economia política recusa-se a conceituar o capitalismo como um regime de produção cujo objetivo é apenas a produção de mercadorias mediante a exploração e a submissão da capacidade de trabalho dos produtores diretos. Em sua metamorfose, o capital está obrigado a passar necessariamente pelo calvário da produção material e da exploração da força de trabalho com uma única finalidade: a acumulação de riqueza abstrata, encarnada no dinheiro.

A DINÂMICA DO CAPITAL

Marx, como Keynes, desvendou no capitalismo a possibilidade de o "amor ao dinheiro" estimular o desvario da produção da riqueza abstrata desvencilhada dos incômodos materiais da produção de mercadorias. Para esses autores, tal ambição não é sintoma de deformação, mas de aperfeiçoamento da "natureza absurda" do processo de acumulação de capital, sempre pronto a realizar a abstração de suas próprias formas particulares. D-D', e não D-M-D', é o processo em estado puro, adequado a seu conceito, livre da ganga da materialidade.

O surgimento do capitalismo é uma novidade histórica radical. Por um lado, engendra um processo econômico e formas de sociabilidade cujo desenvolvimento liberta a vida das limitações impostas ao homem pela natureza. Por outro, constitui relações de produção, estruturas técnico-econômicas e formas de convivência que aparecem e agem sobre a cabeça dos protagonistas da vida social como forças naturais, fora do controle da ação humana.

A "artificialização" da economia e da sociedade acelera-se entre o final do século XIX e os primórdios do século XX. Nesse período, ocorreram importantes transformações no núcleo de articulações do capitalismo constituído: l) a consolidação das práticas de financiamento e de pagamentos internacional, sob a égide de um padrão monetário universal; 2) a metamorfose do sistema de crédito — expressa no aparecimento dos bancos de depósito, que ajustam suas funções e formas de operação à nova economia comandada pela indústria —; 3) a emergência de nova divisão social do trabalho, consubstanciada na crescente separação técnica e econômica entre o departamento de meios de consumo e o departamento de meios de produção; 4) a internacionalização capitalista sob a hegemonia inglesa, que produziu a industrialização dos EUA e da Europa e, simultaneamente, a periferia produtora de matérias-primas e alimentos.

A diferenciação técnica do produto entre os setores que produzem bens de consumo e os que geram os meios de produção — destinados diretamente para a acumulação produtiva — criou os elementos materiais adequados para o movimento incessante da acumulação e para a reprodução das relações sociais capitalistas. A partir da separação entre meios de produção e meios de consumo, o progresso técnico torna-se inerente ao desenvolvimento das forças produtivas. Assim, o capital desembaraça o movimento da acumulação produtiva e o consumo das massas assalariadas dos condicionantes "naturais" e dos limites externos à sua expansão, subordina de forma real a força de trabalho, transformando o trabalhador num apêndice do sistema de máquinas, e, por fim, prepara as condições técnicas e econômicas para o progresso industrial das nações retardatárias.

Na órbita monetário-financeira, o desenvolvimento da economia capitalista suscitou, de um lado, a subordinação do sistema de crédito à lógica da acumulação produtiva e ensejou, de outro, a possibilidade de expansão autônoma do capital fictício, matriz dos episódios especulativos e das crises de crédito. Depois da Revolução Industrial, com a aceleração dos negócios, os bancos ingleses ampliaram as operações de desconto mercantil, ampliando sua função de provedores de crédito internacional. Já nos Estados Unidos e na Alemanha, os sistemas bancários operaram, sobretudo, na antecipação de capital monetário para os novos negócios.

O processo de reprodução capitalista — em suas indissociáveis dimensões material e monetária — impôs, portanto, a consolidação do sistema bancário — inclusive o Banco Central — e sua dominância na hierarquia de poderes que comandam a concorrência entre as empresas. O negócio especializado do dinheiro e do crédito foi delegado pelo conjunto do estrato mercantil-capitalista ao sistema bancário e às demais instituições financeiras.

Em sua forma mais simples, o crédito é uma aposta, sujeita a perdas, no acréscimo de valor a ser criado no processo de produção — entendido como a utilização da força de trabalho assalariada e dos elementos do capital fixo e circulante na transformação de bens —, com o propósito de gerar mais dinheiro na venda das mercadorias produzidas.

É essencial compreender que a conservação e a reprodução das relações de propriedade e de subordinação da força de trabalho são indissociáveis do caráter monetário da riqueza capitalista. A circulação monetária, a criação de meios de pagamento e a administração da riqueza passam necessariamente pela mediação do sistema de crédito. O circuito "Dinheiro-Mercadoria-mais Dinheiro", descrito de maneira formal no volume I de *O Capital*, assume, no volume III, sua natureza coletiva e despótica de comando capitalista sobre as decisões de gasto e de produção, isto é, sobre o emprego e a renda dos despossuídos.

A CONCORRÊNCIA SEM LIMITES

Nesta economia, com grande concentração de capital fixo e dominância dos bancos na intermediação financeira, a dinâmica de longo prazo está fundada na busca do aumento da produtividade social do trabalho, o que, por sua vez, impulsiona a competição feroz pela inovação tecnológica incorporada nas novas gerações de insumos e equipamentos. Essa dinâmica só pode se realizar através da concorrência generalizada, a qual, ao contrário da concorrência perfeita da teoria ortodoxa, não decorre da ação racional dos agentes, mas se impõe sobre estes como força externa, irresistível. Por isso, é preciso reduzir o tempo de trabalho, inovar para bater o concorrente, buscar novos mercados, tentar ganhar a dianteira sempre, porque é impossível mantê-la.

Nas leis de movimento da economia capitalistas estão implícitos os mercados "externos", as relações de débito e crédito e a existência de mercados encarregados de avaliar diariamente o valor da riqueza. Isto supõe a existência de agentes especializados na avaliação da qualidade dos títulos de dívida e de propriedade e na criação e administração da liquidez, ao mesmo tempo capazes de enfrentar eventual interrupção na cadeia de pagamentos.

A financeirização não é uma deformação do capitalismo, mas um "aperfeiçoamento" de sua natureza. Aperfeiçoamento que exaspera seu movimento contraditório: na incessante busca da "perfeição" — ou seja, a acumulação de dinheiro a partir do dinheiro, sem a mediação da exploração do trabalho —, o regime do capital é obrigado a desvalorizar a força de trabalho e a expandir o capital fixo para além dos limites permitidos pelas relações de produção.

A "multiplicação" da riqueza no capitalismo corresponde à autonomização das formas particulares de existência do capital em sua trajetória de valorização — capital produtivo, capital-mercadoria e capital monetário. Nascidas da unidade de comando sobre a força de trabalho "livre", estas formas particulares passam a se contrapor umas às outras no metabolismo da acumulação de riqueza abstrata. O capital-monetário autonomizado, o capital a juros impulsiona o avanço da acumulação capitalista, mediante a expansão do crédito. Seu movimento cria um estoque de direitos de apropriação sobre a riqueza e a renda da sociedade, cuja avaliação em mercados especializados passa a se contrapor ao processo de criação e de realização do valor na esfera produtiva.

A VINGANÇA DO MERCADO

No segundo pós-guerra, as práticas do Estado Intervencionista e do Bem-Estar, mediante a aplicação política de critérios diretamente sociais, buscaram soluções para os problemas da satisfação das necessidades humanas e da vida decente para a maioria, tentando, assim, contrabalançar as condições de existência impostas aos cidadãos pela *ratio* do capital, cujo único propósito é acrescentar o seu valor.

A relativa calmaria que prevaleceu ao longo das três décadas que se seguiram à Segunda Guerra Mundial deve ser atribuída, em boa medida, a duas características dos sistemas financeiros de então: a prevalência do crédito bancário sobre a emissão de títulos negociáveis (*securities*) e a chamada "repressão financeira". Esta incluía separação entre os bancos comerciais e os demais intermediários financeiros, controles quantitativos do crédito, tetos para as taxas de juros e restrições ao livre movimento de capitais. As crises de liquidez eram mais dóceis às intervenções dos Bancos Centrais.

As políticas anticíclicas da era keynesiana cumpriram o que prometiam, ao sustar a recorrência de crises de "desvalorização do capital". Mas, ao garantir o valor da riqueza já existente, as ações de estabilização ampliaram o papel dos critérios de avaliação dos Mercados da Riqueza nas decisões de gasto de empresas, consumidores e governos.

Nas últimas décadas, o capitalismo empreende um "retorno" ao império da acumulação monetária desimpedida. Provisoriamente encapsuladas por obra e graça da rebelião das massas dos anos 1920 e 1930, as "forças do mercado" vingam-se contra os que tentaram domesticá-las.

A dominância dos Mercados da Riqueza determinou, ademais, o desenvolvimento das inovações financeiras. As técnicas de proteção mediante o uso de derivativos e a intensa informatização dos mercados permitiram ampliar o volume de transações. Estas massas de capital financeiro estão concentradas sob o comando de grandes investidores institucionais. São fundos de pensão, fundos mútuos e — o último rebento da finança moderna — fundos de *hedge* que, operando em várias praças financeiras, usam intensamente o crédito bancário para "alavancar" posições em ativos. Os capitais movem-se entre as economias nacionais, na busca de oportunidades de arbitragem ou de ganhos especulativos, sempre envolvendo apostas quanto aos movimentos de preços dos ativos denominados nas diversas moedas.

Este foi o caso da aquisição das empresas estatais nos países emergentes. Os investidores assumiram a crédito posições que eram um múltiplo de seu aporte de capital próprio, na esperança de ulteriores elevações dos preços que promovessem a megavalorização de seu estoque de riqueza.

A experiência da privatização nos países emergentes da América Latina deixou claro que, no auge da bolha, a aquisição de empresas públicas serviu para enfeitar os balanços das matrizes e, assim, assegurar ganhos de capital nas Bolsas de Valores. Essas características, combinadas com a alavancagem baseada em créditos bancários, explicam o enorme potencial de realimentação dos processos altistas (formação de bolhas), assim como a ampliação das oportunidades de ganhos patrimoniais mediante fusões e aquisições.

Em sua exuberância, esses mercados apresentam grande sensibilidade diante dos riscos associados à flutuação de preços dos ativos e à contração da liquidez. Os episódios de euforia e alavancagem excessiva terminariam em *crashes* espetaculares, não fossem as intervenções de última instância dos Bancos Centrais mais poderosos.

No âmbito da gestão monetária, os cuidados com a alternância entre valorização excessiva e desvalorizações catastróficas dos estoques de riqueza, bem como entre as moedas em que estão denominados os títulos de riqueza, transformaram-se na ocupação primordial dos Bancos Centrais. Assim, o predomínio da lógica financeira determina a subordinação da política fiscal à política monetária. Na prática, isto significa que os Mercados da Riqueza impõem restrições à capacidade de gasto do Estado, mesmo em situações de equilíbrio orçamentário, à exceção do emissor da moeda reserva.

A NOVA DIVISÃO INTERNACIONAL DO TRABALHO

As transformações financeiras acirraram a concorrência entre as empresas dominantes, com implicações sobre a natureza e a direção do investimento direto estrangeiro e do progresso técnico. Por sua vez, a metástase do sistema empresarial da tríade desenvolvida — particularmente dos Estados Unidos e do Japão — promoveu a ampliação e o redirecionamento dos fluxos de comércio. O comércio intrafirmas, já dominante no pós-guerra, ganhou a companhia do *global sourcing*, fenômeno que está presente nas estratégias de "deslocalização" do investimento manufatureiro ao longo da década de 90, em benefício das economias asiáticas (a China, em particular).

A "globalização americana", ao operar nas órbitas financeira e produtiva, engendrou dois tipos de regiões: aquelas cuja inserção internacional se faz pelo comércio e pela atração do investimento direto destinado aos setores produtivos afetados pelo comércio internacional; e aquelas que buscaram sua integração mediante a abertura da conta de capitais. Os países cuja estratégia é governada pelo saldo da balança comercial e pela acumulação de reservas "fecham o circuito" gasto-renda-poupança do "sistema americano" ao utilizar as poupanças em dólar para financiar o déficit em conta-corrente dos Estados Unidos. Essa dependência recíproca impede que os países asiáticos orientem a aplicação de suas reservas por critérios privados de risco-rentabilidade. Garantem assim uma demanda pela moeda americana que assegura certa estabilidade nas taxas de câmbio de suas moedas em relação ao dólar.

A rápida industrialização da China e dos países do Sudeste Asiático está deslocando importante fração da demanda global para os produtores de matérias-primas e alimentos. Como é de conhecimento geral, a China sustenta um saldo positivo muito elevado (mais de US$ 162 bilhões, em 2004) com os Estados Unidos. Mas seu déficit é crescente com o resto da Ásia e com os demais parceiros comerciais. O bloco industrializado da Ásia, sobretudo a China, funciona como uma engrenagem de transmissão entre a demanda gerada nos EUA e a oferta das economias "exportadoras de recursos naturais".

Este arranjo internacional não está a salvo de perturbações. Em primeiro lugar, crescem as preocupações com a "generalização" da inflação de ativos.

A "exuberância irracional" agora (2005) contamina quatro mercados: os de bônus, os imobiliários, os de *commodities* e os de moedas de países emergentes. Quanto aos riscos de inflação nos preços de bens e serviços, observa-se a presença de forças que se movem em sentido contrário: de um lado, a tendência deflacionária dos preços dos produtos manufaturados, por conta do excesso de capacidade à escala global; de outro, a demanda chinesa e as taxas de juros baixas, que favorecem a formação de posições especulativas altistas nos mercados de *commodities*.

As quatro bolhas, a ampliação da posição devedora líquida americana e o risco sempre presente da aceleração inflacionária colocam desafios formidáveis aos Bancos Centrais. Até agora, as políticas monetárias e os arranjos cambiais têm conseguido promover a "fuga para frente", no afã de manter sob controle os Mercados da Riqueza e, ao mesmo tempo, sustentar as taxas de crescimento da economia global.

Sob o crescente predomínio dos Mercados da Riqueza, a incorporação do consumo individual à dinâmica do novo capitalismo tornou-se crucial para as perspectivas de crescimento. Não se trata apenas da completa sujeição das "necessidades" aos imperativos da mercantilização universal. No capitalismo avançado norte-americano, o circuito riqueza-renda-consumo começa com a valorização fictícia do patrimônio das famílias, passa pela produtividade e pela poupança dos trabalhadores asiáticos e facilita o crédito barato aos consumidores. Ao fim e ao cabo, o circuito riqueza-consumo "libera" uma fração cada vez maior do poder de compra das famílias de renda média e baixa para o endividamento, enquanto os que estão no topo da pirâmide, os credores líquidos, apropriam-se da valorização da riqueza financeira.

No mundo em que mandam os mercados da riqueza já produzida, os vencedores e perdedores dividem-se em duas categorias sociais: os que, ao acumular capital fictício, gozam de "tempo livre" e do "consumo de luxo"; e os que se tornam dependentes crônicos da obsessão consumista e do endividamento, permanentemente ameaçados pelo desemprego e, portanto, obrigados a competir desesperadamente pela sobrevivência. Apresentados como a prova da soberania do indivíduo, esses controles suaves e despóticos foram se apoderando das mentes e das almas.

No capitalismo revigorado do novo milênio, a acumulação de riqueza monetária — mediante a competição feroz entre empresas, Estados e indivíduos — subordina as demais instâncias de integração social. As relações entre o Político e o Econômico estão configuradas de modo a remover quaisquer obstáculos à expansão da grande empresa e do capital financeiro internacionalizado, apoiados na força militar e política do Estado imperial. Este jogo pressupõe, portanto, a violação permanente e sistemática de todas as regras.

Na esfera jurídica, esse fenômeno apresenta-se como imposição da exceção permanente, da consolidação da lei do mais forte, para desgosto dos que se imaginam descendentes do Iluminismo e de seu projeto de liberdade e igualdade.

CAPÍTULO 10

AS TRANSFORMAÇÕES DA ECONOMIA CAPITALISTA NO PÓS-GUERRA E A ORIGEM DOS DESEQUILÍBRIOS GLOBAIS[1]

No livro *Trade, Development and Foreign Debt*, o economista americano Michael Hudson faz uma avaliação histórica e crítica das teorias do comércio e das finanças internacionais, desde os mercantilistas até os dias de hoje, com parada obrigatória em Adam Smith e David Ricardo. Ele divide as teorias em dois grandes grupos: 1) aquelas que definem o sistema econômico internacional a partir de relações hierárquicas entre os Estados nacionais, suas moedas, seus sistemas financeiros e suas empresas; e 2) as que advogam a existência de um espaço homogêneo e "competitivo", um campo aberto para o desenvolvimento dos negócios e das trocas.

Para Hudson, as expressões "protecionista" e "livre-cambista" são etiquetas ideológicas que ocultam as razões de fundo das divergências. O capitalismo realmente existente conta uma história mais ambígua do que aquela narrada pelos fundamentalistas — de um lado e de outro — a respeito do desenvolvimento das relações econômicas internacionais. Protecionismo e livre-cambismo convivem como cães e gatos. Brigam o tempo todo, mas são inseparáveis.

No final do século XIX, no apogeu da ordem liberal burguesa, a expansão do comércio e das finanças internacionais estava fundada nas relações

---

1. Publicado originalmente em: *Política Econômica em Foco*, Campinas, Centro de Estudos de Conjuntura e Política Econômica (Cecon)/Instituto de Economia/Unicamp, n° 7, p. 24-41, nov. 2005-abr. 2006. Republicado em: CARNEIRO, R. (Org.), *A supremacia dos mercados e a política econômica do governo Lula*, São Paulo, Unesp, 2006, p. 33-50.

simbióticas entre o liberalismo da Inglaterra hegemônica e as políticas protecionistas de industrialização dos retardatários europeus e dos Estados Unidos. Depois da Segunda Guerra Mundial, os americanos abriram seu mercado para as exportações da Europa e do Japão em reconstrução, ao mesmo tempo em que suas empresas migravam em massa para as regiões de crescimento mais rápido.

No imediato pós-guerra, o projeto americano de construção da ordem econômica internacional foi concebido com o propósito promover a expansão do comércio entre as nações e colocar seu desenvolvimento a salvo de turbulências financeiras. A ideia força dos reformadores de Bretton Woods sublinhava a necessidade de criação de regras monetárias capazes de garantir o ajustamento dos balanços de pagamentos, ou seja, o adequado abastecimento de liquidez para a cobertura de déficits, de forma a evitar a propagação das forças deflacionárias. Tratava-se, também de erigir um ambiente econômico internacional destinado a propiciar amplo raio de manobra para as políticas nacionais de desenvolvimento, industrialização e progresso social.

Já observamos[2] que Keynes, o delegado da Inglaterra, propôs a *Clearing Union*, uma espécie de Banco Central dos Bancos Centrais. A *Clearing Union* emitiria uma moeda bancária, o *bancor*, destinada exclusivamente a liquidar posições entre os Bancos Centrais. Os negócios privados seriam realizados nas moedas nacionais que, por sua vez, estariam referidas ao *bancor* mediante um sistema de taxas de câmbio fixas, mas ajustáveis. Os déficits e superávits dos países corresponderiam a reduções ou aumentos das contas dos Bancos Centrais nacionais (em *bancor*) junto à *Clearing Union*.

A despeito de sua rejeição à relíquia bárbara, Keynes aceitou a manutenção do ouro como "âncora" nominal do seu sistema monetário, mimetizando a relação que a moeda bancária mantinha com as reservas metálicas no padrão-ouro clássico. Mas o metal seria uma espécie de "rainha da Inglaterra" do sistema monetário, já que nenhum papel efetivo lhe seria concedido na liquidação das transações e dos contratos — função a ser exercida exclusivamente pela moeda bancária internacional, administrada pelas regras da *Clearing Union*. É provável que Keynes não estivesse disposto a colocar em risco a confiabilidade do novo padrão monetário e muito menos pretendesse "desvalorizar" as reservas ouro acumuladas pelos Estados Unidos nos anos 20, 30 e 40 (em 1948, os EUA detinham cerca de 72% das reservas ouro mundiais). Debates travados no Senado revelam que

---

2. Ver Capítulo 2, p. 52, e Capítulo 7, p. 153-5.

era forte a resistência política dos americanos à abolição do ouro como fundamento da nova ordem monetária internacional.

O Plano Keynes visava sobretudo eliminar o papel perturbador exercido pelo ouro como último ativo de reserva do sistema, instrumento universal da preferência pela liquidez. Buscava, portanto, uma distribuição mais equitativa do ajustamento dos desequilíbrios de balanço de pagamento entre deficitários e superavitários. Dentro das condicionalidades estabelecidas, isto significava, na verdade, facilitar o crédito aos países deficitários e penalizar os países superavitários. O propósito de Keynes era evitar os ajustamentos deflacionários e manter as economias na trajetória do pleno emprego. Ele imaginava que o controle de capitais deveria ser "uma característica permanente da nova ordem econômica mundial", como repetiu seguidamente nos trabalhos preparatórios da Conferência de Bretton Woods. O plano (uma utopia monetária) não só era excessivamente avançado para o conservadorismo dos banqueiros privados, mas também inconveniente para a posição amplamente credora dos Estados Unidos, pois anularia o poder de *seigniorage* do dólar como moeda reserva. A faculdade de usar sua moeda como meio de pagamento universal conferiu e ainda vem conferindo aos Estados Unidos grande flexibilidade na gestão da política monetária e na administração do balanço de pagamentos.

A solução finalmente adotada na reunião de 1944 ficou mais próxima dos interesses dos credores do mundo. Assim, a *Clearing Union* perdeu a disputa para o Fundo Monetário Internacional (FMI), cuja capacidade de provimento de liquidez, em caso de desajustes temporários de balanço de pagamentos, estava limitada pelo valor das quotas dos países membros, calculado pela participação de cada um no comércio internacional. O *bancor* foi derrotado pelo dólar, que assumiu o papel de moeda reserva, ancorado na conversibilidade com o ouro à razão de US$ 35 por onça *troy*.

A proposta keynesiana de controle de capitais e do câmbio foi incorporada ao artigo VI dos estatutos do Fundo como faculdade concedida aos países que estivessem atravessando problemas agudos de balanço de pagamentos. Os controles cambiais estavam vedados para as transações correntes, salvo se o Fundo declarasse uma "moeda escassa", conforme o artigo VII, o que permitiria aos demais membros impor controles às transações com essa divisa.

Também já observamos[3] que o sistema de Bretton Woods nasceu de um compromisso implícito: o benefício da *seigniorage* concedido ao país

---

3. Ver Capítulo 2, p. 52-3.

emissor da moeda reserva, os Estados Unidos, foi compensado pela liberdade, atribuída aos demais países-membros, de adotar políticas "keynesianas" internas e estratégias neomercantilistas de comércio exterior.

No imediato pós-guerra, a prerrogativa de emissor da moeda-reserva permitiu aos Estados Unidos a consecução de três objetivos.

a) Objetivo estratégico: suportar a maior parte dos custos da aliança militar formalizada no Acordo do Atlântico Norte.

b) Objetivo econômico: a *seigniorage* permitiu a expansão da indústria americana e de seu estilo tecnológico (o fordismo), sobretudo por meio do investimento direto levado a cabo pela grande empresa transnacional.

c) Objetivo financeiro: a posição de "banqueiro internacional" dos Estados Unidos concedeu enorme espaço para a expansão internacional do sistema financeiro americano e maior raio de manobra para a política monetária do Federal Reserve.

Ao buscar estes objetivos, a economia americana, entre 1945 e 1971, funcionou — Minsky assinalou com correção — como "reguladora" do sistema capitalista. Isto significa que os Estados Unidos cumpriam o papel de fonte autônoma de demanda efetiva e de provedor de liquidez para a economia global. Para os países membros do sistema hegemônico, sobretudo os europeus, esta função reguladora era uma garantia *ex ante* de políticas nacionais expansionistas continuadas e estratégias de crescimento neomercantilistas.

A rápida recuperação das economias europeias e o espetacular crescimento do Japão, como já ficou dito,[4] foram causas importantes do progressivo desgaste das regras monetárias e cambiais concertadas em Bretton Woods. A concorrência comercial das renovadas economias industrializadas da Europa e do Japão e o fluxo continuado de investimentos americanos diretos para o resto do mundo, além dos gastos da Guerra Fria, determinaram, desde o final dos anos 50, a ampliação do déficit do balanço de pagamentos americano e a acumulação de dólares nos Bancos Centrais da Europa e do Japão.

Os dólares excedentes queimavam nas mãos dos Bancos Centrais e dos agentes privados. Tinham, em geral, dois destinos: ampliavam os depósitos no euromercado em formação ou buscavam a prometida transfiguração no ouro abrigado nos cofres de Fort Knox. Desde meados dos anos 60, começaram a aparecer os primeiros sintomas de fadiga do arranjo monetário concebido em Bretton Woods. O déficit americano, até o início dos anos

---

4. Ver Capítulo 4, p. 102.

70, decorria do forte movimento de capitais e, em especial, da expansão das despesas militares. A balança comercial e de serviços não fatores permaneceu (decrescentemente) superavitária até 1971. A partir de então, os Estados Unidos passaram a apresentar resultados ligeiramente positivos na conta de capital, com redução de sua posição ativa favorável em relação ao resto do mundo. Nos anos 80, como veremos, isto se agravou com a política econômica do governo Reagan.

A "crise" de Bretton Woods se anuncia já na segunda metade da década de 50. Culmina na desvinculação do dólar ao ouro em 1971, no primeiro choque do petróleo e na introdução do regime de taxas de câmbio flutuantes em 1973.

Os defensores das taxas flutuantes proclamavam perseguir um duplo objetivo: permitir os realinhamentos cambiais e dar maior liberdade às políticas monetárias domésticas. Mas os anos 70 foram vividos em meio à instabilidade cambial e as tensões decorrentes da subida das taxas de inflação por toda parte. A "desordem" foi enfrentada com o "choque de juros" deflagrado pelo Federal Reserve de Paul Volker em outubro de 1979.

Na esteira da decisão do Federal Reserve, eclodiu a crise da dívida externa da periferia. A América Latina foi atingida com especial virulência. Ao mesmo tempo, engordadas pelas taxas de juros elevadas, expandiram-se as dívidas públicas dos Estados Unidos e da Europa. Com o dólar supervalorizado, os Estados Unidos inverteram sua situação externa: passaram da posição credora para a devedora. Os bancos internacionais puderam se beneficiar da formidável expansão da dívida pública americana. Os papéis do governo americano e as taxas de juros elevadas vieram em socorro da qualidade dos ativos e da rentabilidade dos bancos credores, num momento em que a dívida latino-americana sofria forte desvalorização.

A partir de então, é sobre o peso e a reputação de sua dívida que os EUA sustentaram a supremacia do dólar. Com isso, reforçaram as tendências à transnacionalização de seu mercado financeiro e de capitais e a metástase "global" de sua grande empresa.

No início dos anos 80, com a vitória da *reaganomics*, as análises convencionais sobre a trajetória da economia americana concentraram suas preocupações na ampliação dos déficits gêmeos — fiscal e em conta-corrente. O economista Stephen Marris, do Instituto de Economia Internacional, publicou, então, o livro *Deficits and the Dollar: The World Economy at Risk* (1987), sobre os déficits gêmeos e o inevitável colapso do dólar, *o hard landing*, tese que angariou grande popularidade no mundo acadêmico.

Mas os acordos do Plaza em 1985 e do Louvre em 1987 (o primeiro articulou a desvalorização ordenada da moeda americana e o segundo procurou conter os "excessos" dos vendidos em dólar e estabilizar as taxas de câmbio) mostraram que o raio de manobra da potência dominante e sua capacidade de "coordenar os mercados" e submeter os aliados do G7 eram bem maiores do que poderia suspeitar nossa vã economia.

O *crash* da Bolsa de Nova York, em outubro de 1987, e a pronta recuperação dos mercados, amparada na rápida reação da política monetária do Federal Reserve, ao mesmo tempo em que chamavam a atenção para os riscos implícitos na globalização, sob o comando do dólar e da finança "desregulamentada", também sublinharam o aprofundamento da assimetria de poder entre as economias centrais.

Tal disparidade de forças ficou ainda mais clara no final dos anos 80 e no começo dos anos 90: os Estados Unidos experimentaram uma recessão branda, entre 1990 e 1992, enquanto a Europa assistia ao colapso do Sistema Monetário Europeu e o Japão mergulhava numa crise que iria durar uma década. Adiante, este ponto será mais bem tratado.

No artigo *"O dinheiro e as transfigurações da riqueza"*,[5] procurei demonstrar que a recessão americana do início dos anos 90 foi determinada por rápida contração dos gastos privados, característica das reversões cíclicas que soem ocorrer depois de um período de endividamento das empresas e, particularmente, das famílias. Sobretudo nos ciclos comandados pela dinâmica dos mercados financeiros, as empresas contraem o investimento e cortam a folha de salários, com o propósito de atender à súbita elevação da carga de juros sobre a receita operacional. As famílias, premidas pela desvalorização de seu portfólio financeiro e imobiliário e pelo temor da inadimplência, restringem o consumo e elevam a poupança, tentando restabelecer a relação desejada entre riqueza e renda. O déficit fiscal ampliou-se, funcionando como "estabilizador automático", o que não impediu expressiva redução do déficit externo em conta-corrente.

Depois do socorro prestado ao México na crise de 1994-1995, o dólar sofreu forte desvalorização, sobretudo frente ao iene, logo revertida mediante ação coordenada dos Bancos Centrais. Na segunda metade dos anos 90, a moeda americana voltou a ganhar força, o que permitiu a lassidão da política monetária de Alan Greenspan, fonte da interação virtuosa entre a expansão do crédito e a valorização de ativos, que, mediante o efeito rique-

---

5. Ver Capítulo 3 do presente volume.

za, engendrou a expansão do gasto privado em consumo e investimento. No referido artigo,[6] observamos que a recuperação americana, depois de 1993, foi outra vez liderada por rápida elevação do preço dos ativos, particularmente das ações, acompanhada por forte crescimento dos preços das *commodities*, o que suscitou elevações sucessivas, pelo Fed, das taxas curtas nos Estados Unidos.

A subida da *Federal Funds rate* nos primeiros nove meses de 1994 foi inicialmente bem acolhida pelos mercados financeiros, que a entenderam como tempestiva e adequada, provocando, paradoxalmente, firme valorização no mercado de bônus e queda das taxas de longo prazo. Subitamente, porém, as expectativas se alteraram, desencadeando-se crise no mercado americano de bônus, forte subida nas taxas longas e saída de capitais dos mercados emergentes mais fragilizados pelos desequilíbrios de balanço de pagamentos, e precipitando-se, no final daquele mesmo ano, o (segundo) colapso mexicano.

As políticas monetárias nos países centrais movem-se, portanto, num corredor estreito entre a obrigação de prevenir as deflações agudas, por meio de repetidas intervenções de última instância (sempre acompanhadas de risco moral) e a necessidade de regular a estabilidade da economia, evitando especialmente a formação de bolhas especulativas que, nas condições atuais, acarretam, quase sempre, situações de fragilidade e de miopia financeira.

Depois dos episódios referidos, são compreensíveis as hesitações do Federal Reserve em elevar as taxas de curto prazo. Mesmo diante da firme evolução então em curso do nível de atividades e dos sinais emitidos pelo mercado de trabalho — interpretados como evidências de aquecimento "excessivo" —, o Comitê de *Open Market* procrastinou a decisão antecipada pelos mercados. Entre o final de 1996 e os primeiros meses de 1997, por exemplo, as taxas longas vinham ensaiando uma subida mais acentuada, antevendo o ajuste das taxas curtas pelas autoridades monetárias. Estas (apesar de algumas declarações "alarmistas" do *chairman* do Federal Reserve, Alan Greenspan) preferiram apostar numa "autocorreção" endógena e moderada do ciclo financeiro, temendo que nova elevação das taxas, ainda que moderada, pudesse determinar alterações mais drásticas nas expectativas, capazes de produzir não só uma "correção de preços" dos ativos mais forte do que a desejada, mas também desastres de grandes proporções nos mercados emergentes. Nestas condições, a aceleração do

---

6. Ver Capítulo 3, p. 85.

crescimento foi acompanhada pela geração de um superávit fiscal (auxiliada pela reforma tributária de Clinton) e de uma ampliação rápida do déficit em conta-corrente.

Também a curta e moderada recessão de 2001 foi eficazmente contornada pela imediata resposta da política monetária e por impressionante reversão do balanço fiscal, que transitou de um superávit de 1,1% para um déficit de 4,5% do PIB. Desta vez, no entanto, o déficit em transações correntes sofreu apenas ligeira queda entre 2000 e 2001 (de 4,5% para 3,5% do PIB), para depois retomar a escalada ascendente em direção à marca dos 7% em 2005.

Diante da persistente elevação do déficit externo, retornaram as vozes que proclamam a necessidade de ajuste dos déficits gêmeos, evocando o clima dos anos 80, contaminado pelo receio do *hard landing* do dólar. Os defensores do ajustamento dos dois déficits acenaram outra vez com os riscos de um colapso da moeda americana, com efeitos desastrosos sobre a taxa de juros, os mercados de ativos — em particular, neste momento (2005-6), o superaquecido mercado imobiliário — e o crescimento da economia global. Mas, na atual conjuntura, diferentemente do que ocorreu no início dos anos 80, quando havia quase unanimidade em torno das consequências dos déficits gêmeos, surgem opiniões que discrepam dos "catastrofistas" do ajustamento.

A NOVA DIVISÃO INTERNACIONAL DO TRABALHO E AS CONTRADIÇÕES DA HEGEMONIA AMERICANA

Nas últimas três décadas do século XX e no começo do século XXI, três movimentos centrais e interdependentes promoveram profundas transformações na economia global — a liberalização financeira e cambial, a mudança nos padrões de concorrência e a alteração das regras institucionais do comércio e do investimento —, todos conducentes ao reforço do poderio econômico americano.

Do ponto de vista espacial, a Ásia converteu-se num dos principais *loci* do investimento direto e da difusão acelerada do progresso técnico levados a cabo pelo deslocamento da empresa transnacional desde os anos 1980.

Já assinalamos em outros artigos[7] que, no início da década de 80, a política econômica de Reagan — com seu dólar supervalorizado e seus enor-

---

7. Ver Capítulo 5, p. 117-120, e Capítulo 8, p. 195-8.

mes déficits orçamentários e nas contas de comércio — foi fonte de dinamismo para os países da Ásia, em particular para Japão, Coreia e Taiwan: foi o período dos grandes superávits comerciais japoneses, taiwaneses e coreanos. Quando, porém, em meados dos anos 80, os EUA resolveram reverter a brutal valorização do dólar, que já havia causado danos quase irreparáveis a sua indústria, foi dado claro sinal de que pelo menos esta parte da festa estava prestes a acabar. Yoichi Funabashi, em seu livro *Managing the Dollar: From the Plaza to the Louvre*, afirma que o Acordo do Plaza foi uma resposta às pressões protecionistas já disseminadas no Congresso americano. Os japoneses foram obrigados a engolir a valorização do iene, o que, por um lado, afetou suas exportações para a área de predominância da moeda americana e, por outro, causou sérios prejuízos para os bancos, as corretoras e as seguradoras que carregavam em suas carteiras ativos em dólar.

A famosa *endaka* dará impulso ao movimento de "deslocalização" da indústria japonesa para os países da região, apoiado na capacidade de financiamento de seus bancos, que tentavam compensar as perdas em que incorreram os ativos denominados em dólar.

A metástase do sistema industrial do Japão suscitou, imediatamente, uma onda de investimentos de Taiwan e da Coreia, principalmente para a China, mas também para a Tailândia, a Malásia e Indonésia. As praças financeiras "internacionalizadas" de Hong Kong e Cingapura integraram-se rapidamente ao complexo "asiático" em formação, por meio dos bancos locais e estrangeiros aí sediados. Estes fluxos cruzados de investimento direto, de expansão do crédito e, mais tarde, de aplicações de portfólio estimularam o crescimento muito rápido do comércio entre os países da região, sobretudo mediante as transações intrafirmas.

A China e seu já desvalorizado iuane iriam completar a primeira década de crescimento acelerado. Este novo e gigantesco protagonista do "milagre asiático" vinha executando seus programas de reforma econômica com grande eficácia. Estas reformas buscavam a combinação de agressiva estratégia exportadora, atração de investimentos diretos estrangeiros nas zonas liberadas e forte intervenção do Estado. A ação estatal concentrou-se em estímulo à agricultura familiar, maciços investimentos em infraestrutura e utilização das empresas públicas como "âncora" para a constituição de grandes conglomerados industriais. Tudo isso foi acompanhado de cuidadosa transição do sistema de preços da antiga economia de comando para a "nova" economia de mercado.

Entre 1988 e 1993, o comércio entre os países da Ásia iria se expandir a taxas impressionantemente altas, superando as relações comerciais com a Europa e a América do Norte.

O exuberante ciclo de expansão americano dos anos 90 — outra vez escoltado por gigantescos déficits em transações correntes — vai reforçar não só o papel de grande investidor, mas também de demandante e devedor de última instância dos Estados Unidos. A China, cuja "competitividade" é crescente, tanto nos mercados menos qualificados, como, em ritmo acelerado, nos de tecnologia mais sofisticada, torna-se o maior receptor (incluída a intermediação das praças de Hong Kong e Cingapura) do investimento direto americano e, ao mesmo tempo, ganha participação crescente no mercado dos Estados Unidos. Sobretudo depois da desvalorização de 1994, o *drive* exportador chinês vai deslocando a participação de seus parceiros asiáticos em terceiros mercados, ao mesmo tempo em que estimula as importações de peças e componentes dos países da região. Simultaneamente, os chineses sustentam a continuada elevação da taxa de acumulação de capital e a rápida incorporação de novas tecnologias mediante o estímulo a *joint ventures* com empresas coreanas, japonesas e de Taiwan.

O relatório *Trade and Development Report* (2003), da Unctad, traz o subtítulo *Acumulação de capital, crescimento e mudança estrutural*. É uma avaliação profunda e certeira dos resultados das políticas de desenvolvimento praticadas na Ásia e na América Latina nas duas últimas décadas. Trata-se de um estudo histórico-comparativo sobre o desempenho, ao longo do movimento de transformação da economia global nas décadas de 80 e 90, dos países em desenvolvimento: 1) os de *industrialização madura*, como a Coreia e Taiwan, que já atingiram elevado grau de industrialização, produtividade e renda *per capita*, mas apresentam taxa declinante de crescimento industrial; 2) os de *industrialização rápida*, como a China e talvez a Índia, que, mediante políticas que favoreçam elevadas taxas de investimento doméstico e graduação tecnológica, apresentam crescente participação das manufaturas no produto, no emprego e nas exportações; 3) os de *industrialização de enclave,* como o México, que, a despeito de aumentar sua participação na exportação de manufaturados, têm desempenho pobre em termos de investimento, valor agregado manufatureiro e produtividade totais; e, finalmente, 4), os países *em vias de desindustrialização*, o que inclui a maioria dos países da América Latina.

A tipologia desenhada pela Unctad é o ponto de chegada do jogo complexo. Em todas as etapas de expansão do capitalismo, este jogo envolve as transformações financeiras, tecnológicas, patrimoniais e *espaciais* que decorrem da interação de dois movimentos: 1) o processo de concorrência movido pela grande empresa, sob a tutela das instituições nucleares de "governança" do sistema (a finança e o Estado hegemônico); e 2) as estratégias nacionais de "inserção" das regiões periféricas. As transformações que hoje observamos são impulsionadas pelo jogo estratégico entre o "polo dominante" — no caso a economia americana, sua capacidade tecnológica, a liquidez e profundidade de seu mercado financeiro, o poder de *seigniorage* de sua moeda — e a capacidade de "resposta" dos países em desenvolvimento às alterações no ambiente internacional.

É desnecessário dizer que as economias periféricas dispõem de estruturas e trajetórias sociais, econômicas e políticas muito dessemelhantes, o que dificulta para umas e facilita para outras a chamada "integração competitiva" nas diversas etapas de evolução do capitalismo. Assim, por exemplo, o sucesso do Brasil, até o início dos anos 80, desencadeou a crise que iria provocar o seu reiterado "fracasso" na tentativa de se ajustar às novas condições internacionais. No polo oposto, o fracasso chinês até os anos 80 propiciou condições iniciais mais favoráveis para o sucesso das reformas empreendidas a partir de então.

A "globalização americana", ao operar nas órbitas financeira, patrimonial e produtiva, engendrou dois tipos de regiões: aquelas cuja inserção internacional se faz pelo comércio e pela atração do investimento direto destinado aos setores produtivos afetados pelo comércio internacional; e aquelas, como Brasil e Argentina, que buscaram sua integração mediante a abertura da conta de capitais.

No Brasil e na Argentina, as sociedades, submetidas à sucessão de "choques heterodoxos", estavam exaustas diante da resistência prolongada da crise inflacionária dos anos 80. Já afirmamos, no artigo *Estabilização e finanças globalizadas* (1996), que,

> *independentemente da situação macroeconômica dos países receptores, o início dos anos 90 foi caracterizado pela restauração dos fluxos de capitais privados para os países da América Latina, depois do longo período de estiagem que se seguiu à crise da dívida dos anos 80. Apesar da retórica reformista que escoltou e ainda acompanha o retorno dos capitais privados às praças latino-americanas, a verdade é que se tratou apenas, pelo menos no primeiro momento, do tradicional e conhecido*

money chasing yield, *como bem o professor Hyman Minsky caracterizou este fenômeno.*

O fator decisivo para a transformação dos países latino-americanos de doadores de "poupança" em receptores de recursos financeiros foi, sem dúvida, a deflação da riqueza mobiliária e imobiliária observada já no final de 1989, nos mercados globalizados. Como já foi dito, esta profunda recessão *financial-led* exigiu grande lassidão das políticas monetárias, no sentido de tornar possível a digestão dos desequilíbrios correntes e no balanço patrimonial de empresas, bancos e famílias, envolvidos no exuberante surto de valorização de ativos que se seguiu à intervenção salvadora de 1987.

Ao estado quase depressivo dos mercados de qualidade e à situação de sobreliquidez, causada por prolongado período de taxas de juros muito baixas, juntou-se um quadro, nos "mercados emergentes", de estoques de ações depreciados e governos fortemente endividados e proprietários de empresas públicas privatizáveis distribuídas por vários setores da economia, além das perspectivas de valorização das taxas de câmbio e da manutenção taxas de juros reais elevadas, em moeda forte, mesmo depois da estabilização.

Os países da periferia, até então submetidos às condições de ajustamento impostas pela crise da dívida, foram literalmente capturados pelo processo de globalização, executando seus programas de estabilização de acordo com as normas dos mercados financeiros liberalizados. É preciso entender que a regra básica das estabilizações com abertura financeira é a da criação de oferta de ativos atraentes que possam ser encampados pelo movimento geral da globalização. Neste rol estão incluídos: títulos da dívida pública, em geral curtos e de elevada liquidez; ações de empresas em processo de privatização; bônus e papéis comerciais de empresas e bancos de boa reputação; e, posteriormente, ações depreciadas de empresas privadas, especialmente daquelas mais afetadas pela abertura econômica e pela valorização cambial.

O movimento de transnacionalização do espaço asiático, particularmente da China, é fruto do movimento do capital produtivo e ao mesmo tempo, uma mudança de escala no processo de deslocalização da estrutura manufatureira da tríade desenvolvida (Estados Unidos, Europa e Japão) para o resto do mundo. No caso americano, este fenômeno pode ser observado de vários ângulos. O primeiro, o mais singelo, revela uma aceleração da queda da participação da indústria manufatureira no PIB (12,7% em 2005) e no emprego, muito mais intensa do que seria justificado pelos ganhos de produtividade. Em segundo lugar, trabalhos recentes,[8] que buscam estimar a participação de insumos e componentes importados no total de *inputs* consumido anualmente pela indústria manufatureira dos Estados Unidos, mostram que, entre 1987 e 2002, esta participação subiu de 12,4% para 22,1%. Os ramos mais afetados — acima da média da indústria — são os de produtos eletrônicos e de informática, vestuário e artigos de couro, veículos motorizados, trailers e partes, equipamento elétrico e componentes. São os mesmos setores em que foi maior a destruição de postos de trabalho. A isto se junta o rápido crescimento das importações de bens finais de consumo e de capital, não só da Ásia, como também da Europa, igualmente superavitária em suas relações comerciais com os Estados Unidos. Em 2005, o déficit comercial dos Estados Unidos chegou a US$ 726 bilhões, ou seja, 5,8% do PIB. Deste total, 83% correspondem ao déficit "manufatureiro". Apenas 17% do crescente déficit comercial dizem respeito às importações líquidas de petróleo e produtos primários.

Finalmente, como já foi visto,[9] a rápida industrialização da China e dos países do Sudeste Asiático está deslocando importante fração da demanda global para os produtores de matérias-primas e alimentos. Como é de conhecimento geral, a China sustenta um saldo positivo muito elevado (US$ 204 bilhões em 2005) com os Estados Unidos. Mas seu déficit é crescente com o resto da Ásia e com os demais parceiros comerciais. O bloco industrializado da Ásia, sobretudo a China, funciona como engrenagem de transmissão entre a demanda gerada nos Estados Unidos e a oferta das economias "exportadoras de recursos naturais".

As relações de interdependência entre as economias asiáticas e destas com os Estados Unidos suscitam questões que tornam muito arriscadas respostas simples. Os países cuja estratégia é governada pelo saldo da balança comercial e pela acumulação de reservas "fecham o circuito" gasto-renda-poupança do "sistema americano", ao utilizar as poupanças em dólar para financiar o déficit em conta-corrente dos Estados Unidos. Essa dependência recíproca impede que os países asiáticos orientem a aplicação de suas reservas por critérios privados de risco-rentabilidade. Garantem assim uma demanda pela moeda americana que assegura certa estabilidade nas taxas de câmbio de suas moedas em relação ao dólar.

---

8. Cf. Burke, J., Epstein, G. & Choi, M., *Rising Foreign Outsourcing and Employment Losses in US Manufacturing, Amherst:* University of Massachusetts, 2004 (Peri Working Papers).
9. Ver Capítulo 9, p. 209.

Os otimistas, diz Barry Eichengreen, sustentam que a ampliação do déficit americano em conta-corrente pode continuar por mais uma década, escorada na disposição dos chineses de incorporar mais 200 milhões de trabalhadores nas indústrias voltadas para a exportação. Até completar o ciclo, os chineses estarão dispostos a defender o iuane desvalorizado e, portanto, a acumular reservas e adquirir títulos do Tesouro americano. Isto significa evitar quaisquer alterações nas taxas de câmbio relativas nas relações intra-asiáticas e particularmente mudanças no valor do iuane em relação ao dólar.

Os pessimistas advertem para a não sustentabilidade do aquecimento da economia chinesa, determinado pela excessiva expansão do crédito ao setor privado. Impulsionado pela ampliação das reservas em moeda forte, o crescimento dos empréstimos não só vem realimentando a especulação imobiliária e os investimentos mal concebidos, como provoca o aumento dos créditos *non performing* na carteira dos bancos. Para os pessimistas, a recente e insignificante valorização do iuane é apenas a primeira de uma série que fatalmente levará à flutuação da moeda chinesa.

As duas posições são problemáticas. É possível imaginar, tal como pretendem os otimistas, um cenário de estabilidade nas condições de financiamento do déficit americano em conta-corrente, dada a natureza das inter-relações comerciais e financeiras que "solidarizam" a economia americana com os parceiros asiáticos.

A consolidação do papel do dólar como moeda de reserva é o fenômeno crucial da segunda metade do século XX. A soberania monetária americana garantiu a expansão da grande empresa — com efeitos sobre a distribuição espacial da indústria manufatureira e, mais recentemente, dos serviços — e permitiu a adoção das políticas de crédito e de gasto público que sustentam taxas elevadas de crescimento da demanda nominal e, a cada ciclo de expansão, provocam a elevação do déficit em conta-corrente, gerando demanda para o resto do mundo.

Os americanos passaram a manejar com grande agilidade sua política monetária, convertendo-a numa máquina de sucção de liquidez, de capitais e da "produtividade" dos trabalhadores asiáticos (e também centro-americanos), para sustentar o crescimento acelerado de sua economia, sem tensões inflacionárias. O último ciclo americano comprovou a eficácia desta forma de integração financeira e produtiva, na medida em que propiciou espetacular expansão do crédito à produção e ao consumo e, melhor ainda, a "alavancagem" financeira que fomenta o processo de fusões e aquisições e a inflação de ativos financeiros e imobiliários, fonte do "enriquecimento" e do encolhimento da poupança das famílias.

De outra parte, as estratégias mercantilistas dos países asiáticos, concebidas para a geração de superávits comerciais e acumulação de reservas, implicam necessariamente não só a demanda de ativos denominados em dólar, como o abastecimento de bens de consumo, intermediários e de capital a baixo custo.

Isto significa que a hegemonia americana e seu enorme mercado nacional ensejaram a construção de um espaço monetário EUA-Ásia. A relação entre a taxa flutuante da moeda soberana e as taxas fixas ou controladas das moedas subordinadas (asiáticas) não só permitiu a ampliação dos déficits e superávits entre os parceiros, como reforçou o poder de *seigniorage* do dólar.

Mas isso não afasta e provavelmente agrava as características negativas do crescimento "desequilibrado" dos Estados Unidos, antes e depois da recuperação de 2002. Como mostra o mais recente boletim do Economic Policy Institute, a economia americana, no primeiro trimestre de 2006, cresceu à taxa anualizada de 4,8%, impulsionada pela evolução do consumo de duráveis e pelos gastos militares, com desempenho medíocre do investimento privado. O crescimento do consumo contribuiu com 3,8 pontos percentuais para o crescimento do PIB, superando por larga margem a contribuição do investimento (1,2 pontos percentuais). A expansão da demanda agregada foi de 5,6% e decorreu muito mais da ampliação do endividamento das famílias (4,6% anualizado), apoiado na valorização dos imóveis residenciais, do que da expansão da remuneração real dos assalariados, que apresentou queda (-0,9%).

Nos últimos três anos e meio, contrariando a experiência dos ciclos anteriores, o crescimento do consumo está desconectado da evolução da renda, particularmente dos salários e do emprego, e cada vez mais dependente do efeito riqueza. Os últimos dados do Departamento do Comércio mostram forte desaceleração do investimento residencial, cuja taxa de crescimento caiu de cerca de 10% no último trimestre de 2005 para 3,5% no primeiro trimestre de 2006.

Ao mesmo tempo, a simbiose asiático-americana alterou a estratégia de acumulação da grande empresa nos Estados Unidos. A edição de abril de 2006 do *World Economic Outlook*, em seu capítulo IV, cuida de investigar as razões do expressivo crescimento da acumulação de recursos sob a forma líquida (*cash*) ou de participação acionária em empreendimentos localizados em mercados estrangeiros (*equities*) no portfólio das empresas não financeiras: "Para os Estados Unidos, se o investimento direto líquido no exterior das corporações não financeiras for adicionado ao gasto doméstico de capital, o dispêndio total de investimento das empresas está no mesmo nível do final dos anos 1990".

A rápida acumulação de ativos financeiros e de liquidez concentra-se na grande empresa e promove a intensificação do processo de fusões e aquisições que, depois de um hiato entre 2001 e 2003, retomou seu vigor nos últimos dois anos. Há evidências de que, depois do ciclo de investimentos dos anos 90, concentrados na área de informação e telecomunicações (IT), as empresas americanas promoveram acelerado processo de desendividamento e ampliaram as participações no investimento externo — fusões e aquisições na Europa e na América Latina e investimento novo (*greenfield*) na Ásia. Estes movimentos aprofundaram o processo de deslocalização produtiva e aumentaram o estoque de direitos de propriedade e de ativos financeiros de curto prazo na composição de seu portfólio.

Destacamos, ao final do capítulo precedente,[10] que a incorporação do consumo individual à dinâmica do novo capitalismo tornou-se crucial para as perspectivas de crescimento. A forma especificamente capitalista do consumo começa a se definir entre o final do século XIX e a primeira metade do século XX, particularmente nos Estados Unidos, com a "suburbanização" das cidades e a difusão dos duráveis impulsionada pela construção das redes de energia elétrica, pelo desenvolvimento do crédito e pelas técnicas de propaganda inerentes à concorrência monopolista.

A constituição de um sistema de proteção social e as políticas keynesianas de sustentação da renda e do emprego no segundo pós-guerra contribuíram de maneira decisiva para o avanço do "consumo capitalista". Este componente da demanda efetiva não inclui apenas o "consumo dos capitalistas", mas deve ser assim qualificado por conta da forma de financiamento do gasto dos consumidores, na qual estão incluídas as novas modalidades (cartões de crédito, por exemplo) e a valorização do estoque de riqueza ao longo dos ciclos de crédito, o que desvincula crescentemente o consumo do comportamento da renda corrente. Não se trata apenas da completa sujeição das "necessidades" aos imperativos da mercantilização universal. No capitalismo avançado americano, o circuito gasto-renda-consumo começa e termina com a valorização fictícia do patrimônio das famílias. A valorização do patrimônio líquido facilita o crédito barato para financiamento do gasto que alimenta a acumulação de lucros e de liquidez pela grande em-

---

10. Ver Capítulo 9, p. 210.

presa. O consumo final e intermediário da economia se abastece dos bens gerados a preços cadentes nas usinas de produtividade dos trabalhadores asiáticos, com ganhos reais para os consumidores e as empresas.

Uma das singularidades da "globalização americana" é a desconexão espacial entre consumo e investimento. A mancha produtiva — sobretudo manufatureira, originária do espaço econômico americano, japonês e europeu — desbordou, pela intensificação da concorrência "globalizada", para a periferia, onde se abriga um enorme reservatório de mão de obra e capacidade de rápida absorção tecnológica, com expressiva redução de custos de produção e, consequentemente, ganhos para os consumidores e empresas que vivem e operam em mercados de renda *per capita* elevada.

Ao fim e ao cabo, o circuito riqueza-consumo-produção "libera" uma fração crescente do poder de compra das famílias de renda média e baixa para o endividamento, enquanto os que estão no topo da pirâmide, os credores líquidos — empresas e famílias de alta renda — apropriam-se da valorização da riqueza financeira.

Mercados da riqueza, acumulação financeira e bolhas de ativos

A avaliação desses fenômenos supõe que sejam tomadas na devida conta as transformações ocorridas nos mercados financeiros e cambiais, na posteridade da desregulamentação e liberalização dos mercados financeiros. É na esfera financeira que se realizam as transformações patrimoniais e se concretizam as mudanças de estratégia das corporações transnacionais não financeiras, sob o comando dos grandes investidores institucionais.

Os críticos da finança globalizada — ou seja, da abertura generalizada das contas de capital e da desregulamentação dos mercados — costumam atribuir a relativa calmaria que prevaleceu nas três décadas que se seguiram à Segunda Guerra Mundial à chamada "repressão financeira".[11] Esta incluía a separação entre os bancos comerciais e os demais intermediários financeiros, controles quantitativos do crédito, tetos para as taxas de juros e restrições ao livre movimento de capitais. Os bancos comandavam o crédito e estavam comprometidos, numa relação de mútua confiança, com o desempenho produtivo das empresas. As crises de liquidez, como a de 1966 nos Estados Unidos, eram raras e, em geral, dóceis às intervenções dos Bancos Centrais.

---

11. Ver Capítulo 9, p. 207.

Nos países desenvolvidos, as políticas monetárias e fiscais anticíclicas do keynesianismo — mesmo bastardo — cumpriram o que prometiam, ou seja, sustar a recorrência de crises de deflação de ativos e de "desvalorização do capital", fenômeno que assolou o capitalismo do final do século XIX até a Grande Depressão dos anos 30. A reiteração de intervenções de última instância dos Bancos Centrais e a geração de déficits fiscais, ao aumentar a dívida pública de "boa qualidade", impediram a desvalorização da riqueza já existente e ampliaram o peso dos ativos financeiros na riqueza total.

Mudanças subjetivas (psicológicas, diria Keynes) foram provocadas pelas intervenções bem-sucedidas: constituiu-se nova agenda de convenções, antitética àquela que imperara entre o final do século XIX e a Grande Depressão. Criou-se, na verdade, uma situação de *moral hazard* permanente, ou seja, um viés altista na psicologia dos investidores. Seja qual for a intensidade da flutuação da economia, as perdas devem ser limitadas, dada o valor da massa de ativos que poderia ser atingida por uma crise de liquidez e, portanto, por uma deflação de preços generalizada nos mercados financeiros. Não por acaso, nos últimos anos e depois das crises da década de 90, intensificaram-se os debates sobre a necessidade de um emprestador de última instância universal e as possibilidades de o FMI assumir este papel.

Ironias engendradas no curso da história: as ações de estabilização do Estado Keynesiano favoreceram avanço do processo de "securitização" e de desregulamentação dos mercados. Geraram, desta forma, as condições de obsolescência da "repressão financeira". Os critérios de avaliação dos mercados secundários da riqueza voltaram a comandar as decisões de empresas, consumidores e governos.

As técnicas de securitização de créditos bancários, o uso de derivativos e a intensa informatização dos mercados permitiram ampliar o volume de transações. Estas massas de capital financeiro estão concentradas sob o comando de grandes investidores institucionais. São fundos de pensão, fundos mútuos e o último rebento da finança moderna, os fundos de *hedge*, que, operando em várias praças financeiras, usam intensamente o crédito para "alavancar" posições em ativos.

Os capitais movem-se entre as economias nacionais, na busca de oportunidades de arbitragem ou de ganhos especulativos, sempre a envolver apostas quanto aos movimentos de preços dos ativos denominados nas diversas moedas. O "*moral hazard* estrutural", de certa forma, tornou os Bancos Centrais reféns da garantia de liquidez, no caso de oscilações bruscas nos preços e suspeita de risco sistêmico. Não seria fora de propósito buscar aí as origens de processos altistas prolongados, assim como da "ganância infecciosa" que, não raro, fomenta a febre de fusões e aquisições, sempre sustentada, direta e indiretamente, pelo potente sistema de crédito.

Os episódios de euforia global e liquidez excessiva terminariam em reversões espetaculares, não fossem as intervenções de última instância do Banco Central mais poderoso e de seus acólitos no centro do sistema monetário internacional.

Assim, o predomínio da lógica financeira impõe ao Federal Reserve, administrador de última instância do sistema, um manejo delicado da política monetária. Na conferência de Jackson Hole, Alan Greenspan deixou claro, em sua linguagem críptica, que no clima de *moral hazard* estrutural não há espaço para radicalismos, isto é, para movimentos bruscos das taxas de juros. Greenspan manifestou, na realidade, preocupação com a "generalização" da inflação de ativos, num ambiente de baixa inflação nos mercados de bens e serviços. A "exuberância irracional" agora contamina quatro mercados: bônus, imobiliários, *commodities* e os de moedas de países emergentes. Quanto aos riscos de inflação nos preços de bens e serviços, observamos a presença de forças que se movem em sentido contrário: de um lado, a tendência deflacionária dos preços dos produtos manufaturados, por conta do excesso de capacidade à escala global; de outro, a demanda chinesa e as taxas de juros, ainda baixas, favorecendo a formação de posições especulativas altistas nos mercados de *commodities*. As quatro bolhas, a ampliação da posição devedora líquida americana e o risco sempre presente da aceleração inflacionária levantam desafios formidáveis aos Bancos Centrais.

Até agora, as políticas monetárias e os arranjos cambiais têm conseguido promover a "fuga para frente", no afã de manter sob controle os Mercados da Riqueza e, ao mesmo tempo, sustentar as taxas de crescimento da economia global. A efetividade das políticas anticíclicas está fundada, nos Estados Unidos, na *articulação estrutural* entre o sistema de crédito, a exuberante expansão do consumo privado, a diáspora da indústria manufatureira para regiões "mais competitivas", o enorme déficit comercial e a gestão das finanças do Estado, particularmente da dívida pública.

Esse formato expressa a natureza peculiar do poder econômico americano:[12] a fusão de funções e de interesses explicita o caráter essencialmente "coletivista" (e macroeconômico) dos processos centrais de reprodução e de "mundialização" do capitalismo realmente existente. As relações entre

---
12. Ver Capítulo 8, p. 199.

Estado e mercado (uma forma imperfeita de exprimir as relações entre política e economia) não são "externas", de mero intervencionismo. São orgânicas e constitutivas. Nos tempos da "economia global", tais *formas socializadas do poder privado* permitem diversificar a riqueza de cada grupo, distribuí-la entre os vários mercados nacionais e assegurar o máximo de ganhos patrimoniais, se possível no curto prazo.

Os agentes destas operações são as instituições da finança privada. São estas que definem os preços de venda, os métodos de financiamento, a participação acionária dos grupos, as estratégias de valorização das ações. A garantia final — mas certamente não definitiva — do processo de valorização de ativos é a existência de um estoque de ativos líquidos e seguros emitidos pelo governo do país hegemônico.

Entre 2001 e 2003, por exemplo, a política monetária americana funcionou de forma anticíclica: a autoridade monetária satisfez a demanda dos *market makers* por papéis mais líquidos e seguros. Essa providência manteve a rentabilidade das carteiras destes agentes, ao reduzir seu custo de carregamento. Ao mesmo tempo, o superávit fiscal tornou-se disfuncional, tanto do ponto de vista macroeconômico, como da composição dos patrimônios privados. O setor privado, na recessão, demanda papéis do governo como forma de preservação da riqueza líquida, substituindo, na margem, a aquisição de papéis privados.

A política de redução de taxas de juros nos Estados Unidos e sua manutenção em níveis muito baixos, entre 2001 e 2004, estimularam as operações de *carry trade* — tomar recursos baratos em determinada moeda (no caso, o dólar) e aplicá-los em outras moedas (como, por exemplo, o real) com rendimentos mais elevados. Neste mesmo período, o Japão fixava em zero as taxas de juros básicas, com o propósito de impedir o avanço das forças deflacionárias que ameaçaram sua economia ao longo da estagnação dos anos 90 e o início do terceiro milênio. A conjugação entre as políticas monetárias japonesa e americana fomentou a forte expansão da liquidez internacional e impulsionou o atual ciclo de crédito e de inflação de ativos.

A partir de 2004, a subida progressiva da *policy rate* nos Estados Unidos reduziu drasticamente as vantagens dos empréstimos em dólar para o *carry trade* em mercados forâneos de alto rendimento. Entre o segundo e o último trimestre de 2005, a variação líquida dos ativos em mercados externos dos bancos americanos caiu de US$ 170 bilhões para US$ 11 bilhões. Ao mesmo tempo, as filiais dos mesmos bancos e os fundos de *hedge* ampliaram significativamente suas posições amparadas por empréstimos em ienes contra aplicações em ativos denominados em dólar, o que determinou a valorização da moeda americana.

A recuperação da economia japonesa e a consequente elevação das taxas de juros em iene são fatores de risco que já manifestaram sua presença nos ataques desferidos contra as moedas de países com elevado déficit em transações correntes, como foi o caso de Islândia, Hungria e Nova Zelândia.

Conclusão

No mercado "competitivo" do capitalismo formado por empresas gigantes na era da desregulamentação e da liberalização, há, simultaneamente, dinamismo e estagnação, avanço vertiginoso das forças produtivas em algumas áreas e setores combinados com a regressão em outras partes. Mais do que nunca, a concorrência capitalista torna efetiva a sua razão interna, engendrando o processo de fusões e aquisições, ou seja, o monopólio, o que significa impor barreiras à entrada de novos competidores, sejam estes empresas ou países.

Ao mesmo tempo, as posições relativas de países, continentes e classes sociais sofrem alterações tão radicais quanto perturbadoras. O capitalismo realmente existente revela sua natureza mais profunda, aquela já desvelada por Marx e Engels no *Manifesto Comunista*:

> *A burguesia não pode existir sem revolucionar constantemente os meios de produção e, portanto, as relações de produção e com elas o conjunto das relações da sociedade (...) Revolução permanente nas condições de produção, distúrbios ininterruptos de todas as condições sociais, permanente incerteza e agitação é o que distingue a era burguesa de todas as demais.*

Marx e Engels escreveram isso em 1848, antes das escaladas industriais dos Estados Unidos e da Alemanha confirmarem suas suspeitas sobre o papel da concorrência "universal" na expansão do regime do Capital. Extasiada diante da potência revolucionária e "progressista" do capitalismo em seu ímpeto de mercantilização universal, a dupla não foi capaz de antecipar o papel crucial dos Estados nacionais e da luta política na "deformação" dos mercados e das condições da concorrência na derrocada da Inglaterra. (Assim, é possível que os Estados Unidos anunciem o futuro da China. *De te fabula narratur.*)

Em meados do século XIX, as economias retardatárias desenvolveram-se sob o livre-comércio, patrocinado pela hegemonia financeira inglesa. No final do século, a *Belle Époque* iria desfilar seu *aplomb* e suas aparências à beira do abismo cavado pelo protecionismo crescente e pelas disputas imperialistas por recursos naturais.

É demasiada pretensão do entendimento humano prognosticar para a nova etapa do liberalismo, o "neo" — ou seja, para a nova era de deslocamentos tectônicos e "climáticos" engendrados pelo revigoramento da concorrência universal — o mesmo destino das aventuras do liberalismo clássico. Richard Freeman, economista de Harvard, afirma em artigo recente que a velha conversa sobre os benefícios do comércio — os países avançados produzem bens de alta tecnologia com trabalho qualificado, enquanto os menos desenvolvidos se dedicam aos setores de mão de obra não qualificada — "tornou-se obsoleta com a presença da China e da Índia".

Editado pelo FMI, o *Global Financial Stability Report* de abril de 2006, apesar do tom geral mais otimista, não esconde as preocupações com os riscos implícitos na atual onda de sobreliquidez que inunda os mercados mundiais. Num ambiente de taxas de juros muito baixas, adverte o relatório, os investidores inclinam-se naturalmente para atitudes excessivamente otimistas na ponderação entre a evolução esperada dos preços dos ativos e os riscos envolvidos em sua posse. Em tais circunstâncias, são fortes os incentivos para "alavancar" posições especulativas e avançar na direção das regiões mais perigosas do espectro de risco.

O entusiasmo quase generalizado no início com a liberalização e a desregulamentação dos mercados financeiros começa a se transformar em cautela. Os sintomas desta mudança devem ser buscados no tom mais prudente das análises nascidas dos arraiais ortodoxos. A dúvida e o questionamento têm sido gerais e irrestritos.

Agora já são muitos os que criticam as interpretações convencionais que costumam atribuir as crises financeiras e cambiais à má gestão monetária e fiscal dos governos de países emergentes. Desde a sucessão de crises dos anos 90, que culminou com a derrocada da Argentina, os analistas mais responsáveis e menos comprometidos com a ideologia rasa dos interesses procuram sublinhar o papel desempenhado pela "dinâmica de mercado" na precipitação de episódios cambiais e financeiros ruinosos.

A história das crises financeiras é quase sempre a mesma: nas etapas de euforia, a confirmação das expectativas otimistas leva os possuidores de riqueza a buscar apostas mais arriscadas, incorporando ativos de menor qualidade em suas carteiras. Este é o caso, por exemplo, dos títulos de dívida pública e privada dos emergentes. Estes países costumam oferecer aos investidores internacionais rendimentos muito mais altos do que os apresentados por papéis do mesmo prazo emitidos por governos mais acreditados.

Esta caminhada dos investidores em direção à zona de riscos mais elevados está sempre amparada pela expansão do crédito bancário. Assim, os apostadores podem assumir posições que são um múltiplo de seu aporte próprio de capital, na esperança de ulteriores elevações dos preços que valorizarão seu estoque riqueza.

Neste quadro, uma súbita alteração das expectativas pode acarretar uma onda de vendas em massa — que, aliás, começam sempre pelos ativos mais arriscados. Muitos investidores adquiriram seus ativos a crédito, outros foram mais ousados na alavancagem. O professor Charles Kindleberger afirma, com razão, que as crises financeiras só se tornam graves quando as flutuações no valor da riqueza contaminam os bancos. Quando isso acontece, a maquinaria econômica entra em colapso. Na ausência de uma intervenção tempestiva, de natureza pública, simplesmente não há como fazer a engrenagem capitalista voltar a seu funcionamento normal.

Desde sempre, os mercado financeiros, entregues à própria lógica, são assim mesmo, sujeitos a surtos de euforia e pessimismo. Isto ocorre a despeito dos esforços dos economistas que insistem em desenhar modelos de mercados eficientes ou construir teoremas sobre a indiferença das estruturas de financiamento. A coisa fica ainda pior quando os surtos de euforia envolvem riscos de "descasamento" de moedas, o que frequentemente tem levado a crises cambiais, financeiras e bancárias em países imprudentes. Crises sistêmicas são inerentes à dinâmica financeira e uma ameaça permanente ao crescimento das economias. No plano internacional, as inevitáveis ondas de especulação causadora de instabilidade envolvem, ademais, ativos de diversas qualidades denominados em moedas distintas. As crises financeiras transformam-se inevitavelmente em crises cambiais.

Dizem que, para o bom entendedor, meia palavra basta. Mas o mencionado relatório do FMI parece não acreditar na sabedoria das parêmias populares. Afirma de boca cheia e de forma reiterada que uma eventual (e provável) mudança do ambiente financeiro internacional será inevitavelmente acompanhada de uma elevação dos rendimentos dos papéis do Tesouro americano e de uma ampliação dos *spreads* que incidem sobre os bônus dos países emergentes. A má notícia: os países com alto endividamento público e passivos externos elevados e mais voláteis estarão às voltas com vulnerabilidades, até agora "*mascaradas* pelo clima financeiro favorável". A boa nova: diante das boas perspectivas de crescimento global e preços favoráveis de *commodities*, os riscos serão reduzidos para os que se prepararam para o choque e cuidaram de manter taxas de câmbio adequadas e reservas elevadas.

CAPÍTULO 11

MARX, KEYNES E A FINANÇA CAPITALISTA[1]

MARX: CRÉDITO, ACUMULAÇÃO E CAPITAL FICTÍCIO

No livro III de *O Capital*, Marx examina as características do moderno sistema de crédito.
• O nivelamento da taxa de lucro "sobre o qual repousa toda a produção capitalista". Marx discute aí o instrumento apropriado para a mobilidade dos capitais no processo de igualação da taxa de lucro.
• Diminuição dos custos de circulação. O sistema de crédito reduz a necessidade de retenção de fundos capitalistas, dada a centralização do capital monetário nos bancos de depósito e demais instituições de crédito, o que permite acelerar o processo de reprodução do capital.
• O sistema de crédito permite a acumulação de capital muito além das possibilidades de cada capital industrial e, ao mesmo tempo, torna concreta a ocorrência de crises de realização e de superprodução.

Marx trabalha de uma forma peculiar, ao demonstrar a gênese e a estrutura das relações de produção capitalistas: a investigação começa pelo regime do capital já constituído e articulado em todas as suas "formas". Mas a exposição teórica se inicia com a forma elementar, a mercadoria. Da mercadoria para o dinheiro, do dinheiro para o capital; da circulação e da reprodução do capital para a autonomização e o desenvolvimento das for-

---
1. Publicado originalmente na Revista Princípios.

mas capital produtivo, capital mercantil e capital a juros. A mercadoria, em sua dupla determinação de valor de uso e valor de troca, é analisada como a categoria mais elementar do regime de produção capitalista já constituído. A "mercantilização geral" só ocorre sob o capitalismo.

O capital a juros é a forma mais geral, porque corresponde à culminância do processo de construção teórica que avança da mercadoria e do dinheiro — as formas mais abstratas — para as formas mais concretas, que correspondem à feição final assumida pelo regime do capital.

No capital a juros, o capital parece negar o que, *prima facie*, foi colocado em seus fundamentos. Quando Marx diz que "parece negar", não está dizendo que é uma mera ilusão, mas que o sistema, em sua "realidade concreta", funciona em contradição com seus fundamentos. O capital, em sua forma suprema, mais desenvolvida, parece tentar a obtenção da mais-valia do seu próprio processo de circulação, da relação consigo mesmo (D'-D'), prescindindo da mais-valia que possibilita a valorização.

Quando Marx fala da socialização produzida pelo crédito concentrado nos bancos no processo de expansão do sistema capitalista, isto significa que o crédito permite o aumento das escalas produtivas, da massa de trabalhadores reunidos e explorados sob o comando de um só capital. Significa mais que isto: os capitalistas passam a ser mais interdependentes e "solidários" sob o sistema de crédito. Na sociedade anônima, os proprietários individuais são substituídos, em sua função de controle do capital, pelos administradores profissionais e pelos gerentes. O capitalista passa a ser o detentor de uma quota parte do valor do capital. Com o sistema de crédito, separam-se efetivamente o capital em funções e o capital enquanto propriedade. Essa separação do capital em funções do capital como propriedade faz com que toda remuneração apareça sob a forma de juros. (Formas aparentes não são formas ilusórias, mas as formas necessárias pelas quais se manifestam as relações de produção transformadas pelo processo de abstração real promovido pelo movimento de autotransformação e diferenciação das relações capitalistas.) Os juros aparecem como forma de remuneração do capital total. Essa forma de capital é a forma mais geral e abstrata de existência do capital, a sua forma "verdadeira", no sentido de que é a mais desenvolvida.

Função e propriedade não estavam separadas quando se trata do capital em geral. O capitalista e industrial representava ambas as coisas, função e propriedade. Marx afirma claramente que essa forma de existência do capital dá origem ao monopólio e à crescente intervenção do Estado na economia.

A propriedade do capital agora é exercida, em última instância, sob a forma social, pelos bancos e pela massa de poupadores, o que possibilita e incita o controle e a intervenção do Estado. Marx desdobra analiticamente a questão em dois aspectos: primeiramente, o fato de a propriedade ser exercida agora sob a forma social, dentro dos limites do regime do capital. Trata-se da abolição progressiva da propriedade individual, sem destruição dos princípios da propriedade privada. Esse fenômeno tem como contrapartida a mobilização social dos fundos capitalistas concentrados nas instituições bancárias.

A ideia de que o capital social está concentrado nos bancos significa que isso tem implicações tanto para a circulação mercantil, como para a acumulação e a reprodução. Os bancos cumprem funções distintas aí. Qual a implicação para a circulação mercantil? Essa circulação não está mais adstrita à capacidade de uns capitalistas concederam crédito a outros, mas à capacidade dos agentes que administram o "capital socializado" descontarem os títulos que os capitalistas apresentam. Neste caso, os bancos agem como provedores de liquidez aos certificados das transações realizadas pelo setor privado. Marx quer mostrar que a circulação e a reprodução continuam a se apoiar nas transações entre proprietários privados de mercadorias e na subordinação da força de trabalho, mas que o sistema de crédito impõe-lhes uma subordinação às regras da concorrência.

Sob o crédito, a circulação do capital e do dinheiro não depende mais do endosso sucessivo dos títulos de crédito pelos capitalistas: a confiança está agora concentrada nos bancos. Marx reforça a ideia de que, ao concentrar capital monetário, os bancos ganham a prerrogativa de emitir notas que abasteçam as necessidades de liquidez da economia. Isso altera as regras de funcionamento de gestão monetária: a moeda de crédito, ao mesmo tempo em que transforma os bancos em emissores de meios de pagamento, também concede uma centralidade incontornável ao Banco Central. Essa instituição estabelece as mediações entre os bancos privados e a soberania monetária do Estado. O Banco Central cuida de regular as delicadas relações entre a moeda como bem público — ou seja, referência "confiável" para as decisões de endividamento destinado a prover liquidez à produção, ao consumo e ao investimento — e sua "outra" natureza, a de objeto do enriquecimento privado.

A expansão da economia capitalista foi acelerada pela capacidade dos bancos de emprestar — diversificando o risco — um múltiplo dos depósitos à vista escriturados em seus registros. São passivos que podem ser exigidos pelos depositantes sem pré-aviso e mobilizados por estes como meios de pagamento. Os bancos criam moeda. De certa forma, todas as inovações são descendentes das técnicas de "alavancagem" e das tentativas de repartir o risco.

No que diz respeito à acumulação e à reprodução do capital, a concentração do crédito tem efeito ainda mais importante, na medida em que permite ao banco fazer antecipação de capital monetário para as unidades de produção de valor. Essa possibilidade de antecipar capital, de abastecer liquidez para o investimento dá uma força redobrada ao processo de reprodução ampliada, à acumulação e seus efeitos decorrentes, com a culminação da concorrência na concentração e a centralização dos capitais.

A forma social assumida pelo capital no sistema de crédito rompe barreiras que estavam colocadas pela forma de existência da propriedade particular. Por isso, o capitalismo não é definido apenas pela existência da propriedade privada, mas como um sistema que tende a integrar e submeter todas as formas de existência, solidarizando o movimento de reprodução da vida econômica e social. Isto não apenas porque os produtores tornam-se mais interdependentes ou porque mais trabalhadores são colocados sob o comando do mesmo capital, mas, sim, porque tendem a se romper as barreiras que fazem a acumulação depender das decisões puramente individuais, sem que o sistema deixe de se basear na decisão privada quanto à valorização da riqueza.

O sistema de crédito permite que os capitalistas se associem como proprietários do mesmo capital. Marx faz uso da abstração real: as formas concretas realizam o conceito que as determina. Neste caso, a propriedade coletiva dentro dos marcos jurídicos da propriedade privada mostra como a interdependência entre os produtores acirra a concorrência entre eles e promove a concentração do capital produtivo e a centralização do comando capitalista. O processo de abstração real vai se concretizando em formas reais de existência da propriedade.[2] A participação acionária e seus desdobramentos realizam a propriedade coletiva dos meios de produção pelos capitalistas no propósito de se enfrentarem na arena da concorrência e das rivalidades. A grande empresa capitalista centraliza os fundos que permitem operar os meios de produção de que dispõe. (A *share*, "ação", é a forma mais conspícua de manifestação desse fenômeno,

---

2. Marx exemplifica, assim argumentando: "Aqueles que acham que atribuir ao valor existência independente é mera abstração esquecem que o movimento do capital industrial é essa abstração como realidade operante (*in actu*)". Livro 2, v. 3, Cap. IV, p. 106, Civilização Brasileira.

porque significa que cada propriedade funciona em relação ao capital como o proprietário de uma quota parte desse valor, que é um valor já socializado.) A abstração crescente do capital acompanha suas formas mais concretas, mais imediatas. Pode-se dizer que o sistema de crédito, em suas articulações com a economia real da produção e do emprego, encarna a forma geral do capital. No capital por ações, o proprietário tem em mente escapar dos constrangimentos de um empreendimento particular. No capital a juros, os prestamistas finais disponibilizam recursos, através dos bancos comerciais e demais intermediários financeiros, ao conjunto da classe capitalista, para um empreendimento que eles, os investidores finais, não sabem qual é.

A partir daí, Marx vai analisar a natureza do capital fictício e vai mostrar que, no capitalismo, todas as suas formas de valorização aparecem como se fossem subordinadas a essa valorização de capital fictício. Todas as formas de renda aparecem necessariamente sob a forma de renda capitalizada (isso se estende até aos salários). Marx dá o exemplo de uma aplicação de 100 libras que rende 5%. Isso significa que qualquer aplicação de 100 libras, tomando a taxa de juros média do mercado, deve render 5%. Quando ele faz esta afirmação, está dizendo que a taxa de juros aparece efetivamente como o limite inferior da aplicação de qualquer capital. A existência da capitalização ou dessa forma de remuneração do capital determina o preço de aquisição de ativos. Todos os capitalistas, inclusive os capitalistas em função, passam a calcular seu capital a partir desse critério. A forma-propriedade do capital, a relação jurídica de propriedade reaparece no capital financeiro e passa a se sobrepor às demais: as normas da valorização do capital efetivo são fixadas no mercado de valores fictícios.

Os títulos representativos de direitos à riqueza impõem nova forma de cálculo, de avaliação do valor de todo o capital. Essa nova forma se dá pelos rendimentos esperados que o capitalista pretenda obter de uma soma qualquer que seja a aplicação, quer em um título já existente, quer em títulos novos, quer ainda em capital produtivo. Há um deslocamento de eixo de cálculo capitalista.

O capital fictício tem importância teórica maior do que os marxistas costumam lhe atribuir. O capital fictício introduz critérios de valorização do capital distintos do capital efetivo. Esses critérios são necessariamente especulativos, no sentido de que se apoiam na avaliação do curso esperado do preço dos títulos. É o rendimento esperado descontado pela taxa de juros do mercado.

No capítulo sobre expectativas de longo prazo, Keynes observa que, antes dos mercados financeiros desenvolvidos, o investimento era irrevogável para o capitalista. Com o aparecimento das novas formas de investimento, o capitalista deixa de estar ligado àquele investimento, tem agora maior mobilidade. O lado negativo desta mobilidade é a avaliação que o capitalista é obrigado a fazer a respeito do curso futuro desses valores, o que pode reduzir seu impulso a criar nova riqueza, novas formas produtivas.

Marx enfatiza que "o valor do capital é sempre um ingresso capitalizado". A ideia de capital fictício não tem a ver com o fato de que os títulos são meras duplicações, mas tem a ver com a natureza da capitalização desse valor, que é imaginária, realizada através do cálculo do valor presente do ativo.

Nos capítulos sobre capital a juros e capital efetivo, Marx trata das relações entre taxas de lucros e taxas de juros no ciclo e também da demanda de crédito no ciclo. No que diz respeito à relação entre as duas taxas, estas tendem a ter comportamentos divergentes em algumas fases do ciclo. Convergem no momento de auge, quando ambas tendem a subir. Quando se abandona o auge, na reversão, o movimento é divergente. (Marx discute aí com Tooke e Fullarton.) Ao se iniciar a reversão, a taxa de lucro já é baixa, mas a de juros sobe. Na depressão, as taxas convergem; na recuperação, o movimento é divergente, a taxa de lucro é alta e a de juros, baixa. Em uma carta, Engels anota que, quando ocorre a reversão — ou seja, quando cai a demanda do capital de empréstimo, porque os capitalistas não estão investindo mais —, a taxa de juros cai também, porque há um excesso de capital. Marx responde, discordando.

A relação das duas taxas no auge tem a ver com o financiamento de acumulação capitalista, fundos que são demandados para financiar a acumulação. Quando ocorre a reversão, o crédito concedido para a circulação mercantil cai, porém continua alta a demanda de meios de pagamento para pagar o rastro de dívidas acumuladas. Marx acrescenta que a confusão dos autores ingleses estava no fato de que, quando se fragiliza a demanda de dinheiro de crédito para a circulação, cai também a demanda de dinheiro dentro da pequena circulação mercantil (cai a massa de salários, cai o número de trabalhadores empregados, cai a necessidade de dinheiro para financiar salários, etc.). Mas, no entanto, o que continua alta é a demanda de capital-dinheiro sob a forma de meio de pagamento entre os capitalistas (além do fato de que as empresas, no auge do ciclo, fizeram negócios além da conta, isto é, passaram a especular com o crédito farto). Na crise, a quebra de confiança trava o sistema de pagamentos, os bancos retraem a oferta de crédito e a taxa de juros sobe. O estoque, que é uma dívida, é refinanciado nesta fase. Agrava-se a chamada preferência pela liquidez, aumenta a demanda de dinheiro pelos capitalistas que não confiam mais uns nos outros. Na depressão, as taxas de juros caem e os lucros já estão em seu nível mais baixo. Caem as taxas de juros, porque há quebra geral, queima, liquidação de capital efetivo, concentração e recomposição das reservas bancárias daqueles bancos que sobraram (crise clássica). Na recuperação, com as reservas recompostas, com os capitalistas sobreviventes, há elevação da taxa de lucro e queda das taxas de juros. Aqueles capitalistas que realizaram sua busca de liquidez ficam "mais líquidos". Marx diz que, no primeiro momento da recuperação, essa se faz quase que exclusivamente via crédito entre capitalistas, sem recurso ao crédito bancário, que cresce depois. Marx trata aí simultaneamente das condições de oferta e demanda de crédito.

Existe outro aspecto importante para explicar a subida da taxa de juros, que é a continuação da especulação, mesmo depois que estala a crise, uma certa inércia da especulação. Este fato — Marx refere-se à crise de 1857 — é o que torna os movimentos dos bancos na retração muito mais violenta do que precisaria ser.

No caso da crise de 1857, a Inglaterra, devido a uma má colheita, teve que importar e se desfez de suas reservas em ouro. Não havia como compensar, através de oferta adicional de meios de pagamentos, a demanda crescente. O Banco da Inglaterra deixou que as falências fossem além dos limites. Marx argumenta que, numa ocasião como esta, os bancos têm que baixar a taxa de desconto e compensar a escassez de meios de pagamentos. Para Marx, a variação na taxa de desconto teria sido menor se o Banco da Inglaterra não tivesse separado os dois departamentos: o de emissão (ligado ao ouro) e o de valores e títulos.

A crise de 1857 ocorre em plena vigência no ato bancário de 44, que impôs uma conversibilidade das notas em relação a certa quantidade de ouro. Quando sobreveio a crise, como houve fantástica fuga de ouro para o exterior, até por causa da situação deficitária permanente do ponto de vista comercial da Inglaterra, o que aconteceu é que o Banco da Inglaterra, além da retração normal, deu uma "freada" na oferta de crédito. Mas a "freada" não foi suficiente, porque os bancos começaram a correr para o Banco da Inglaterra, a fim de obter disponibilidade de reservas e fazer frente à inadimplência que estavam enfrentando e à paralisação dos negócios.

Marx critica a teoria quantitativa da época, que fundava o valor do dinheiro na conversibilidade com o ouro. No sistema de crédito, o dinheiro entra através da demanda de crédito por parte dos comerciantes e capitalistas. Essa demanda de crédito tem naturezas distintas, conforme a fase do ciclo. Na fase de expansão, por exemplo, a demanda é de finança, para nova acumulação no sentido keynesiano. Na fase de crise, é demanda de meio de pagamento, para manter a solvência dos negócios em operação.

KEYNES E A INSTABILIDADE DA FINANÇA NO CAPITALISMO

Keynes postula uma constituição do mundo econômico muito distinta (senão antitética) daquela proposta pelas teorias marginalistas ou do Equilíbrio Geral. Discípulo de Marshall, Keynes estende os instrumentos marshallianos "à análise da produção como um todo". A construção do princípio da demanda efetiva é uma derivação original das curvas de oferta e demanda marshallianas: o preço da oferta agregada é definido como a expectativa de receitas (deduzidos os custo dos fatores) que os empresários esperam receber, caso ofereçam determinado volume de emprego; a demanda agregada é *imaginada* pelos empresários a partir das receitas (deduzido o *custo de uso*) que esperam receber dos gastos em consumo e investimento por parte da comunidade.

O manuscrito de 1933, descoberto tardiamente e incorporado ao volume XXIX das *Obras completas*, marca a ruptura teórica entre Keynes e seu mestre. Keynes começa com uma distinção entre uma economia cooperativa (ou de salário real) e uma economia empresarial. No modelo da economia cooperativa, cumprem-se exatamente os postulados da teoria "clássica": o salário real é igual à produtividade marginal do trabalho, que declina à medida que o emprego aumenta, conforme o princípio dos rendimentos decrescentes; a *utilidade* do salário, para determinado nível de emprego, é igual à desutilidade, na margem, do *esforço* despendido pelo trabalhador.

Keynes argumenta que tal economia só poderia existir se as decisões de produção fossem tomadas de forma centralizada e a distribuição dos recursos obedecesse a um plano racional e não à coordenação — executada através do mercado — de uma multidão de decisões privadas. Na economia cooperativa, o objetivo é a maximização do produto material. Nessa economia, evidentemente, não se apresenta o problema da *demanda efetiva*, uma vez que a decisão de poupar corresponde necessariamente à decisão de investir. (Esse deve ser o enunciado rigoroso da lei de Say, axioma fundamental da economia neoclássica. Para que seja logicamente sustentável, é preciso imaginar, como veremos mais adiante, que os proprietários dos meios de produção são também os produtores diretos.) Assim, nesta economia, o dinheiro só existe como unidade de conta, um expediente destinado a denominar os bens que estão sendo distribuídos conforme as regras de uma sociedade de produtores "cooperados".

Keynes e Marx supõem de partida a existência de relações assimétricas no momento decisivo do intercâmbio capitalista: a troca dinheiro por força de trabalho. Keynes escreveu, nos textos preparatórios da *Teoria Geral*, que concebe

> *a organização da sociedade consistindo, de um lado, em um número de firmas ou empreendedores que possuem equipamento de capital e comando sobre os recursos sob a forma de dinheiro e, de outro, em um número de trabalhadores buscando emprego. Se a firma decide empregar trabalhadores para usar o equipamento de capital e gerar um produto, ela deve ter suficiente comando sobre o dinheiro para pagar os salários e as matérias-primas que adquirir de outras firmas, durante o período de produção até o momento em que o produto seja convenientemente vendido por dinheiro.*

A economia empresarial imaginada por Keynes funciona conforme "a profícua descoberta de Karl Marx", ou seja, segue as normas do circuito dinheiro-mercadoria-mais dinheiro, D-M-D'. A fórmula da circulação do capital utilizada nos manuscritos de 1933 tem o propósito de afirmar o caráter *originário* do gasto monetário capitalista, num duplo sentido: 1) uma classe social tem a faculdade de gastar acima de sua renda corrente; e 2) esta decisão cria um espaço de valor (a renda nominal), mediante o pagamento dos salários sob a forma monetária. Ao contrário da lei de Say, em que a oferta cria sua própria demanda, é o gasto que cria a renda (*expenditure creates income*). O que permite ao capitalista gastar acima de sua renda corrente é a existência do crédito.

Na *Teoria Geral*, Keynes tratou do caráter instável do investimento privado, concebido por ele como uma vitória do espírito empreendedor sobre o medo decorrente da "incerteza e da ignorância quanto ao futuro". É a tensão não mensurável entre as expectativas a respeito da evolução dos rendimentos do novo capital produtivo e o sentimento de segurança proporcionado pelo dinheiro que vai determinar, em cada momento, o desempenho das economias de mercado. A vida do homem comum vai depender do volume de gastos que os capitalistas, detentores dos meios de produção e controladores do crédito, estarão dispostos a realizar, criando mais renda e mais emprego. O destino da sociedade é decidido na alma dos possuidores de riqueza, onde se trava a batalha entre as forças de criação de nova riqueza e o exército negro comandado pelo "amor ao dinheiro".

As decisões de gasto estão subordinadas às expectativas dos capitalistas, possuidores de riqueza monetária — do sistema bancário em derradeira instância —, de abrir mão da liquidez, criando crédito e incorporando novos títulos de dívida à sua carteira de ativos.

Os bancos, operando num regime de reservas fracionárias, desfrutam de condição peculiar em relação ao demais intermediários financeiros: a prerrogativa de multiplicar depósitos, isto é, passivos bancários que se convertem em ativos líquidos. Estes depósitos podem ser movimentados por seus titulares com o propósito de adquirir bens e serviços ou de liquidar contratos.

O crédito é uma aposta, sujeita a perdas, no acréscimo de valor a ser criado no processo de produção — cuja operação depende da contratação de força de trabalho e da compra e utilização dos elementos do capital fixo e circulante —, bem como da realização deste valor na venda dos bens produzidos. As decisões de gasto apoiadas no crédito devem, portanto, ser avaliadas pelo sistema de instituições que administra a moeda e os fundos financeiros da sociedade.

Os capitalistas gastam na expectativa de capturar lucros, enquanto geram, ao remunerar os fatores de produção, a renda da comunidade. No processo de "fechamento" do circuito gasto-utilização da renda, os lucros capturados pelas empresas e a fração da renda não gasta, apropriada pelas famílias, definem o montante da *poupança agregada,* ou seja, o *funding adicional* necessário para o pagamento do serviço das dívidas e a acumulação de riqueza.

Podemos, desta forma, imaginar a economia como uma estrutura de balanços inter-relacionados e em transformação: aos ativos correspondem passivos que resultaram de decisões passadas. A esta configuração patrimonial estão se agregando os resultados das decisões em curso relativas à posse de ativos e à forma de financiá-los. Além de adiantar recursos líquidos, *criar liquidez,* para a efetivação do gasto, o sistema bancário, juntamente com os demais intermediários financeiros, é encarregado de intermediar as mudanças patrimoniais ao longo dos sucessivos "momentos" de geração e utilização da renda.

Numa economia monetária, o enriquecimento privado só pode ser alcançado mediante a produção de mercadorias ou a posse de ativos novos ou já existentes, que dão direito a rendimentos sob a forma monetária. Em condições de incerteza, os possuidores de riqueza apostam na possibilidade de as formas "particulares" de riqueza preservarem seu valor no momento crucial e inescapável da conversão para a forma "geral", o dinheiro.

Em Keynes, como em Marx, o dinheiro não é apenas o intermediário das trocas, mas, simultaneamente, um bem público e a única forma socialmente reconhecida de enriquecimento privado. Enquanto "bem público", o dinheiro é referência para os atos de produção e intercâmbio de mercadorias, assim como para a avaliação da riqueza e das dívidas. Por isso, o dinheiro deve estar sujeito a normas de emissão, circulação e destruição que garantam a reafirmação de sua universalidade como padrão de preços, meio de pagamento e reserva de valor.

Há sempre o risco de que, no momento da transfiguração de sua riqueza particular em riqueza geral, o proprietário de ativos ou de mercadorias receba soma de dinheiro inferior ao valor gasto para produzi-los ou adquiri-los. No outro extremo do espectro de riscos, o possuidor de riqueza teme a realização do valor esperado de sua riqueza numa moeda cujo "prêmio de liquidez" está ameaçado por práticas permissivas de monetização das dívidas.

Os Bancos Centrais, portanto, estão submetidos a tensões permanentes. Os credores e proprietários da riqueza líquida costumam exigir mais "austeridade" e os devedores e despossuídos pedem mais generosidade por parte das políticas monetárias. Estas políticas definem, na verdade, as condições de acesso à liquidez, ao obscuro objeto do desejo.

Nos momentos em que o medo do futuro atropela o espírito de iniciativa, a demanda capitalista por riqueza pode se concentrar em ativos líquidos já existentes, jogando para baixo os preços dos papéis privados e provocando a contração do crédito, com prejuízos para o emprego e a renda da comunidade. Esta demanda por liquidez não suscita o aumento da produção e a contratação de novos trabalhadores para satisfazê-la. Por isso, o investimento não deve ser deixado exclusivamente aos caprichos do ganho privado. Entregues à sua lógica, os mercados são incapazes de derrotar a incerteza e a ignorância.

Sir Isaiah Berlin valeu-se de Arquíloco para distinguir dois tipos de sabedoria e de ciência: "A raposa sabe muitas coisas, o ouriço sabe uma grande coisa." O economista George Shackle usou o texto de Berlin para definir Keynes e a Teoria Geral,[3] diante do desencontro de ideias que assolou a chamada teoria econômica durante os anos 30. Shackle sugeria que, sob vistosa pelugem de raposa, escondia-se Keynes, o ouriço. A Teoria Geral parece ter muitas ideias, mas apenas uma é fundamental: a acumulação de riqueza, numa economia descentralizada e monetária, é um salto no vazio.

No livro *Epistemics and Economics*,[4] Shackle cuida das questões do equilíbrio e da racionalidade, tão caras aos economistas. "O tempo e a lógica", comenta Shackle, "são estranhos um ao outro. O primeiro implica a ignorância, o segundo demanda um sistema de axiomas, um sistema envolvendo tudo o que é relevante. Mas, infelizmente, *o vazio do futuro* compromete a possibilidade da lógica".

Shackle está simplesmente afirmando que a economia é um saber obrigado a formular suas hipóteses, levando em consideração o tempo histórico, dimensão em que se desenrola a ação humana. A economia deve se entregar ao estudo do comportamento dos agentes privados em busca da riqueza, no marco de instituições sociais e políticas produzidas ou construídas pelas ações e decisões do passado.

A especificidade da ação econômica, numa sociedade em que as decisões são "descentralizadas", é definida pelo caráter crucial das antecipações do grupo social que detém o controle da riqueza e que deve decidir o seu uso a partir de critérios privados. Por um lado, os planos individuais de utilização da riqueza não podem ser pré-reconciliados; de outra parte, os resultados não intencionais do turbilhão de ações egoístas modificam irremediavelmente as circunstâncias em que as decisões foram concebidas. Há, portanto, uma dupla incerteza.

Shackle, combinando criativamente Hayek e Keynes, está conferindo às decisões empresariais de investimento um caráter crucial, na medida em que "criam o futuro". Esta criação do futuro é, para ele, um ato que decorre do poder originário e irredutível dos que controlam a criação de riqueza no capitalismo. É um ato praticado em condições de incerteza radical que muda, a cada momento, a configuração da economia.

Os detentores de riqueza sob a forma monetária são obrigados a apostar que nenhum fenômeno perturbador ocorrerá do momento em que tomam

---

3. SHACKLE, G. L. S. *La Naturaleza del Pensamiento Económico*. México: Fondo de Cultura Económica, 1968.
4. SHACKLE, G. L. S. *Epistemics and Economics*. New York: Cambridge University Press, 1972.

a decisão de empregar o seu dinheiro na contratação de fatores de produção até a recuperação, no futuro, deste valor monetário acrescido do lucro. Tais decisões são tomadas individualmente, na suposição ilusória de que o futuro vai continuar reproduzindo o passado.

Keynes não estava negando a possibilidade de funcionamento das economias descentralizadas. Estava sugerindo que, ao contrário do que procurava demonstrar a bela arquitetura dos modelos de equilíbrio geral, a reprodução destas sociedades não estava garantida. Estava, isto sim, amparada em convenções precárias, que poderiam ser desfeitas por impulsos, medos e súbitas mudanças no estado de expectativas da *classe social* que tem o monopólio dos meios de produção. Esta classe de empresários e de senhores da finança desfruta de uma posição de poder que nasce da posse dos meios de produção e do controle do crédito. Podem usá-lo para promover o próprio enriquecimento, em benefício do conjunto da sociedade ou simplesmente se entregar ao "amor do dinheiro" e à proteção patrimonial, produzindo a pobreza coletiva.

Determinado grupo de indivíduos é responsável, nestas sociedades, pelas decisões cruciais. Não é suficiente que sejam sábios, prudentes e virtuosos. Não haverá sabedoria ou virtude capaz de livrá-los de decisões socialmente insensatas, apenas porque eles não podem abandonar seus impulsos de acumular riqueza abstrata. Tampouco podem, recorrendo à lógica e ao cálculo de probabilidades, adivinhar o futuro. Estão condenados a *construir* o futuro a cada momento, com o precário conhecimento do passado.

SEGUNDA PARTE

DISCUSSÕES SOBRE A CRISE ATUAL

CAPÍTULO 12

ENTREVISTA AO JORNALISTA CARLOS DRUMMOND[1]

As sucessivas reduções de juros pelo Fed não vão funcionar, pelo receio de bancos emprestarem e de empresas e pessoas se endividarem. O equacionamento da crise atual, intensificada ontem com uma nova baixa generalizada das Bolsas no mundo, passa por uma moratória dos devedores, avalia o economista Luiz Gonzaga Belluzzo, em entrevista a este colunista. Belluzzo fala da ineficácia das regras da Basileia e da promiscuidade das agências de avaliação de risco, que contribuiu para o desfecho atual.

O economista foi um dos primeiros a antecipar a crise atual, em artigo intitulado *Financeirização da riqueza, inflação de ativos e decisões de gastos em economias abertas*,[2] escrito em conjunto com o economista e atual presidente do BNDES, Luciano Coutinho. No texto, os autores expõem com grande clareza as linhas gerais desencadeadoras do chorrilho de crises que eclodiram a partir da desrepressão financeira dos anos 70.

A entrevista é dividida em duas partes. Na primeira, o economista fala sobre as causas, não apenas do presente colapso, mas da sucessão de crises a partir da descompressão financeira dos anos 70; da indiferenciação no atingimento dos países com fundamentos econômicos ruins e com fundamentos econômicos bons; da crise do fundo Long Term Capital Management (LTCM), o "são João Batista" da crise atual; da compreensão equivocada do

---
1. Publicada no portal Terra Magazine em 18 e 20 mar. 2008.
2. Ver Capítulo 6 do presente volume.

que é liquidez ("muitos pensam na liquidez como um rio correndo para o oceano"); da ineficácia das regras da Basileia.

Belluzzo esmiúça os mecanismos de mascaramento da má qualidade de boa parte das instituições e dos títulos de financiamento imobiliário americanos e a promiscuidade das análises das agências de classificação de risco, núcleo do problema no mercado de títulos. Descreve o *lobby* de instituições financeiras americanas para impedir uma legislação que restrinja a concessão de empréstimos a quem não pode honrá-los.

O economista aprofunda a crítica à maioria das análises atuais da "gororoba que os economistas chamam de Economia", fala da superioridade da visão do economista americano Paul Krugman em relação àqueles que acreditam na existência do investidor racional e dos mercados eficientes — "uma bobajada, nada que exista" — e avalia que as sucessivas reduções de juros pelo Fed não vão funcionar, pelo receio de bancos emprestarem e de empresas e pessoas se endividarem. O equacionamento da crise atual passa por uma moratória dos devedores, avalia Belluzzo.

Na segunda parte da entrevista, Belluzzo retoma a abordagem sobre a paralisia de bancos e de empresas e pessoas físicas no mercado de crédito: "Como diz o vulgo, a liquidez empoça." Fala do brilho acadêmico de Ben Bernanke, presidente do Fed, o banco central americano, e de como "avaliou mal a profundidade da crise no início".

O economista não tem dúvida, no entanto, de que o Fed e o Tesouro americano "farão o necessário" para conter a crise, "independentemente do que possa parecer violação de contratos e regras". A crise, na etapa mais recente, alvejou os mais vulneráveis da sociedade americana, incluindo velhos, mulheres, jovens, negros e "imigrantes que mal sabem a língua", porque o ganho dos gerentes aumentava com o maior volume de operações e por conta da maquiagem da situação de instituições e de títulos feitas pelas agências de classificação de riscos.

"Instituições laçavam gente na rua", diz o economista, que explica como foi feito o "empacotamento" dos créditos de má qualidade, deliberadamente concedidos a quem jamais poderia honrá-los, e como se fez para que isso não tivesse impacto sobre a qualidade das carteiras de empréstimo.

Não houve só fraudes, no entanto. "Muita gente que é protagonista desse processo de multiplicação de ativos em cima dos créditos originais não entendia exatamente o que estava fazendo, não percebia que isso estava aumentando demasiadamente", observa Belluzzo. Ele questiona a eficácia da autorregulamentação bancária e explica como, no caso do escândalo recente do banco francês Société Générale, apesar de tudo parecer certo, deu tudo errado para a instituição, devido à existência do mercado de balcão, que escapa às regras e "deveria ser proibido".

Diversos estudiosos perceberam, com antecipação, vários dos problemas atuais da economia e a natureza das crises recentes, diz Belluzzo, citando o economista brasileiro José Carlos Braga, da Unicamp, o americano Hyman Minsky, estudado há mais de dez anos no Instituto de Economia da Unicamp e agora sempre citado, Ben Bernanke, Joseph Stiglitz e Victoria Chick. A matriz analítica comum vem de longe e é tributária de Marx e de Keynes: "Tanto Marx como Keynes estudaram o capitalismo tal como está constituído e mostraram que o crédito alavanca o crescimento da economia e ao mesmo tempo gera a possibilidade da crise. Nos cursos de Economia de hoje, imagino que esses autores não sejam nem tocados", afirma Belluzzo.

Para ele, "os economistas durante anos disseram besteiras monumentais sobre a moeda, o crédito e as crises econômicas e financeiras". Na opinião de Belluzzo, Milton Friedman, um dos mais destacados economistas liberais, "trata a moeda como se ela pudesse ser jogada de helicóptero". Uma peculiaridade da crise atual é a provável quebra de padrão: "O que está em questão, agora, não é só o problema do sistema financeiro americano, mas a possibilidade de se prosseguir com esse arranjo do que eu chamo de economia sino-americana."

Para Belluzzo, nesse momento, o papel do dólar como moeda reserva universal está em questão, e não se sabe se os americanos vão ter flexibilidade suficiente para abandonar esse privilégio. "Essa é uma questão que ultrapassa as fronteiras da economia. Isso já vira uma questão política", afirma.

O senhor é cético em relação a previsões em economia e defende o estudo aprofundado das crises. O artigo escrito pelo senhor e pelo economista Luciano Coutinho na revista Economia e Sociedade *do Instituto de Economia da Unicamp, em dezembro de 1998, é visto, no entanto, como uma antecipação da crise atual e de outros colapsos ocorridos nos últimos anos.*
Luiz Gonzaga Belluzzo — Esse artigo é de 1997. É um texto acadêmico no qual nós mostrávamos qual é a dinâmica do ciclo financeiro depois da desregulamentação, quando o estoque de ativos financeiros começou a crescer muito rapidamente, até por ser fruto das ações dos Bancos Centrais que impediram as crises mais profundas e as desvalorizações de ativos.

Não houve, no século XX — só depois da desregulamentação —, nenhuma crise financeira importante, pelo menos até 1970. Ocorreram algumas crises localizadas: a de 1966, nos Estados Unidos, que foi uma crise de liquidez, facilmente abortada, seguida de um período de grande estabilidade nos mercados. Depois da desregulamentação financeira, da expansão da chamada finança direta — que é a finança securitizada, em que predomina o crédito lastreado em *securities* ou títulos negociáveis no mercado —, portanto depois que se fez aquilo que se chamou de descompressão ou desrepressão financeira, é que as crises começaram a se suceder.

Ou seja, a partir de...
A partir de meados dos anos 70. E foram se intensificando. Considerando a segunda metade dos anos 80, como, digamos, uma linha divisória, quando as crises começam a se intensificar, há em sequência a crise da Bolsa americana, em 1987; a crise das *savings & loans* (instituições de poupança e empréstimo para financiar moradias constituídas durante a Depressão dos anos 30), que já é uma antecipação da crise atual, só que em menor escala, e que custou ao governo americano centenas de bilhões de dólares — alguns falam em US$ 800 bilhões — e exigiu que criasse uma empresa especial para fazer a liquidação das dívidas e dos passivos das empresas que estavam no mercado de hipotecas, mas que começaram a reinar em outras partes.

Voltando um pouco atrás: o primeiro grande sinal foi, na verdade, a crise da dívida externa de 1982, dos países emergentes. Mas essa é um crise sobretudo bancária, que tem a ver com os bancos que financiaram os países em desenvolvimento na reciclagem dos petrodólares. O episódio tem a ver com o processo de securitização. O socorro do Federal Reserve e do Tesouro americano aos bancos, com auxílio do FMI, para disciplinar os devedores, foi, digamos, o primeiro passo para o processo de securitização. Porque permitiu que os bancos, com o tempo, pegassem essas dívidas securitizadas e as vendessem no mercado.

A reestruturação da dívida brasileira, no início dos anos 90, foi possível porque já se havia dado início ao processo de securitização. Criaram-se os chamados "Brady Bonds", títulos com cotação diária nos mercados — aliás, recentemente andaram bem valorizados.

Portanto, a primeira crise, que abriu esse período de crises sucessivas, foi a da dívida externa. Depois veio o *crash* da Bolsa americana em 1987, o ápice da crise das *savings & loans*, em 1989, e aí começa uma espécie de chorrilho de crises. Houve as duas crises do sistema monetário europeu, de 1992 e 1993; em 1994, ocorreu a crise dos bônus, porque Alan Greenspan, o presidente do Fed, inopinadamente subiu os juros quando havia uma espécie de febre especulativa com os bônus, o que provocou prejuízos *urbi et orbi*; no final de 1995, houve a crise mexicana, que foi abortada com uma intervenção de última instância com fundos do Tesouro americano e do Fed, que brecaram a crise e impediram que se alastrasse, mas não evitaram que produzisse efeitos muito ruins para o Brasil.

Estava claro que, em 1996 e 1997, quando do socorro prestado pelos Bancos Centrais para abortar as diversas crises, já estava se preparando a crise asiática. O curioso dessa crise é que aí entraram países que estavam com os seus fundamentos em ordem e outros que estavam com os seus fundamentos em desordem.

Ninguém foi poupado. A Coreia, por exemplo, tinha acabado de receber de uma missão do artigo 4º do FMI — que determina avaliações anuais da economia dos países membros — uma avaliação muito boa.

Acontece que há um paradoxo, às vezes, nas crises financeiras. Quanto melhor as coisas parecem estar, pior vai ser o desfecho, porque isso aumenta a confiança dos investidores e aumenta também a propensão a tomar decisões imprudentes. No caso da Coreia, o país não tinha um déficit importante em conta-corrente, não estava com a sua moeda, o won, muito valorizada. No entanto, o fato de estar apresentando esta situação boa fez com que os bancos tomassem empréstimos a curto e emprestassem a longo prazo para financiar o *boom* da economia coreana. E foi exatamente esse descompasso entre prazos e moedas — toma-se a curto prazo, em dólar, e aplica-se a longo prazo, em won — que criou uma vulnerabilidade.

De fato, quando, em julho de 1997, a crise ocorre na Tailândia, que na verdade tinha um problema com a sua moeda, o bath, isso se espalha pela Ásia, atingindo até a Coreia, porque existe o problema da indiferenciação, quando os agentes não distinguem mais quem está bem de quem está mal — e é por isso que ocorre o contágio.

Mas e os chamados fundamentos da economia, não fazem diferença? O país que está com fundamentos bons — como seria o caso do Brasil, hoje — não tem maior chance de resistir às crises econômicas e financeiras, como dizem muitos economistas?
Eu acho muita graça quando os economistas falam dos fundamentos. A Coreia tinha fundamentos ótimos; a Tailândia, péssimos; a Indonésia, também ruins. No entanto, entrou todo mundo na crise, porque há um processo de contágio provocado pela reação de pânico que toma conta dos mercados.

O Brasil entrou na dança.
Sim, o Brasil entrou na dança, depois. Em 1997, 1998.

A Rússia também.
A sequência foi assim: Ásia, Rússia, Brasil e a crise do Long Term Capital Management (nome do fundo criado em 1993 nos Estados Unidos por expoentes da academia e das finanças e cuja quebra, em 1998, provocou um rombo de US$ 100 bilhões e abalou o sistema financeiro americano e europeu).

Aliás, há um livro que explica com clareza rara a crise do LTCM, escrito pelo jornalista americano Roger Lowenstein.
Esse livro é de fato muito claro. Na verdade, os criadores do LTCM são uma espécie de João Batista da crise atual, são os seus precursores. Porque eles apostaram na convergência de preços entre títulos americanos e títulos russos e foram pegos no contrapé, quando tiveram que atender à chamada de margem. (A chamada de margem, por parte da câmara de liquidação de uma Bolsa, é a solicitação, feita a um investidor, de complementação do dinheiro ali depositado como garantia mínima de uma operação em mercado futuro. A chamada visa compensar uma oscilação de preço do ativo negociado.) No caso, quando os preços começam a divergir, ou seja, quando uma das pontas da operação começou a perder, a Bolsa solicitou a complementação da margem de garantia.

Se bem que a explicação do Lowenstein é que a vaca foi para o brejo quando os administradores do LTCM começaram a aplicar na renda variável os mesmos modelos que utilizavam para operações em renda fixa.
É isso mesmo. Porque eles tinham um modelo para precificação de opções. Na verdade, o modelo não funcionou. Porque todos esses modelos supõem, em primeiro lugar, que os preços de muitos ativos não estão correlacionados, e, em segundo, que as oscilações são relativamente brandas. Acontece que, quando ocorre a crise, os preços de todos os ativos estão correlacionados e as oscilações não são brandas. Então as flutuações tornam-se muito violentas.

A crise inutiliza a base utilizada para fazer as projeções de comportamento dos preços.
Inutiliza a base que eles têm e, quando a oscilação é muito violenta, a tendência é você se livrar dos ativos, tentar fazer liquidez. O problema é que

muitos tentam fazer liquidez ao mesmo tempo. Todo mundo fala em liquidez e pensa que liquidez é igual a um rio correndo em direção...

Ao oceano...
Há crise de liquidez quando tem muita gente querendo vender e pouca gente querendo comprar. É o que está acontecendo agora. Os preços são formados no mercado e, quando ocorre uma crise, eles despencam, e isso gera um processo cumulativo de vendas que só pode ser contido pela ação dos Bancos Centrais. Até agora, os Bancos Centrais, os Tesouros, as instituições internacionais conseguiram de certa forma impedir que as crises chegassem a um ponto de ruptura.

Mas, ao mesmo tempo, essa ação dos Bancos Centrais estimulou o que os economistas chamam de *moral hazard*, ou risco moral. É a percepção de que se pode cometer as imprudências que se quiser, porque, no final das contas, como a possibilidade de se gerar uma crise sistêmica, nesse setor do sistema financeiro, é muito grande, o Banco Central vai ter que tomar providências para impedi-la. Então eles imaginam que há um limite para as perdas e que eles serão sempre socorridos.

O que aconteceu em 2001, por exemplo, é que, no momento em que Greenspan baixou os juros, os que ainda tinham liquidez nos bancos correram para os imóveis. Porque se viu ali uma oportunidade de montar uma nova bolha. Esse é um caso típico de risco moral. Estimulou-se que reproduzissem, com requintes, aquilo que tinha ocorrido com a Bolsa.

O que marca todos esses episódios? Na base disso está uma expansão imoderada do crédito que financia tanto posições em ativos reais, como posições em ativos financeiros. Para voltar um pouco atrás: depois da crise de 1929, o que foi que fez o Glass-Steagall Act, de 1930 (dispositivo criado para conter a especulação financeira)? Separou os bancos comerciais dos bancos de investimentos, das corretoras e das *savings & loans*. Ou seja, segmentou o mercado, para impedir, sobretudo, que os bancos comerciais, que são emissores de moeda, se envolvessem com posições no mercado de capitais.

Mais tarde chamaram essa separação de Chinese Wall, *uma muralha que nunca funcionou.*
Nunca funcionou. O que aconteceu, a partir da desregulamentação dos anos 70, foi que se deixou, progressivamente, que os bancos comerciais começassem a entrar nos segmentos dos quais haviam sido apartados. Até

se chegar à legislação de 1999, que criou os supermercados financeiros. Aí os bancos começaram a fazer o diabo.

O Acordo da Basileia não funciona?
As regras da Basileia são, na verdade, um conjunto de normas ineficazes. Estabelecem requerimentos de capital para cada tipo de empréstimo e que são impostos aos bancos individualmente. Acontece que os bancos descobriram uma saída, que era originar o crédito, securitizá-lo e passá-lo para um *Special Investment Vehicle*. Os SIV são uma criatura dos bancos que tomavam crédito e repassavam, por exemplo, para um fundo ou um banco de investimento. Como o banco de investimento carregava isso? Emitia um *commercial paper* e com este financiava a posição nessa *security*, em geral uma *Collateral Debt Obligation* (CDO). Ou *Collateral Loan Obligation*, no caso das fusões e aquisições. Além disso, para obter das agências de classificação de risco o *rating* AAA, eles seguravam isso com uma *monoline*. As *monolines* são seguradoras de crédito que prestavam serviços para as municipalidades americanas.

Essas que estão quebrando agora.
Essas que estão quebrando.

Não souberam avaliar o risco corretamente.
Na verdade, havia uma promiscuidade inaceitável entre instituições do mercado, como a seguradoras e as empresas de avaliação de risco, como mostrou um artigo muito interessante da *Oxford Analytica*. Porque quem paga a avaliação é o emissor...

O avaliado.
O avaliado. Quem deveria pagar é o investidor. Então, você estabeleceu ali uma promiscuidade absurda.

Em todas as rating agencies.
Em todas as *rating agencies*. Entre as *rating agencies* e os bancos de investimentos e os emissores dos papéis. Na verdade, quem levou na cabeça foi o investidor final.

A Justiça de Nova York começou a investigar esse processo de promiscuidade nas avaliações de risco de instituições.
E, se houver independência nas investigações, terá que botar muita gente

na cadeia. Porque houve muita fraude. Não sei se você sabe também, que as instituições financeiras de empréstimos para compra de imóveis montaram um *lobby* para impedir que alguns estados colocassem limites aos empréstimos feitos a clientes que não tinham capacidade de pagamento. O *Wall Street Journal*, do Rupert Murdoch, denunciou isso, mas, no Brasil, ninguém publicou. O que é uma vergonha. Em um artigo longo, o jornal mostrou que essas instituições financiaram deputados nas Assembleias Estaduais e senadores para evitar a aprovação de uma legislação que cerceasse a concessão de empréstimos para gente que não podia pagar. A concessão de empréstimos nessas condições tem um nome, que eu poderia traduzir como "operações fraudulentas".

Uma parte dos liberais americanos passou o tempo todo acusando o Fed de não tomar providências para impedir a manobra. Isso, que começou em 2004 e 2005, com grande intensidade, permitiu a alguns perceber que esse ciclo de imóveis ia terminar como terminou. Os empréstimos eram feitos com uma carência de dois anos e com juros *teaser*, que são juros reduzidos, que seriam reajustados depois de dois anos. Como iniciou em 2004-2005, em 2007 começou a estourar. E a tendência é que até aumente um pouco a inadimplência, nos próximos meses. Eu não vejo como tratar essa crise sem tratar dos devedores finais. Tem que haver uma espécie de reestruturação de dívidas, uma moratória.

Uma moratória generalizada?
Não sei se generalizada ou que faça uma segmentação por nível de renda. O problema é que, entre os créditos com mais qualidade do que os *subprime*, também está crescendo a inadimplência. Portanto, são dois problemas a resolver, do meu ponto de vista: o da disseminação forte da inadimplência e o dos *dealers,* as instituições que intermediaram essas transações, sobretudo os bancos de investimento, que agora estão quebrando; e o fato de que a política monetária não está funcionando.

E não está funcionando por uma razão muito simples — que o economista Charles Kindleberger já explicou muitos anos atrás, e que o Paul Krugman retomou hoje, e que provavelmente muitos economistas que estudam essa gororoba que eles chamam de Economia não consideram. É que, quando a crise chega aos bancos, há aquilo que o Keynes chamava de "preferência pela liquidez". Isto é, você entope os bancos de reservas e estes simplesmente não emprestam, porque não há nenhuma confiança em que os tomadores que se apresentam tenham capacidade de pagamento.

O temor de que a crise se generalize acaba generalizando a crise. Ontem, o Krugman escreveu um belo artigo no *The New York Times* em que diz, com grande simplicidade, que, quando os Bancos Centrais fazem uma operação de última instância e aumentam as reservas dos bancos, pretendem que estes voltem a emprestar e que, portanto, se restabeleçam as condições de crédito e de liquidez da economia, e que aqueles que tomam os empréstimos voltem a gastar.

Ele explicou em pouquíssimas linhas qual é a concepção básica da relação entre crédito e demanda efetiva — que é uma coisa que ficou perdida. Os economistas estão falando de outras coisas: do investidor racional, dos mercados eficientes, nada que exista na prática. É uma bobajada. O que ocorre é que o Fed está fazendo intervenções maciças, está reduzindo os juros, e isso não vai funcionar. Porque o núcleo dessa engrenagem, que é o sistema bancário, não vai, na verdade, dar o impulso suficiente. E não é só que os bancos se recusem a emprestar. As empresas mais saudáveis tentam se proteger e se negam a tomar empréstimos, a não ser para refinanciar posições devedoras que estão vencendo.

O senhor afirma que as intervenções maciças do Fed, com sucessivas reduções dos juros, não vão funcionar, porque, além de os bancos se recusarem a emprestar, as empresas mais saudáveis tentam se proteger e se negam a tomar empréstimos, a não ser para refinanciar posições devedoras que estão vencendo. Isso ocorre, entre outros motivos, porque não conseguem vislumbrar o horizonte, o alcance da crise.

Porque não conseguem vislumbrar o alcance da crise e porque, para eles, houve um colapso da eficácia marginal do capital, como diz o Keynes. As empresas ficam com temor de investir e, portanto, só tomam crédito para refinanciar suas posições. Por outro lado, os bancos têm medo de emprestar. Como diz o vulgo, aí a liquidez empoça. Na verdade, é a preferência mesmo pela liquidez. Prefere-se ficar com o ativo mais líquido. Se bem que dizer que é o ativo mais líquido é um pleonasmo, porque o ativo é líquido em termos de si mesmo.

Paul Krugman, no seu artigo mais recente sobre a crise, citou um artigo do presidente do Fed, o Banco Central americano, Ben Bernanke, que eu havia lido um tempo atrás. Nesse texto, Bernanke faz uma avaliação das medidas não ortodoxas, não *standard*, como eles chamam, ou não convencionais, no caso de uma crise tão profunda como esta. E essas medidas incluem a compra direta, pelo Banco Central, de ativos que estão ilíquidos.

Portanto, uma intervenção; no fundo, uma estatização do sistema financeiro. É o que os analistas mais sensatos estão apontando.

Nos Estados Unidos, você tem essa vantagem, há analistas de bancos que são sensatos. Eles dizem claramente: está havendo uma estatização do sistema financeiro, mesmo que indireta. Porque o Banco Central americano é que tomou as rédeas do negócio. É preciso direcionar as compras de títulos para impedir um colapso de alguns preços ou de ativos que não podem ser precificados. Muitos desses ativos eram carregados pelos *hedge funds* e outros fundos e não tinham preço, porque eram pouco negociados. Então não se sabe o preço dessa gororoba aí.

O senhor acha que Bernanke não viu a extensão da crise? É o que parece, dada a pequenez das medidas inicialmente tomadas para debelá-la.
Bernanke, na verdade, é um dos economistas que melhor escreveu sobre essas questões, um dos que têm maior clareza. Ele escreveu um livro de ensaios sobre a Grande Depressão. São excelentes ensaios. Ele é neokeynesiano. Tem também artigos interessantes escritos no final dos anos 90, sobre o que chama de "aceleradores do crédito", em que mostra — como eu e o Luciano mostramos no nosso artigo — como é que se dão as relações entre crédito, valorização de ativos e gasto. É um artigo muito bem feito, que eu cito até no prefácio que eu escrevi para o livro do Stiglitz. O Stiglitz é outro que percebeu quais eram os riscos. Ele é o pai da ideia de informação assimétrica, *moral hazard*, etc.

O Bernanke é um economista acadêmico de muito boa qualidade. Mas, na hora do vamos ver, é diferente, não funciona. Acho que ele avaliou mal a profundidade da crise no início. Foi muito cauteloso. Não percebeu que a pirâmide construída durante esses anos estava desmoronando, e que havia uma ampla base de inadimplência que iria transformar a crise num verdadeiro pesadelo. Mas não tenho dúvida de que o BC e o Tesouro americano farão o necessário, independentemente do que possa parecer violação de contratos e de regras.

Li outro dia a afirmação de um economista brasileiro de que o Bernanke não pode perdoar os devedores, porque isso vai violar os contratos. Porque os devedores, diz ele, sabiam exatamente o risco que estavam assumindo. Isso não é verdade.

Os investidores não sabiam nada.
Eles foram induzidos.

O The Guardian Weekly *publicou uma reportagem muito interessante, mostrando quem eram os alvos na última volta da espiral da crise, isto é, quem ficou com o mico na mão. Eram as pessoas mais fracas: velhos, mulheres, negros pobres, jovens...*
...E os imigrantes ilegais, que mal dominavam a língua. Instituições financeiras laçaram gente na rua. Porque a lógica era aumentar o volume, porque isso não impactava a qualidade da sua carteira de empréstimos, você securitizava isso. Você limpava a sua carteira. O gerente do banco, da instituição financeira que fazia o empréstimo hipotecário, ganhava bônus pelo volume. Assim como os outros integrantes da cadeia.

Até porque, como o senhor afirmou, ele podia empurrar goela abaixo de uma seguradora.
Claro. E ficavam limpos.

As seguradoras não identificaram corretamente o risco.
A cadeia era a seguinte: no meio, havia as agências de avaliação de risco. As instituições empacotavam os créditos.

A responsabilidade maior foi das rating agencies.
Como diz a *Oxford Analytica*. Elas estavam no centro. Como o banco avalia o crédito de uma empresa ou de uma pessoa? Vai lá e olha o balanço, os antecedentes, a renda, a capacidade de pagamento.

Ex-funcionários de companhias imobiliárias ou de crédito ligadas a grandes bancos dizem que inflavam os limites de créditos dos clientes sem condições de honrar empréstimos.
Aí é o seguinte. Não precisava ter renda suficiente para honrar. Havia os empréstimos *ninja* (*no income, no job, no asset*), ou seja, concedidos a pessoas sem renda, sem emprego e sem bens. Houve uma sucessão de perfídias, uma fraude continuada, que começava na origem do crédito e terminava nas empresas de avaliação risco. Estas avaliavam aquilo que não sabiam, não entendiam. Muita gente que é protagonista desse processo de multiplicação de ativos em cima dos créditos originais não entendia exatamente o que estava fazendo, não percebia que isso estava aumentando demasiadamente. Até porque não era possível perceber a generalização do problema.
Na verdade, várias pessoas perceberam, conseguiram antecipar. A não percepção é fruto da ideia de que o sistema financeiro era capaz de se

autorregulamentar, de que se havia criado processos e mecanismos de controle dentro dos bancos. Não é o que mostra o episódio recente do banco francês Société Générale. Do ponto de vista formal, todos os controles estavam em pé. Inclusive porque a *clearing* tinha que avisar quando houvesse uma posição excessivamente concentrada em alguns ativos. Acontece que a *clearing* avisou; só que, como o banco não estava interessado em conter a operação, acabou batendo em um prejuízo de € 5 bilhões.

De acordo com as normas, o banco, quando tomava, posição em, digamos, um índice de bolsa em determinada direção, era obrigado a tomar também a posição contrária, e ganhava com o fato de que, quando em algum momento havia uma discrepância, ele vendia e ganhava. Acontece que ele simulou que tomou a posição contrária. Estava inteiramente exposto. Quando deu a flutuação na direção em que ele não podia sustentar, teve que colocar margem e praticamente quebrou o banco.

Isso não ocorre tanto nos mercados organizados, como as Bolsas de Futuros, onde há *clearings*, que são mecanismos de controle; mas ocorre nos mercados de balcão, onde existe um contrato entre a parte e a contraparte, e aí o controle é mínimo. Na verdade, não há transparência, ao contrário do que dizem. O mercado de balcão deveria ser proibido, na minha opinião. Algumas pessoas dizem: não, o balcão ajuda a dar liquidez ao mercado. Ajuda a dar, mas ajuda a tirar também. E quando vem a crise, o que acontece? O cara vai chorar para o Papai Estado para que ele seja contemplado igualmente.

Ou seja, essa regulamentação que se enaltece nunca foi abrangente, deixa brechas enormes. É conversa para boi dormir.
Sim. As análises de José Carlos de Souza Braga e de outros economistas da Unicamp sobre as regras do Acordo da Basileia já mostraram que tinham falhas enormes, comprovadas na prática. Na verdade, as regras estimulavam esse tipo de coisa. Os sistemas financeiros do capitalismo funcionam assim. Se você deixá-los soltos, vão levar a esse tipo de crise. Porque é da sua natureza. Keynes e Marx perceberam com grande antecipação qual seria a dinâmica dessas crises. Assim como, mais tarde, fez Hyman Minsky. Agora, tudo mundo evoca o Minsky — é o Minsky para cá, é o Minsky para lá. Porque se deram conta de qual era a natureza dessa economia.

Minsky é estudado há quanto tempo no Instituto de Economia da Unicamp? Dez anos?
Há dez anos nós estudamos todos esses autores, mais o Joseph Schumpeter,

o Irving Fischer. E os novos, como o Joseph Stiglitz, o Ben Bernanke, entre outros. Sobretudo os pioneiros, definiram qual era a natureza dessa economia em que o crédito joga um papel fundamental.

Tanto Marx como Keynes estudaram o capitalismo tal como está constituído, mostrando que o crédito estabelece uma capacidade de crescimento da economia e, ao mesmo tempo, gera a possibilidade da crise. Na verdade, imagino que, nos cursos de Economia de hoje, esses autores não sejam nem tocados, sejam dados assim como peças de museus.

O primeiro economista a tratar de maneira sistemática o papel dos bancos na economia industrial capitalista foi Keynes. Não vou falar de Marx, porque ele é o crítico e monta um panorama fantástico de como isso funciona. Mas Keynes estava tratando especificamente da economia da moeda de crédito e do papel dos bancos. O *Treatise on Money* — aliás, a Victoria Chick, uma economista keynesiana, apontou nessa direção — trata disso. Depois, na *Teoria Geral*, como ele queria mostrar aos mais ortodoxos a teoria da demanda efetiva, deu como sabido aquilo que tinha escrito no *Treatise*. Mas o *Treatise* trata exatamente disso: qual é o papel do crédito e da avaliação de ativos na decisão de gastos das famílias, das empresas. Como essa economia se move a partir da moeda de crédito. Isso é central. O que a teoria convencional fez, sobretudo o Milton Friedman e os outros, foi deformar, esquecer isso.

Os economistas, durante anos, disseram besteiras monumentais sobre a moeda, o crédito, etc. Por quê? Porque o Friedman trata a moeda como se pudesse ser jogada de helicóptero. Eles não entendem nada. Antigamente, estudava-se moeda e bancos. Agora, não. Tem teoria monetária. Teoria monetária é a partir da teoria quantitativa da moeda. Que é um besteirol inimaginável. É uma coisa que, na verdade, é do vulgo, do senso comum, que não consegue entender do que se trata. Porque, de fato, os mecanismos são complicados de entender. É por isso que eles não podem compreender por que é que se chega a uma crise desse tipo. Vão continuar anos sem perceber nada.

Você está falando dos economistas...
Dos economistas quantitativistas. Porque isso é uma bobagem, um besteirol. Isso, na verdade, deforma qual é a natureza da moeda nesse sistema. E como funciona.

Você falou sobre previsões de economistas.
Eu acho o seguinte. Por que os economistas não previram a crise? Não se trata de prever ou não prever. Essa questão da capacidade de predição,

que é outra coisa em que o Friedman insiste, que uma teoria só deve ser acatada por sua capacidade de previsão, é outra bobagem. Em economia, a capacidade de prever e de antecipar é muito difícil.

O que você pode, sim, perceber é que há algumas tendências típicas dessa economia, que Keynes chamava de "economia monetária de produção", e que começam a se manifestar desde o início. Só que você não pode dizer, de maneira nenhuma, qual vai ser o desfecho da crise, de que forma vai ocorrer. Porque também esse é um sistema que, por sua natureza, tende à inovação, sobretudo à inovação financeira. E a inovação financeira modifica a etiologia e a morfologia da crise. Nenhuma crise é igual à outra, ainda que todas tenham a mesma razão de fundo — como eu digo que é a relação entre o sistema de crédito, o estoque de riqueza financeira e o gasto capitalista.

Em todas as crises.
Isso, em todas. Se você procurar, essa é a constante. Agora, a forma como esses elementos se arranjam é diferente. Além disso, nessa crise americana há outro aspecto importante que deixei de mencionar, o fato de que a globalização produtiva e financeira permitiu esticar esse ciclo para frente. Porque a acumulação de reservas pelos emergentes acabou financiando o gasto das famílias americanas com taxas de juros e inflação muito baixas.

O regime de inflação baixa tem muito a ver com a taxa de exploração do operário chinês. Assim como tem muito a ver com o fato de que a acumulação de reservas se traduziu no financiamento do déficit americano e, portanto, possibilitou que o dólar não sofresse uma derrocada, pelo menos provisoriamente, com aquele déficit enorme de transações correntes. Portanto, depende também do arranjo internacional.

O que está em questão, agora, é tudo. Não é só o problema do sistema financeiro americano. Tem a ver também com a possibilidade de se prosseguir com esse arranjo que eu chamo de "economia sino-americana". Às vezes, fico com a impressão de que os analistas têm a ideia de que é possível reproduzir isso para frente. Que haverá outro ciclo assim. Que é possível reproduzir o arranjo que culminou nessa crise. Que o Fed e os demais Bancos Centrais vão se rearticular e será possível reproduzir esse arranjo.

Não será possível. O que está em questão, além dos desequilíbrios comerciais e financeiros que nasceram dessa relação Ásia-China-Estados Unidos, ou países emergentes-Estados Unidos, é que ficou claro o que o economista Robert Triffin disse nos anos 50, a partir da proposta do Keynes para a conferência de Bretton Woods. O que está em questão agora é a condição de moeda reserva do dólar.

Não estou dizendo que o dólar vai sofrer uma derrocada. Aliás, está sofrendo uma forte desvalorização. Estou dizendo que, na verdade, o fato de ter uma moeda nacional como moeda reserva tem implicações graves para o país que emite e para aqueles que participam e que aceitam a moeda como a moeda universal.

Qual é o problema? Se os americanos querem manter a moeda reserva, eles têm que garantir o mecanismo de financiamento dos países que porventura tenham déficit. Por que a China e outros países não aceitam certas recomendações dos Estados Unidos?
Vamos supor o seguinte: agora a China e a Europa têm que fazer o papel dos Estados Unidos, como consumidores de última instância. Então, é preciso subir o consumo na China, subir o consumo na Europa, para que a economia internacional tenha outro gerador de déficit. Quem vai gerar déficit agora são a China e a Europa. Porque também tem outra coisa, que o Keynes falou: para essa economia crescer, alguém precisa tomar crédito e fazer déficit na frente. Se todo mundo quiser fazer superávit, certamente a economia fica travada. Alguém tem que fazer déficit na frente.

Numa economia monetária, você tem que adiantar a demanda, financiada a crédito. Essa é a regra universal. Os Estados Unidos estavam fazendo esse papel. Estavam gerando demanda com o seu déficit. Como é que você faz a liquidação final das dívidas assumidas? Os americanos estavam fazendo em dólar, que geravam nos seus superávits comerciais. Faziam na sua própria moeda. O que o Keynes dizia? Isso aí não vai dar certo. É preciso estabelecer um sistema monetário internacional em que haja uma autoridade monetária central que faça a regulamentação dos déficits e superávits e que imponha limites à geração de ambos. Se não, vai terminar na crise.

Hoje você tem uma crise financeira, e uma crise monetária. Não vamos imaginar que o euro vai substituir o dólar. Se o euro for substituir o dólar, você vai simplesmente repor o problema.

Por quê?
Porque a Europa vai ter que fazer o papel que os Estados Unidos faziam. E eu tenho dúvidas que consiga fazer. A moeda de liquidação final tem que ter um status que não dependa da situação particular de cada região e de cada país. Como diz o Michel Aglietta — que é outro economista que an-

tecipou muitas das coisas e que nos ajudou muito a perceber o que estava acontecendo —, você pode ter um sistema plurimonetário com uma regulamentação central, uma instituição central que faça o papel de manter o equilíbrio entre o valor dessas moedas. Talvez seja essa a tendência, não sei. Mas o fato é que, no momento, esse papel do dólar está em questão. E não sei se os americanos vão ter flexibilidade suficiente para abandonar esse privilégio absurdo, como muita gente diz. Essa é uma questão que ultrapassa as fronteiras da economia. Isso já vira uma questão política. Porque a emissão da moeda reserva, da moeda universal, confere um poder enorme ao país emissor.

Ou seja, há perspectiva de uma crise de longo curso. Por que eles abririam mão desse papel?
Mas é o que aconteceu no imediato pós-guerra, quando a situação era melhor. Os americanos não quiseram aceitar o plano do Keynes, que era uma utopia monetária — porque Keynes, a despeito de ser muito inteligente, também tinha a ingenuidade dos economistas, achava que, se apresentasse um bom programa, este seria aceito. Pena que, depois, ele tenha feito a defesa, no Parlamento inglês, do Fundo Monetário como foi concebido. Mas isso é uma questão de poder. Por que os americanos iriam abrir mão da sua posição credora?

A Europa e a Ásia assumirem o lugar dos Estados Unidos seria, portanto, algo utópico?
Qual é a ideia deles? É que, para corrigir o déficit americano, teria que aumentar o consumo na Europa e na Ásia, para que ambas pudessem cumprir o papel dos Estados Unidos. Poderiam cumpri-lo por certo tempo, mas logo iriam reproduzir o problema que os Estados Unidos estão tendo agora, a obrigação de fazer déficit e superávit que seriam liquidados nas moedas desses países.

Além disso, a Europa e a Ásia substituírem os Estados Unidos implica reconstituir o arcabouço da cultura, da mídia, dos valores, da moda, da música, etc., que constitui a argamassa do domínio político, econômico e ideológico americano.

O fato é que os Estados Unidos sempre estiveram à frente. Por exemplo, no crédito ao consumo. Acho que isso é um sonho de uma noite de verão, ou de inverno. A ideia de que você possa reproduzir o padrão americano envolve todas essas questões que você mencionou do imaginário social, como é que eles se veem, como eles se relacionam com o consumo. Não há nada parecido. A China censura a CNN, o que é um absurdo. Não há a menor possibilidade de abrirem mão dessa condição de controlarem sua moeda. Eles perceberam claramente que algumas coisas são centrais para que o país tenha um desenvolvimento de mais longo curso. Primeiro, é o sistema financeiro, sobre o qual o Banco Central da China tem um controle quase absoluto. Os bancos são estatais. O crédito é do Estado.

As receitas em moeda forte são todas do Estado.
É tudo do Estado. O comércio exterior também é regulado. Não importa se afrouxam ou se apertam, se tornam as regras mais restritas ou menos estritas. Mas isso são eles que controlam. O resto é história. Isso de que a taxa de câmbio é determinada pelo mercado, lá, não funciona. Eles controlam, porque controlam o sistema de crédito, controlam a posição dos bancos, vendida ou comprada, em moeda estrangeira. Deixaram valorizar um pouco, porque a inflação começou a pegar. Deixaram valorizar a moeda. E, se precisar, voltam a desvalorizar de novo. Ali o problema do controle não é saber se valoriza ou desvaloriza, é um problema de quem controla o quê. Então, isso aí não tem por onde.

CAPÍTULO 13

EXPECTATIVAS IRRACIONAIS[1]

As crises financeiras do capitalismo, desde a sua versão mercantil dos séculos XVII e XVIII até os terremotos do Terceiro Milênio, sempre envolveram o crédito fácil e a explosão de preços de um ativo — real ou financeiro — escolhido como sedutor dos cobiçosos e servidores do enriquecimento ilimitado.

O filósofo-especulador George Soros, em recente depoimento ao Congresso americano, desautorizou as teorias que tratam de analisar os mercados financeiros a partir dos pressupostos da "eficiência", ou seja, do comportamento racional dos investidores que avaliam a formação de preços dos ativos a partir dos "fundamentos". Soros sustenta que "percepções equivocadas podem levar à formação de bolhas (...) e tais movimentos reforçam as tendências prevalecentes até o momento em que a distância entre a realidade e a percepção da realidade pelo mercado se torna insustentável".

No livro *Manias, Panics and Crashes*, o economista Charles Kindleberger faz uma autópsia dos processos maníacos que, inevitavelmente, terminam no colapso de preços e nas crises de crédito. Assim foi em Amsterdã, no episódio da Tulipomania, um antepassado modesto dos grandes *crashes* dos séculos XX e XXI. Entre 1634 e 1637, os investidores holandeses, muitos de classe média, especularam furiosamente com a possibilidade de negociar a preços cada vez mais elevados os bulbos de tulipa, que, ademais,

---

[1]. Publicado originalmente em *Carta Capital*, nº 500, 18/7/09.

tinham a vantagem de exigir muito pouco ou nada para sua reprodução. Na base das expectativas exacerbadas a respeito da evolução do preço das tulipas, estava o Banco de Amsterdã e sua capacidade de estender o crédito e suportar o avanço da especulação.

Na história das finanças é comum a imagem de investidores inconformados com os resultados da própria cupidez. Desde a Tulipomania de 1634, passando pelas crises cada vez mais frequentes do século XVIII (como a "Bolha dos Mares do Sul", em 1720) e chegando aos desastres financeiros do século XX, o que mais impressiona o observador é a semelhança entre episódios tão diferentes.

Primeiramente, é a fantasia do enriquecimento rápido, sem causa, milagroso, fruto de alguma esperteza inata ou habilidade singular; em segundo lugar, a formação de um consenso sobre o ineditismo das circunstâncias que parecem justificar a valorização rápida dos papéis (sempre há uma "nova economia"); em terceiro, o envolvimento dos bancos na especulação, fornecendo crédito abundante para alimentar a euforia; em quarto, o avanço do endividamento dos investidores, disfarçado pelos valores cada vez mais inflados da riqueza financeira ou imobiliária; em quinto, a "correção de preços", decepção e quebradeira.

A evolução do sistema de crédito chegou ao ápice depois da Revolução Industrial. A expansão dos mercados, desde o século XI até o fim do século XVIII, foi acompanhada de importantes transformações nos sistemas monetários e na operação do sistema de crédito. Com o renascimento do comércio a longa distância e a recentralização do poder político, as relações de débito e crédito ressurgiram nas feiras medievais. Eram administradas pelos grandes comerciantes encarregados de promover a liquidação, entre uma feira e outra, do saldo das operações mercantis e estabelecer as taxas de câmbio entre as diversas moedas que denominavam as transações.

Já observamos[2] que, entre o fim do século XIX e os primórdios do século XX, ocorreram importantes transformações na forma de existência do capitalismo, como modo de produção de riqueza e sistema de relações internacionais: 1) a consolidação das práticas de financiamento e de pagamentos internacionais, sob a égide de um padrão monetário universal; 2) a metamorfose do sistema de crédito, expressa no aparecimento dos bancos de depósito que ajustam suas funções e formas de operação à nova economia comandada pela indústria; 3) a emergência de nova divisão social

---

2. Capítulo 6, p.205.

do trabalho, consubstanciada na crescente separação técnica e econômica entre o departamento de meios de consumo e o departamento de meios de produção; 4) a internacionalização capitalista sob a hegemonia inglesa, que produziu a industrialização dos EUA e da Europa e, simultaneamente, a periferia produtora de matérias-primas e alimentos.

A diferenciação técnica do produto entre os setores que fabricam bens de consumo e os que geram os meios de produção — destinados diretamente para a acumulação produtiva — criou os elementos materiais adequados para o movimento incessante da acumulação e para a reprodução das relações sociais capitalistas. A partir da separação entre meios de produção e meios de consumo, o progresso técnico endógeno, inerente ao desenvolvimento das forças produtivas especificamente capitalistas, desembaraça o movimento de acumulação produtiva dos limites externos e "naturais" à sua expansão. Subordina de forma real a força de trabalho ao capital e prepara as condições técnicas e econômicas para o avanço industrial das nações retardatárias.

Na órbita monetário-financeira, o desenvolvimento da economia capitalista suscitou a metamorfose do sistema de crédito: a atividade principal dos bancos, nos primórdios do capitalismo, concentrou-se no financiamento da dívida pública (garantida por impostos) e do comércio a longa distância. Depois da Revolução Industrial, com a aceleração dos negócios, os bancos ingleses ampliaram as operações de desconto mercantil, ampliando sua função de sistema de crédito internacional. Nos países de industrialização retardatária, sobretudo nos Estados Unidos e na Alemanha, o crédito assume a função de antecipação de capital monetário.

O processo de reprodução capitalista, em suas indissociáveis dimensões material e monetária, impôs, portanto, a consolidação do sistema bancário (inclusive o Banco Central) e sua dominância na hierarquia de poderes que comandam a concorrência entre as empresas. Nessa economia com grande concentração de capital fixo e dominância dos bancos na intermediação financeira, a dinâmica de longo prazo está fundada na busca do aumento da produtividade social do trabalho, o que, por sua vez, impulsiona a competição feroz pela inovação tecnológica incorporada nas novas gerações de insumos e equipamentos. A acumulação produtiva foi acelerada pela capacidade de os bancos adiantarem liquidez, emprestando um múltiplo dos depósitos à vista escriturados em seus registros — passivos que podem ser exigidos pelos depositantes sem pré-aviso e mobilizados por estes como meios de pagamento.

Os bancos criam moeda. Todas as inovações financeiras, de certo modo, são descendentes das técnicas de "alavancagem" e das tentativas de repartir o risco. Não fossem os bancos e os negócios do dinheiro, dizia Karl Marx, o capitalismo estaria resfolegando (se é que estaria) nos tempos da máquina a vapor, do "capitão de indústria" e da poupança escondida, em notas graúdas ou miúdas, sob o colchão.

Mas o capital financeiro, para o bem e para o mal, é fonte e instrumento dos processos especulativos e de valorização dita "fictícia" da riqueza mobiliária e imobiliária. Na posteridade do *crash* de 1929, o Congresso dos Estados Unidos votou o Glass-Steagall Act, que proibiu o envolvimento direto dos bancos comerciais em operações nos mercados de capitais e nos mercados imobiliários.

O mundo das finanças viveu uma relativa calmaria nas três décadas que se seguiram à Segunda Guerra Mundial. Há quem sustente que a escassez de episódios críticos deve ser atribuída, em boa medida, à chamada "repressão financeira". Esta incluía a prevalência do crédito bancário sobre a emissão de títulos negociáveis (*securities*), a separação entre os bancos comerciais e os demais intermediários financeiros, controles quantitativos do crédito, tetos para as taxas de juro e restrições ao livre movimento de capitais.

A desregulamentação e a liberalização dos mercados financeiros e cambiais se iniciaram antes da ruptura do sistema de Bretton Woods e contribuíram para sua derrocada. Desde meados dos anos 60, como já vimos,[3] começaram a aparecer os primeiros sintomas de desorganização desse arranjo "virtuoso".

No que diz respeito aos sistemas monetários e financeiros, os fenômenos mais importantes, na etapa de dissolução do consenso keynesiano foram, sem dúvida: 1) a subida do patamar inflacionário, tornando insustentáveis os limites impostos às taxas de juro; 2) a criação do euromercado e das praças *offshore*, estimuladas pelo "excesso" de dólares produzido pelo déficit crescente do balanço de pagamentos dos Estados Unidos e, depois, pela reciclagem dos petrodólares; 3) a substituição das taxas fixas de câmbio por um "regime" de taxas flutuantes, a partir de 1973. Os defensores das taxas flutuantes proclamavam perseguir um duplo objetivo: permitir realinhamento das taxas de câmbio e dar maior liberdade às políticas monetárias domésticas.

Já entre o fim dos anos 60 e o início dos 70, as tensões entre a regulamentação dos sistemas nacionais e o surgimento de um espaço "desregulamen-

---

3. Capítulo 3, p. 78.

tado" de criação de empréstimos (e depósitos), num ambiente de inflação ascendente, haviam acarretado mudanças nas formas de concorrência bancária, provocando uma onda de inovações financeiras. A captura dos devedores do Terceiro Mundo é uma das dimensões importantes dessa primeira etapa de internacionalização do capital financeiro, que se inicia na segunda metade da década de 60 e se intensifica depois do primeiro choque do petróleo e da introdução do regime de taxas de câmbio flutuantes, em 1973.

A estagflação dos anos 70 foi marcada por fortes instabilidades cambiais e monetárias. A continuada desvalorização do dólar foi acompanhada por taxas de inflação de dois dígitos nos Estados Unidos, assim como na Inglaterra e na Itália. O bom comportamento dos preços na Alemanha e no Japão valorizou o marco e o iene e suscitou a redução dos haveres em dólar na composição das reservas internacionais.

Episódios críticos

A crise da dívida de 1982 — aquela que o sábio Walter Wriston, então presidente do Citi, garantia que não podia acontecer — foi deflagrada pela elevação dos juros, decidida por Paul Volker em 1979. O FMI e o governo Reagan salvaram os credores de maior porte. Deixaram a quebradeira para a periferia imprudente. Não conseguiram, no entanto, evitar, em seu próprio quintal, a falência do banco Continental Illinois e de mais 43 bancos americanos.

Em 1986, as *saving & loans*, antes circunscritas às hipotecas, aproveitaram a desregulamentação para "curtir amor em terra estranha", como o inesquecível Osmar Santos, um clássico da narração esportiva, qualificava a situação do jogador pilhado em impedimento.

Em 1987, o Federal Reserve impediu a propagação do *crash* da Bolsa de Nova York com uma injeção generosa de liquidez. O *program trading* havia derramado nos mercados um caudal de ordens de venda, aparentemente desencadeadas por declarações infelizes sobre o curso do dólar pelo então secretário do Tesouro dos Estados Unidos, o arrogante e inoportuno James Baker.

Na esteira da desvalorização da moeda americana, providência que se seguiu ao chamado Acordo do Louvre, o Japão engoliu a valorização do iene, a famosa *endaka*. Sob pressão de Tio Sam, o país entrou na farra da desregulamentação financeira. Saboreou inicialmente as delícias de uma bolha imobiliária e outra no mercado de ações. A curtição durou pouco.

Em 1989, os preços dos imóveis e das ações despencaram e deixaram os bancos japoneses encalacrados em créditos irrecuperáveis. O *Bank of Japan* cortou os juros a zero. Mas as carteiras dos bancos estavam contaminadas por empréstimos podres, as empresas afogadas em capacidade ociosa, sem apetite pelo investimento, os consumidores mais temerosos do que prudentes. Sendo assim, os agentes cruciais para as decisões de demanda efetiva não tinham condições de responder às tentativas de restauração do crédito. O medo de emprestar somou-se à aversão pelo gasto. Os japoneses curtiram dez anos de estagnação.

Logo depois, os mercados castigaram a libra valorizada com um ataque comandado pelo filósofo-especulador George Soros. A crise da libra de 1992 libertou a Inglaterra dos juros altos e da moeda apreciada. Não satisfeita, a turma da bufunfa, em 1993, cismou com a serpente monetária europeia: castigou a lira italiana e a peseta espanhola.

Logo em seguida, nos idos de 1994, Alan Greenspan surpreendeu o aquecido mercado global de bônus com uma elevação da *policy rate*. Prejuízos para alguns desavisados à parte, o grosso das perdas atingiu, mais uma vez, um emergente descuidado: no fim de 1994, o mundo presenciou atônito a nova derrocada do peso mexicano. Ação pronta do FMI e do Tesouro salvou os bancos americanos carregados de *Tesobonos* (títulos do governo mexicano denominados em dólares). Já sob os auspícios do Nafta, o socorro de Tio Sam aos bancos de seu país impediu nova moratória no território abaixo do Rio Grande.

Depois, uma sequência trágica: a crise asiática iniciada na Tailândia, em 1997, contaminou os incautos; em 1998, o Brasil e a Rússia foram tragados no redemoinho da finança desregulada. Ainda em 1998, o *hedge fund* administrado pelos ganhadores do Prêmio Nobel Merton e Scholes entrou na rota da quebra. Os administradores apostaram na convergência entre os preços dos bônus do governo americano e papéis semelhantes do governo russo. Como o movimento esperado de preços não se verificou, os cientistas fogueteiros tiveram de botar grana no negócio à medida que os preços se afastavam da direção imaginada pelos jogadores. Para cumprir essa obrigação, os administradores foram forçados a "buscar liquidez" mediante a venda de ativos, provocando uma queda adicional de seus preços. O Fed teve de intervir, obrigando os bancos financiadores a sustentar a liquidez dos especuladores, com o propósito de evitar uma crise sistêmica.

A euforia com as ações da nova economia e da *dotcom* vai à breca em 2000, mas o maníaco soprador de bolhas, Alan Greenspan, baixa rapidamente o juro básico. Com isso, dá curso à superbolha de ativos, agora sob o patrocínio dos empréstimos hipotecários e a sanha dos consumidores. Joga às alturas os preços das residências.

Ao mesmo tempo, na periferia, o *currency board* do Doutor Cavallo entra em colapso. No fim de 2001, afetado pela desvalorização brasileira de 1999, a aventura da conversibilidade com taxa de câmbio fixa, apimentada com a permissão de depósitos em moeda estrangeira, terminou na tragicomédia do "corralito". Os titulares dos depósitos em moeda forânea correram aos bancos, desesperados, à procura de dólares que estavam, sim, escriturados em suas contas, mas escasseavam em espécie nos cofres. O Banco Central da Argentina, como é sabido, só podia emitir pesos desvalorizados.

Finanças comandadas pelo mercado

As alterações ocorridas ao longo das três últimas décadas na estrutura da riqueza capitalista e na operação dos mercados financeiros tornaram mais complexa a trajetória das economias e mais contraditória a gestão dos Bancos Centrais. O maior peso da riqueza financeira na riqueza total foi acompanhado pela concentração crescente da massa de ativos mobiliários sob controle "coletivista" dos fundos mútuos, fundos de pensão e fundos de *hedge*. Os administradores desses fundos ganharam poder na definição de estratégias de utilização da "poupança" e do crédito. A abertura das contas de capital suscitou a disseminação dos regimes de taxas flutuantes e o crescimento dos instrumentos de *hedge*, diante da volatilidade das taxas de juro e câmbio. A "securitização" dos empréstimos bancários e o uso intenso dos derivativos ampliaram, para o bem e para o mal, o papel das flutuações de liquidez no desempenho dos mercados financeiros. As agências de classificação de risco passam a se envolver com os "classificados", prestando serviços de aconselhamento e propaganda, ao mesmo tempo em que pretendem exercer o papel de tribunais com legitimidade para julgar a qualidade dos ativos.

Na década de 80, a ampliação dos mercados de capitais, ao estimular a colocação direta de papéis de dívida, capturou as empresas mais fortes e mais bem reputadas, deixando para os bancos a clientela de maior risco, empresas frágeis e consumidores tão insaciáveis quanto desinformados. Já observamos que esses mercados, na visão de seus patrocinadores, teriam a virtude de combinar as vantagens da melhor circulação das informações, da redução dos custos de transação e da distribuição mais racional do risco.

Nos anos 90, para enfrentar a parada dura, os bancos foram à luta: reivindicaram e conseguiram transformar-se num supermercado financeiro, terminando a separação das funções entre os bancos comerciais, de investimento e instituições encarregadas do crédito hipotecário, imposta pelo Glass-Steagall Act na crise bancária dos anos 30. Buscaram escapar das regras prudenciais, promovendo a securitização dos créditos. Tangidos pelas forças da concorrência, deram início a intenso e ainda não encerrado processo de concentração bancária e de expansão internacional.

Os bancos passaram a "securitizar" recebíveis de todos os tipos, em especial os baseados em empréstimos hipotecários, dívidas de cartões de crédito, mensalidades escolares — em suma, todo tipo de *cash flow* com alguma possibilidade de ser pago pelos devedores finais. Sob o crescente predomínio dos mercados da riqueza, a incorporação do consumo individual à dinâmica do novo capitalismo tornou-se crucial para as perspectivas de crescimento. Não se trata apenas da completa sujeição das "necessidades" aos imperativos da mercantilização universal.

No ciclo recente, o circuito crédito-riqueza-consumo teve como "fundamento" a valorização dos imóveis residenciais, avançou com a queda de preços das manufaturas produzidas pelos trabalhadores asiáticos e terminou na superalavancagem dos novos instrumentos financeiros. "Originados" na concessão de empréstimos hipotecários, os filhotes da criatividade dos mercados eram "carregados" pelos fundos e bancos sombras, avaliados pelas agências de classificação de riscos e garantidos pelas seguradoras de crédito.

Ao fim e ao cabo, o circuito riqueza-crédito-consumo "criava" poder de compra adicional para as famílias de baixa e média renda, ao mesmo tempo em que as aprisionava no ciclo infernal do endividamento crescente. No topo da pirâmide da distribuição da riqueza e renda, os credores líquidos se apropriavam de frações cada vez mais gordas da valorização dos ativos reais e financeiros.

Vale lembrar[4] que, no mundo comandado pela dinâmica dos mercados da riqueza, os vencedores e perdedores dividem-se em duas categorias sociais: os que, ao acumular capital fictício, gozam de "tempo livre" e do "consumo de luxo"; e os que se tornam dependentes crônicos da obsessão consumista e do endividamento, permanentemente ameaçados pelo desemprego e, portanto, obrigados a competir desesperadamente pela sobrevivência.

---

4. Ver Capítulo 9, p. 210.

Os bancos trataram de "empacotar" os créditos, os bons, os ruins e os péssimos, e remover a "mercadoria" dos balanços, mediante a criação de *Special Investiment Vehicles* (SIV). Os SIV — os bancos sombras ou quase bancos, criaturas dos bancos "autênticos" — não só cumpriam a função de liberar capital próprio das instituições para a garantia de novos empréstimos, como serviram para manter asseadas as carteiras "originárias". Tais artimanhas contornavam as regras da Basileia, que impõem o custo dos requerimentos de capital próprio para a cobertura de riscos.

Os SIV emitiram *commercial papers* para financiar posições em ativos securitizados — os *Asset-Backed Commercial Papers*. Instrumentos de curto prazo emitidos para "carregar" posições em papéis mais longos, os *commercial papers* são especialmente sensíveis às mudanças nas condições de liquidez dos mercados financeiros. Sendo assim, os bancos estavam obrigados, nos momentos de estresse, a prover liquidez para manter suas criaturas à tona. O colapso de preços dos créditos *subprime* detonou os mercados de *commercial papers* e deixou os bancos em má situação. Assim funcionam os mercados da riqueza: a má avaliação do risco torna-se endêmica, sobretudo quando são longos os períodos em que predominam a baixa volatilidade e a inflação bem-comportada.

Inevitavelmente, os problemas aparecem quando o risco de inadimplência do devedor não foi bem apurado ou quando os mercados secundários que avaliam diariamente a riqueza mobiliária — títulos de dívida ou direitos de propriedade, como as ações — colocam em dúvida o valor desses ativos amparado no crédito emitido pelos bancos. As perspectivas de perdas e, no limite, da quebra e da falência obrigam os possuidores de riqueza a fazer caixa, vender o que há de melhor e de mais líquido no seu portfólio. Subitamente, os mercados de dívida e de direitos de propriedade, antes eufóricos, tornam-se ilíquidos. A queda dos preços afugenta os eventuais compradores dos ativos, impedindo a mão invisível de cumprir o seu papel.

Os episódios de euforia global e liquidez excessiva terminariam em *crashes* espetaculares, não fossem as intervenções de última instância dos Bancos Centrais mais poderosos no centro do sistema monetário internacional.

Torna-se crucial impedir a crise de pagamentos. Operando num regime de reservas fracionárias, os bancos comerciais desfrutam de uma condição peculiar em relação ao demais intermediários financeiros: a prerrogativa de criar moeda e, assim, multiplicar depósitos, isto é, passivos bancários que se convertem em meios de pagamento. Esses depósitos são, portanto, dinheiro e podem ser movimentados por seus titulares com o propósito de adquirir bens e serviços ou pagar compromissos.

A rede de pagamentos formada pelo sistema bancário constitui a infraestrutura que facilita o *clearing* e a liquidação de operações entre os protagonistas da economia monetária. Dificuldades nessas instituições, que estão na base do sistema de provimento de liquidez e de pagamentos, transformam-se inevitavelmente em transtorno para o conjunto da economia. A ausência de socorro tempestivo oferecido por um emprestador de última instância leva inexoravelmente à contração do crédito, à ruptura do sistema de pagamentos e à corrida bancária. As autoridades monetárias, representando o interesse coletivo, não podem deixar que prosperem e se aprofundem o processo de contágio, a deflação de ativos e a contração do crédito. É necessário que os Bancos Centrais estejam dispostos, nessas circunstâncias, a prover abundante liquidez para os mercados em crise.

Os consumidores "empobrecidos", já observamos,[5] buscarão recompor a relação desejada riqueza/renda, devendo, para isso, aumentar a poupança corrente. Isso significa que o corte nos gastos de consumo não será modesto, atingindo particularmente os setores que se alimentaram da inflação de ativos e da expansão do crédito, ou seja, os imóveis e os bens duráveis. São exatamente esses setores os que experimentaram maior crescimento relativo na expansão recente.

O aumento do déficit público, do investimento das empresas ou uma contração muito rápida do déficit em conta-corrente do balanço de pagamentos poderia contrabalançar a redução no consumo. No caso das empresas, a relação dívida/capital próprio ficou estabilizada no ciclo recente, mas a queda do consumo vai certamente comprimir a rentabilidade, piorando o *rating* e desestimulando os gastos de investimento. Essa deterioração do desempenho das empresas não será bem recebida pelos investidores, o que, provavelmente, vai suscitar ulteriores desvalorizações de suas ações. Quanto ao déficit externo, sua redução rápida (acompanhada da desvalorização do dólar) acarretará algum alento ao desempenho da economia. Isso caso o resto do mundo, sobretudo a China, substitua o dinamismo das exportações pelo crescimento da demanda doméstica.

---

5. Ver Capítulo 6, p. 138.

CAPÍTULO 14

OS ANTECEDENTES DA TORMENTA[1]

O crescimento da última década foi celebrado como a expressão de um triunfo inexcedível da experiência capitalista dos Estados Unidos sobre o resto do mundo. Avaliações peremptórias não hesitaram em apontá-la como superior não só à experiência socialista, como também a de outros tipos de capitalismo, como o japonês e os modelos europeus de sociedade e de economia.[2]

O crescimento desse período teve início na segunda metade de 1992, foi lento até mais ou menos 1995/1996 e, paradoxalmente, começou a se acelerar após as crises mexicana, asiática e brasileira. Em boa medida, a economia norte-americana nutriu-se das crises na periferia do sistema para ganhar nervos e musculatura. O período que vai do final dos anos 70 até esse salto

---
1. Publicado originalmente em: *Carta Maior*, 7/10/08 (www.cartamaior.com.br/templates/materiaMostrar.cfm?materia_id=15276).
2. Nos anos 80, estava em voga falar da excelência do capitalismo japonês, sua diferença e maior dinamismo. Mas essa ilusão, com a possibilidade de a hegemonia norte-americana ser substituída por outro país capitalista, foi dissipada já em meados dos anos 80 — exatamente em 1985 —, quando os Estados Unidos forçaram a desvalorização do dólar e obrigaram o Japão a revalorizar o iene; portanto, a encarecer as suas exportações. Obrigaram-no também a abrir financeiramente sua economia. Com isso, impuseram ao Japão o começo de sua maior crise econômica do pós-guerra, que este país não conseguiu superar até hoje. A economia japonesa praticamente não cresceu ao longo da década de 90, viveu uma recessão permanente, com pequenas recuperações. Nos dez anos em que a economia norte-americana cresceu acima da média (ou acima de sua média histórica), o Japão cresceu significativamente abaixo de sua média histórica.

marca uma lenta recuperação do poderio econômico, militar e financeiro dos Estados Unidos. Ele se fez não só com a derrota política e econômica da URSS, mas também com a imposição do padrão capitalista norte-americano e, sobretudo, do capital financeiro do país às demais nações.

Desde os anos 70, os Estados Unidos já vinham abandonando certas referências que marcaram seu crescimento no pós-guerra, bem como desmontando regras prudenciais de gestão financeira adotadas a partir dos anos 30 e consolidadas durante o esforço bélico. Tais características haviam contribuído significativamente para a recuperação da Europa no pós-guerra, além de abrirem espaços para a industrialização de países do Terceiro Mundo. A existência de um bloco socialista competindo com o capitalismo foi igualmente decisiva na ampliação das oportunidades de desenvolvimento no planeta.

O modelo pós-Segunda Guerra

É importante lembrar que a direção política do capitalismo estadunidense nesse período era bem mais heterogênea do que a atual. Havia, por exemplo, dentro do governo Roosevelt, uma fração muito importante do Partido Democrata que preconizava um futuro salvaguardado pela aliança entre os Estados Unidos e a União Soviética. O inimigo verdadeiro, desse ponto de vista, seria o velho imperialismo europeu, o que explica, em parte, as dificuldades que teve o representante inglês em Bretton Woods, John Maynard Keynes, para viabilizar suas propostas de reforma do sistema monetário internacional.

Ao contrário do que ocorreu no final da Primeira Guerra Mundial, porém, e que levou à crise do capitalismo desregulado de então (cujo ápice foi a Depressão de 1929 e dos anos 30), em 1944 os EUA tomaram a decisão política de não repetir os erros do passado. O Plano Marshall e o impulso dado à reconstrução europeia para a unificação econômica foram decisivos para que as economias alemã e francesa se rearticulassem. Da mesma forma, o financiamento norte-americano foi o divisor que permitiu a reconstrução econômica japonesa.

A impressão dominante naquele momento era a de que o capitalismo estava diante de um sólido e prolongado ciclo de expansão a salvo das flutuações cíclicas violentas inerentes a sua dinâmica de crescimento. Novas formas de regulação e controle do sistema haviam sido introduzidas sob o impulso de forças sociais que emergiram ao final da guerra, dentre as quais os partidos comunistas, que tiveram papel relevante na definição das estratégias de reconstrução do capitalismo europeu. Entre as principais características dessa nova institucionalidade, estava a admissão de que o Estado, obrigatoriamente, deveria promover a regulação do ciclo econômico.

Os Estados nacionais passaram então a se apropriar de (e a gastar) uma fatia do produto nacional muito superior àquela dos anos 20. O maior controle público sobre o excedente evitaria que as flutuações do ciclo econômico redundassem em ajustes baseados na contração quase automática da renda e do emprego como ocorrera até 1929. A segunda característica associada às coligações sociais e políticas que emergiram nesse período foi o crescimento do salário real e dos benefícios sociais, paralelamente ao aumento da produtividade do trabalho.[3] Um terceiro pilar fundamental de sustentação dessa arquitetura foi a instituição do controle dos movimentos de capitais entre os países, sobretudo dos capitais de curto prazo.

Vale lembrar que a reforma que Keynes e Dexter White tentaram aprovar em Bretton Woods envolvia, *grosso modo*, as seguintes balizas: o dinheiro internacional seria simplesmente uma moeda de conta, permitindo que os países trocassem mercadoria por mercadoria. O dinheiro funcionaria apenas como referência de cálculo. Os países que tivessem déficit registrariam num banco internacional, em sua conta, a dívida com os demais. A compensação entre os déficits e superávits tornaria desnecessário saldar dívidas através de movimentos de capitais de curto prazo. Keynes, a partir da experiência nefasta dos anos 20, estava convencido de que não era prudente delegar aos mercados a regulação do fluxo monetário internacional. Tampouco estes deveriam assumir a responsabilidade pelo fornecimento de liquidez aos países que porventura registrassem déficit na balança de pagamentos.

Como se sabe, esse sistema não foi aceito em sua totalidade, nem pelos Estados Unidos, nem pela Inglaterra. Mesmo assim, o Acordo de Bretton Woods permitiu que os países controlassem suas contas de capital, proporcionando-lhes maior autonomia na fixação das políticas monetária e fiscal. A prerrogativa de proibir a entrada e a saída de capitais manteve-se até meados da década de 80, inclusive no Brasil, garantindo certo grau de proteção à política econômica contra ondas de volatilidade e movimento especulativo no plano internacional. Ao contrário do que ocorre hoje, caso houvesse uma crise na Bolsa de Nova York, os governos não tinham que

---

3. Comparando-se o aumento de produtividade do imediato pós-guerra com o aumento de produtividade do trabalho de agora, mesmo nos Estados Unidos, vê-se que a média foi maior no imediato pós-guerra — coisa que a imprensa não diz!

elevar a taxa de juro: dispunham de instrumentos para impedir que os efeitos da turbulência fossem integralmente internalizados.

O que se verifica neste dias é exatamente o oposto. Capitais movem-se livremente pelo planeta, apostando na desvalorização das moedas, promovendo chantagem explícita contra políticas de juro baixo ou ainda tomando posição nos mercados à vista ou de contratos futuros contra economias supostamente dotadas de moedas frágeis. Se esses mercados funcionam livremente, a especulação é inevitável — por definição, são mercados especulativos.[4] Falar em controle de capitais tornou-se anátema a partir dos anos 70 — pelo menos foi assim até a emergência da nova crise acionada pelo estouro da bolha imobiliária nos EUA. Na verdade, os grandes protagonistas do processo econômico, a grande empresa internacional e os grandes bancos frequentemente ganham mais dinheiro no mercado financeiro do que na produção de mercadorias.

Quando uma empresa está localizada em vários mercados, como ocorre hoje, poderá ter um ganho fenomenal se estiver bem posicionada diante de uma alteração cambial — o que não é difícil, considerando-se que tem acesso a boas informações e relações estreitas com grandes bancos. Em caso de aposta equivocada, todavia, as perdas, como estamos vendo, podem assumir contornos sistêmicos imprevisíveis.

Para os reformadores de Bretton Woods, a estabilidade do câmbio e dos juros era fundamental para a tomada de decisão na esfera produtiva do capitalismo. Uma decisão de longo prazo, como é o caso de um grande investimento, requer um horizonte razoável de segurança, e para isso duas taxas devem oferecer certo grau de previsibilidade: a taxa de juros e a taxa de câmbio. Esses são dois preços-chave da economia que informam fundamentalmente a decisão capitalista: a taxa de juros indica qual é a conveniência de que o detentor da riqueza a mantenha sob a forma de capital monetário ou a invista sob a forma produtiva, ou qualquer outra forma. Para isso, a estabilidade da taxa de juro em um patamar moderado é fundamental.[5] No caso da taxa de câmbio, o que se espera é que esta amplie o

---

4. Especulativos não no sentido popular da palavra. São especulativos porque fazem aposta a partir de uma conjetura sobre o que vai acontecer com o valor de uma determinada moeda, o que vai acontecer com a taxa de juros.

5. Não é por acaso que, em *O Capital*, Marx "fecha o modelo" com o capital a juros. Muitos leitores pensam que ele deixou o capital a juros para o fim porque era menos importante. Mas não é. Porque o capital a juros é a forma acabada — a forma mais aperfeiçoada, como ele diz — do capital, em que este se reproduz a si mesmo. E porque o capital a juros determina as condições de concorrência no mercado capitalista — que sinalizam quais são os capitais que vão sobreviver e quais vão soçobrar.

horizonte de paridade entre o dinheiro particular — as moedas nacionais — e a moeda de referência mundial. Se esses preços flutuam erraticamente, a decisão do capitalista torna-se totalmente desordenada.

A lógica do controle dos capitais que prevaleceu nos anos 50/60 permitiu que as economias pudessem crescer de maneira mais ou menos equilibrada, gerando, não por acaso, aquilo que se convencionou chamar de "milagre alemão", "milagre japonês", "milagre italiano",... Tudo ancorado na arquitetura de um capitalismo domesticado, quer dizer, do capitalismo controlado politicamente pela intervenção do Estado em cada país. Essa institucionalidade impediu que fossem reproduzidas as crises dos anos 20, e até mesmo as crises do final do século XIX em boa parte do século XX.

Fim de um modelo

A partir do final dos anos 60, essa arquitetura começa a ruir por conta do agravamento de um defeito de origem fundamental em sua engrenagem: a moeda internacional utilizada nesse arranjo era a moeda de um país, o dólar norte-americano. Políticos e técnicos que participaram dos debates de Bretton Woods já haviam identificado os limites dessa ambiguidade.

Somente enquanto essa moeda fosse emitida de maneira moderada haveria possibilidade de ser aceita pelas demais nações como referência internacional. Embora o fetiche da moeda seja conhecido, a verdade é que esta não tem vida própria, mas reflete um fenômeno social. Sua legitimidade como meio de troca e reserva de valor só subsiste na medida em que figurar aos olhos da sociedade como representação efetiva da riqueza existente.[6]

A partir de meados dos anos 60, esse predicado começou a desbotar nas notas de dólar. A moeda norte-americana passou a se enfraquecer em consequência do papel exercido pelo país como polícia do mundo ocidental, o que obrigava o Tesouro a um dispêndio de moeda muito superior ao que seus parceiros estavam dispostos a aceitar.

Apesar da prosperidade geral — e aqui é importante lembrar que 1968 foi um ano de grande prosperidade, e que esta durou até 1973 —, os eu-

---

6. Vemos na hiperinflação o que acontece: todo mundo foge da moeda, porque não há mais a confiança de que possa representar o padrão de medida de troca e de reserva de toda a riqueza existente. Portanto, é um fenômeno quase que convencional, uma convenção consolidada no espírito das pessoas. Não tem nada a ver com a materialidade ou a forma que assume.

ropeus começaram a contestar a universalidade do dólar ou o seu papel como representante da riqueza universal. Os primeiros a fazê-lo foram os franceses. No seu entender, o volume de dólares injetado nos mercados pelos EUA excederia o total demandado para as trocas internacionais e os negócios financeiros, conforme havia sido acordado em Bretton Woods. O presidente De Gaulle começa então a trocar dólares excedentes pelo ouro de Fort Knox. Em resposta, em 1971, Nixon, então presidente dos Estados Unidos, declara unilateralmente a inconversibilidade e o fim do padrão concertado em Bretton Woods.

Entre 1968 e 1971, na crise do dólar, começa a se formar o chamado "euromercado", cuja característica notável era a expansão de negócios financeiros fora dos controles prudenciais das autoridades monetárias. Sua emergência reflete o excesso de gastos e o déficit da balança de pagamentos norte-americanos. Quando o Banco da Alemanha, um Banco Central clássico e ortodoxo, acumulava excedentes em sua balança de pagamentos, deslocava o excesso de dólares e o redepositava no euromercado.

Essa foi uma das razões do chamado "milagre econômico brasileiro", em pleno regime ditatorial. A farta liquidez externa incentivou o Brasil a se endividar maciçamente em dólar no euromercado, cujas taxas de juros eram convidativas — da ordem de 6% ao ano. Na época, entretanto, esse mercado era relativamente pequeno; só alguns países em desenvolvimento tinham acesso a ele.

Quando os norte-americanos declararam a inconversibilidade, em 1971, e permitiram a flutuação cambial em 1973 (até então, as taxas de câmbio eram fixas e administradas pelo FMI, sendo preciso sua licença para a desvalorização de uma moeda), desencadeou-se a flutuação geral das paridades. Esse foi um dos fatores que deflagrou o aumento do preço do petróleo, fixado em dólares.

Durante toda a década de 70, houve grande controvérsia sobre a substituição do dólar como moeda de reserva, sendo feitas várias tentativas nesse sentido. Os Estados Unidos saíram da guerra do Vietnã derrotados política e militarmente. Foi um período em que se anunciava *urbi et orbi* o fim da hegemonia norte-americana, o esgotamento de seu poder e a possível substituição da supremacia dos EUA pela da Alemanha. Em 1979, no entanto, na reunião do FMI realizada em Belgrado, os Estados Unidos reafirmaram a hegemonia do dólar posta em xeque pelos interesses europeus.

Em primeiro lugar, o governo norte-americano elevou brutalmente as taxas de juros, promovendo a valorização do dólar a ponto de explodir o déficit fiscal do país. Em seguida, Reagan promoveu uma redução de impostos que favoreceu os ricos e a classe média mais alta. Depois, em 1981/1982, iniciou-se a reversão do ciclo de alta dos juros. O declínio das taxas deflagrou vigoroso ciclo de consumo e de importações na economia norte-americana. Japão, Coreia e Taiwan foram os grandes provedores desse mercado até 1985. O Japão conseguia superávits monumentais à custa dos déficits dos EUA. O que permitia uma dieta pantagruélica ao consumo norte-americano, sem qualquer problema adicional de balança de pagamento, era o fato de deter o controle da moeda de reserva, ou seja, deter a prerrogativa de pagar seu déficit em dólar, e o mundo, de novo, aceitar.

A diferença em relação ao cenário dos anos 70 é que os Estados Unidos passaram a financiar seu déficit fiscal com a emissão de papéis do Tesouro, como uma espécie de colchão de liquidez. Quando ocorreu a crise da dívida externa na América Latina, devido ao aumento na taxa de juros, o déficit fiscal norte-americano permitiu que os bancos limpassem de seus balanços os créditos podres latino-americanos. Ou seja, a exemplo do que se faz hoje em escala turbinada por um grau de incerteza e de imprudência inéditos, trocaram-se ativos podres por títulos com liquidez de mercado assegurada — e naquele momento a taxas de juros mais convidativas que as atuais. Foi assim que o déficit do Tesouro salvou os bancos norte-americanos, enquanto os mais precipitados anteviam a quebra da maior economia do mundo. Como se sabe, tal não ocorreu. Os bancos privados carregaram papéis da dívida norte-americana em suas carteiras, utilizando-os como mecanismo de transição para o ajuste do sistema financeiro privado. Se o governo dos EUA não tivesse feito um déficit (do tamanho daquele feito por Reagan) e se não tivesse emitido dívida pública, os bancos norte-americanos teriam quebrado.

Os Estados Unidos salvaram seu sistema bancário, ao mesmo tempo em que se transformaram, de credores globais desde o final da Primeira Guerra Mundial, em devedores globais (a dívida pública norte-americana, que em 2001 era de US$ 3 trilhões, deve saltar nesta crise de 2008 para algo como US$ 10 trilhões). Os anos 80 foram marcados por essa mudança de posição, em que parecia que os bancos japoneses, por exemplo, iriam superar — e superaram em volume de depósitos internacionais — os bancos norte-americanos.

Durou pouco essa impressão. Em 1985, quando a coisa estava indo longe demais, os Estados Unidos fizeram as famosas reuniões do Plaza e depois do Louvre, que deram origem ao G7. Nessa rodada de peixes grandes, os EUA comunicaram que a valorização do dólar passara dos limites. O déficit do país estava exagerado e a indústria norte-americana não suportaria mais a carga da perda de competitividade internacional. Como remate, anunciaram que chegara a hora de seus parceiros assumirem o ônus de reverter esse quadro unilateralmente. Curto e grosso, obrigaram o iene e o marco a se revalorizarem em relação ao dólar, sem que os EUA tivessem que elevar suas taxas de juros para isso.

Foi o início da longa crise japonesa. O Japão foi obrigado a cortar custos, a reduzir lucros e salários de suas empresas. Com o iene excessivamente valorizado e as moedas dos vizinhos asiáticos ainda desvalorizadas face ao dólar, os investimentos japoneses se deslocaram para o Sudeste Asiático. Isso explica o aparecimento da segunda geração de tigres asiáticos — Cingapura, Malásia, Tailândia —, como resultado da expansão regional do capitalismo japonês.

A partir dessas plataformas, as empresas japonesas retomaram a capacidade de exportar para os Estados Unidos. O Japão criou laços profundos com o Sudeste Asiático, mas acabou nocauteado no começo dos anos 90. Os parceiros asiáticos continuaram a crescer até a nova crise de 1997 (recuperando-se depois, mas de maneira frágil).

Os EUA no centro da crise

Apesar de ter crescido a partir de 1995/1996, a taxa média de expansão da economia norte-americana na década de 90 foi inferior ao desempenho médio verificado entre os anos 50/60. O mesmo ocorreu com a maioria dos demais países: na era dos mercados financeiros desregulados, as taxas de crescimento foram muito inferiores às do período anterior, o do capitalismo domesticado, por qualquer critério de comparação (taxa de crescimento, expansão do emprego, crescimento dos salários reais, etc.).

No período Reagan, com a valorização do câmbio, o investimento cresceu muito pouco; foi basicamente um ciclo de expansão apoiado em consumo. No período mais recente, assistimos a um ciclo de investimento e de consumo com brutal concentração de capital — não só na área produtiva, mas também na área financeira. A contrapartida desse processo, fortemente impulsionado pelo crédito, foi elevado grau de endividamento do setor privado (famílias e empresas), que alcançou o nível mais alto do pós-guerra.

A valorização crescente do mercado de ações pode servir como fita métrica desse endividamento: exprime a riqueza fiduciária que as famílias e as empresas pensam ter. Na medida em que as ações se valorizaram, famílias e empresas adquirem mais papéis e ações; imaginando que sua riqueza patrimonial se elevou, endividam-se ainda mais, com as ações servindo como garantia (mais recentemente o mecanismo se transferiu para a valorização do mercado imobiliário). Bancos livres das regras prudenciais acumulam ativos de empréstimos a famílias ancoradas em uma base patrimonial anabolizada especulativamente.

Quando ocorre a correção de preços e o valor das ações cai, quem tem dívida em dólares vê seu patrimônio murchar drasticamente — diz-se que "desinflou o patrimônio". A poupança das famílias norte-americanas hoje é igual a zero (não poupam nada da sua renda); seu patrimônio líquido perde valor; os ativos que possuem estão se desvalorizando e o passivo fixado em dólares cresce e engorda.

Essa, na verdade, é a raiz da crise norte-americana presente desde 2001. Quando veem que a relação dívida/patrimônio aumentou muito, as empresas cortam investimento, e as famílias cortam seu consumo. Na ponta dessa convergência, salta o desemprego, que tende a se agravar com a contração do crédito e da renda. Na medida em que o desemprego aumenta, a tendência é novo degrau de corte de gastos, o que leva a nova rodada de demissões...

Uma das razões pelas quais os EUA conseguiram sustentar o padrão de crescimento via endividamento foi a capacidade de atrair capitais excedentes de todo o planeta — o Brasil hoje é o quarto maior investidor em títulos do Tesouro norte-americano, sendo a China o primeiro. Ninguém sabe até quando esse processo vai se sustentar. Até agora, a Bolsa cai, as taxas de juros declinam e a economia se desacelera, sem que haja uma fuga expressiva de capitais — pelo contrário: registra-se até um movimento inverso, uma busca de proteção, com investidores adquirindo papéis do Tesouro a uma taxa de remuneração inferior à inflação.

Qual é o limite dessa engrenagem? Ao examinarmos todo o período do pós-guerra, este por certo é o momento de maior fragilidade na administração da economia capitalista. Está claro que os efeitos deste novo capítulo da crise, deflagrado pelo estouro da bolha imobiliária, não desacelera apenas a economia norte-americana. Será preciso acompanhar a extensão e a profundidade dessa desaceleração sobre o mercado global para uma avaliação mais exata dos seus desdobramentos históricos para a economia capitalista. O certo, porém, é que o lubrificante da desregulação parece ter esgotado a capacidade de azeitar a engrenagem do sistema.

CAPÍTULO 15

O PROBLEMA ESTÁ AQUI[1]

"O que criou essa bolha e produziu seu estouro barulhento", diz John Helyar, editor da *Bloomberg*, "foi a mudança do modelo de negócios de Wall Street. A rejeição do Glass-Steagall Act em 1999 permitiu que os bancos comerciais e os bancos de investimento criassem sinergia entre suas incompetências". O Glass-Steagall Act, prolatado em 1930, determinou a separação entre os bancos comerciais e os bancos de investimento. Os primeiros são instituições que recebem depósitos à vista e realizam empréstimos mantidos em carteira até o vencimento. Os bancos de investimento dedicam-se ao aconselhamento de empresas nas emissões primárias de títulos de dívida e ações e na gestão desses instrumentos financeiros — avaliados e negociados diariamente nos mercados de capitais, primários e secundários. São *brokers* e *dealers*.

A desregulamentação financeira rompeu os diques impostos, depois da crise dos anos 30, à ação dos bancos comerciais, que voltaram a operar como supermercados financeiros e passaram a se valer da "securitização" de créditos, o que facilitou seu envolvimento com o financiamento de posições nos mercados de capitais e em operações "fora do balanço" com derivativos.

A nova configuração institucional acirrou a concorrência entre as instituições financeiras na atração da clientela e na aceleração das inovações fi-

---

1. Publicado originalmente em: *Carta Capital*, 17/11/2008 (www.cartacapital.com.br/app/coluna.jsp?a=2&a2=5&i=2729).

nanceiras. Os gestores de portfólios — bancos comerciais, de investimento e fundos mútuos, de pensão e de *hedge* —, no afã de carrear mais recursos sob o seu controle e na ânsia de bater os concorrentes, foram constrangidos a exibir as melhores performances

Um experiente administrador de fundos concluiu, em meio à tormenta do *subprime*: "Quando todos à sua volta estão fazendo negócios à velocidade do raio, é incrivelmente fácil ser carregado pela onda de otimismo e fazer coisas das quais você vai se arrepender. Nesses momentos, a atitude mais corajosa é não fazer nada." Piedosa intenção. Quem disputa o jogo da concorrência nos mercados financeiros, frouxamente regulados e displicentemente supervisionados, está obrigado pela clientela a buscar o rendimento máximo, sob pena de ser desbancado pelo rival da esquina. Ligada a ignição da ganância infecciosa, os tripulantes não podem brecar o expresso da alegria, até o comboio descarrilar.

O entusiasmo quase generalizado com a liberalização e a desregulamentação dos mercados financeiros deu lugar à recriminação e à busca de culpados. Agora já são muitos os que criticam as interpretações convencionais que atribuíam as crises financeiras e cambiais à má gestão monetária e fiscal dos governos. Desde o episódio asiático, os analistas mais responsáveis e menos comprometidos com o mundo dos negócios procuraram ressaltar o papel desempenhado por bancos e empresas privadas, sempre envolvidos em surtos especulativos com ativos reais e mobiliários, bem como nos ataques às moedas fracas.

A sucessão de quebras e intervenções do Federal Reserve e do Tesouro nos Estados Unidos deixou de calças na mão os arrogantes e presunçosos do Primeiro Mundo ocidental. Digo "ocidental" porque muitos juravam de pés juntos: as encrencas bancárias no Japão e a crise financeira na Ásia eram o resultado lógico de sistemas bancários concebidos para um "capitalismo de compadres". Coisa de orientais que descuravam da supervisão e regulamentação de seus sistemas bancários. Não foram poucos os que antecipavam o surgimento de problemas de liquidez nos bancos chineses, diante do crescimento dos *non performing loans*.

Os fanfarrões demoraram a descobrir que os bancos de investimento americanos e seus parceiros, como os *hedge funds* e as seguradoras de crédito, estavam empenhados em jogar entulho na cordilheira de lixo tóxico. A cadeia de montanhas de detritos financeiros foi construída mediante a multiplicação e a negociação de ativos lastreados em créditos hipotecários e a disseminação de derivativos que supostamente garantem os investidores contra o *default*, os indefectíveis *Credit Default Swaps* (CDS). Estimulados por comissões polpudas para suas instituições e incentivados pela expectativa de bônus estonteantes, os administradores da finança ajudaram a montar o cenário do desastre.

Já relatei, em outra ocasião, o debate promovido pela revista inglesa *Prospect* entre George Soros, Anatoly Kaletstky (do *London Times*), Martin Wolf (do *Financial Times*) e John Gieve (do Comitê de Estabilidade Financeira do Banco da Inglaterra), entre outros. Trechos do debate foram traduzidos de forma livre e se concentram na controvérsia sobre os instrumentos mais adequados para administrar um ciclo de crédito com inflação de ativos.

Alto dirigente do Banco da Inglaterra, Gieve não escapa pela tangente ao comentar a responsabilidade das autoridades no desenvolvimento de práticas e inovações que levaram ao desfecho indesejado. Diz ele: é impossível negar que a ausência de regulação no mercado de hipotecas contribuiu para a eclosão da crise. Na última euforia com a valorização de ativos, as operações estruturadas de crédito — vender títulos lastreados em empréstimos hipotecários e outros — fizeram a diferença. Os que inventavam e promoviam tais produtos não tinham a menor ideia a respeito do comportamento de seus preços em condições econômicas agudas.

O assim chamado "megaespeculador" George Soros desconfia das teorias que informam as decisões dos protagonistas dos mercados financeiros. Para ele, as autoridades e os demais participantes do jogo de avaliação da riqueza apoiam-se em uma falsa interpretação sobre o funcionamento dos mercados. Imaginam que tendem ao equilíbrio e os desvios são aleatórios. Essa falsa concepção permitiu a elaboração dos produtos estruturados e produziu uma crise muito mais abrangente do que uma simples bolha imobiliária americana.

Bolhas de ativos são endêmicas. As autoridades reguladoras têm obrigação de lidar com elas enquanto é tempo. Não é o caso de se utilizar a política monetária, ou seja, de tentar furar a bolha com aumento do juro. Trata-se de operar através do canal do crédito. Soros, como Hyman Minsky, assegura que os mercados financeiros lidam com promessas e avaliações sobre o curso futuro dos ativos e dos títulos de dívida. Estão, portanto, sujeitos a gerar endogenamente euforia e pânico. O Banco Central deve estar sempre pronto para modificar as exigências de reservas e de capital conforme a toada do ciclo econômico.

Gieve não só concorda com Soros, como acrescenta: usar a taxa de juro para controlar um ciclo de ativos pode produzir graves danos à economia

— as taxas devem subir muito para conter as expectativas altistas e eufóricas dos investidores. As autoridades (leia-se "o Banco Central") devem recorrer à ampliação das exigências de capital e de liquidez para dar eficácia anticíclica às suas políticas.

A omissão das autoridades diante das pirotecnias dos mercados é a marca registrada do capitalismo americano. As crises financeiras se tornam graves quando as flutuações no valor da riqueza contaminam os bancos comerciais, aqueles que recebem depósitos e fazem empréstimos, além de funcionar como sistema de pagamentos na economia monetária. Na terça-feira 16 de setembro, os bancos cobravam entre si taxas exorbitantes nos mercados interbancários em que são efetuadas as trocas de reservas. As taxas sinalizam forte contração do crédito, a despeito das sucessivas e maciças injeções de liquidez promovidas pelos Bancos Centrais.

Quando isso acontece, a maquinaria econômica trava. É certo que a sucessão de intervenções e nacionalizações tem o propósito de fazer a engrenagem do crédito voltar a seu funcionamento normal. Mas a opacidade dos mercados securitizados e alavancados é de tal ordem que não há como descobrir onde está a contraparte e, muito menos, se é um justo ou um pecador. Sendo assim, o sistema de crédito é tomado pelo descrédito.

A dinâmica da crise financeira parece impor aos recalcitrantes lições interessantes sobre as inter-relações de mercados financeiros, crédito e moeda no capitalismo moderno. Na corrida dos investidores para os títulos do governo americano, os mercados prestam reverência à soberania monetária do Estado nacional responsável pela gestão da moeda reserva. Os preços dos ativos derretem, as pseudomoedas se desvalorizam, o crédito desaparece. A fuga para a qualidade, ou seja, a preferência para a liquidez revela que a diversificação e o fracionamento da riqueza e das moedas sucumbem ao caráter central e centralizador do dinheiro universal.

Como nos anos 30, as autoridades terão de avançar o controle sobre as finanças até as fronteiras da estatização do crédito, para não falar da administração pública das inevitáveis fusões e aquisições. O processo de centralização de capital na órbita financeira será comandado pelo Estado, respondendo aos clamores do mercado. Seja qual for o nome atribuído a essas venturosas operações.

CAPÍTULO 16

A GÊNESE DAS CRISES[1]
(Uma análise de Bretton Woods à farra do *subprime*)

Na posteridade da crise asiática, os governos e o FMI ensaiaram a convocação de reuniões destinadas a imaginar remédios para "as assimetrias e riscos implícitos" no atual regime monetário internacional e nas práticas da finança globalizada. Clamavam por uma reforma da arquitetura financeira internacional. A reação do governo Clinton — orientado pelos conselheiros de Barack Obama, Robert Rubin e Lawrence Summers — foi negativa. Os reformistas enfiaram a viola no saco.

Já observamos[2] que, no imediato pós-guerra, o projeto americano de construção da ordem econômica internacional foi concebido com o propósito de promover a expansão do comércio entre as nações e colocar seu desenvolvimento a salvo de turbulências financeiras. A ideia força dos reformadores de Bretton Woods sublinhava a necessidade de criação de regras monetárias capazes de garantir o ajustamento dos balanços de pagamentos, ou seja, o adequado abastecimento de liquidez para a cobertura de déficits, de forma a evitar a propagação das forças deflacionárias. Tratava-se, também, de erigir um ambiente econômico internacional destinado a propiciar amplo raio de manobra para as políticas nacionais de desenvolvimento, industrialização e progresso social.

Keynes, o delegado da Inglaterra, propôs a *Clearing Union*, uma espécie de Banco Central dos Bancos Centrais. A *Clearing Union* emitiria uma moe-

---
1. Publicado em: *The Economist*, dez. 2008/jan. 2009 (O Mundo em 2009, Edição Especial).
2. Ver Capítulo 10, p. 214-5.

da bancária, o *bancor*, destinada exclusivamente a liquidar posições entre os Bancos Centrais. Os negócios privados seriam realizados nas moedas nacionais, que, por sua vez, estariam referidas ao *bancor* mediante um sistema de taxas de câmbio fixas, mas ajustáveis. Os déficits e superávits dos países corresponderiam a reduções ou aumentos das contas dos Bancos Centrais nacionais (em *bancor*) na *Clearing Union*.

A despeito de sua rejeição à relíquia bárbara, Keynes aceitou a manutenção do ouro como âncora nominal do seu sistema monetário, mimetizando a relação que a moeda bancária mantinha com as reservas metálicas no padrão-ouro clássico. Mas o metal seria uma espécie de "rainha da Inglaterra" do sistema monetário, já que nenhum papel efetivo lhe seria concedido na liquidação das transações e dos contratos — função que seria exercida exclusivamente pela moeda bancária internacional, administrada pelas regras da *Clearing Union*. É provável que Keynes não estivesse disposto a colocar em risco a confiabilidade do novo padrão monetário e muito menos pretendesse desvalorizar as reservas ouro acumuladas pelos Estados Unidos nos anos 20, 30 e 40 (em 1948, os EUA detinham cerca de 72% das reservas ouro mundiais). Debates travados no Senado revelam que era forte a resistência política dos americanos à abolição do ouro como fundamento da nova ordem monetária internacional.

O Plano Keynes visava, sobretudo, eliminar o papel perturbador exercido pelo ouro como último ativo de reserva do sistema, instrumento universal da preferência pela liquidez. Buscava, portanto, uma distribuição mais equitativa do ajustamento dos desequilíbrios dos balanços de pagamentos entre deficitários e superavitários. Isto significava, na verdade — dentro das condicionalidades estabelecidas —, facilitar o crédito aos países deficitários e penalizar os superavitários. O propósito de Keynes era evitar os ajustamentos deflacionários e manter as economias na trajetória do pleno emprego. Ele imaginava que o controle de capitais deveria ser uma característica permanente da nova ordem econômica mundial, como repetiu seguidamente nos trabalhos preparatórios da Conferência de Bretton Woods.

O plano — uma utopia monetária — não só era excessivamente avançado para o conservadorismo dos banqueiros privados, mas também inconveniente para a posição amplamente credora dos EUA, pois anularia o poder de *seigniorage* do dólar como moeda reserva. A faculdade de usar sua moeda como meio de pagamento universal conferiu e ainda vem conferindo aos EUA grande flexibilidade na gestão da política monetária e na administração dos balanços de pagamentos.

Em 1944, nos salões do Hotel Mount Washington, na acanhada Bretton Woods, a utopia monetária de Keynes capitulou diante da afirmação da hegemonia americana que impôs o dólar — ancorado no ouro — como moeda universal. Talvez por isso o segundo pós-guerra conte a história conflituosa da reafirmação do dólar como moeda reserva e narre as desditas da reprodução dos desequilíbrios globais e da sucessão de ajustamentos traumáticos dos balanços de pagamentos na periferia.

Essas características do arranjo monetário realmente adotado em Bretton Woods sobreviveram ao gesto de 1971 — a desvinculação do dólar ao ouro — e à posterior flutuação das moedas em 1973. Na esteira da desvalorização continuada dos anos 70, a elevação brutal do juro básico americano em 1979 derrubou os devedores do Terceiro Mundo, lançou os europeus na desinflação competitiva e culminou na crise japonesa dos anos 90. Na posteridade dos episódios críticos, o dólar se fortaleceu, agora obedecendo ao papel dos EUA como demandante e devedor de última instância.

A crise dos empréstimos hipotecários e seus derivativos, que hoje nos aflige, nasceu e se desenvolveu nos mercados financeiros americanos. Na contramão do senso comum, os investidores globais empreendem uma fuga desesperada para os títulos do governo americano. Assim como nas crises cambiais dos anos 90, protagonizadas pela periferia (México, Ásia, Rússia, Brasil e Argentina), os papéis do governo dos EUA oferecem repouso para os capitais cansados das aventuras em praças exóticas e reservam os tormentos da volatilidade cambial para os incautos que acreditaram nas promessas de recompensa pelo bom comportamento. Escrevi recentemente que, entre 2003 e 2007, no auge da Grande Moderação — momento em que prevaleceram a baixa inflação, a liquidez abundante e a avidez pelo risco —, as moedas periféricas viveram a ilusão de frequentar os salões da conversibilidade. A crise financeira nascida nas mansões dos pródigos abastados barrou a entrada dos intrusos e mostrou que os saraus das moedas conversíveis não admitem penetras.

Desde o won coreano, passando pelo real brasileiro até a rupia indonésia e o rublo da Rússia, as moedas mais débeis sucumbem ao vendaval de ordens de venda emitidas pelos possuidores de riqueza em busca de proteção e segurança. Mal iniciada a desalavancagem nos mercados centrais, os investidores decidiram formar posições baixistas nos elos fracos dos mercados globalizados, independentemente dos "fundamentos" que supostamente sustentavam o garboso desempenho das moedas apreciadas. Com estas, capitularam as Bolsas de Valores e, em alguns casos, os mercados imobiliários excessivamente valorizados. Os *hedge funds* que operam nos países que dispõem de mercados futuros de câmbio passaram a liquidar suas posições e sair com a grana.

A crise acentua o caráter assimétrico dos ajustamentos dos balanços de pagamentos entre países de moeda forte e aqueles de moeda fraca. Ao contrário do que sustentam alguns analistas, os realinhamentos mencionados das taxas de câmbio não contribuem para reverter os desequilíbrios globais: o déficit americano não se reduz ou se contrai muito lentamente diante da valorização do dólar. Em compensação, a fuga dos ativos e das moedas de maior risco em direção aos títulos de qualidade permite a queda dos rendimentos, abrindo espaço para o endividamento público e, portanto, para políticas anticíclicas mais agressivas. A crise financeira reforça a supremacia do dólar e amplia o poder de *seigniorage* da moeda americana. Em contrapartida, a pressão externa sobre as economias emergentes torna mais difícil a execução de políticas fiscais e monetárias anticíclicas.

Em um ambiente recessivo, a elevação dos juros para defender a moeda é um tiro no pé: deprime ainda mais a capitalização dos ativos mobiliários, afeta o serviço da dívida pública, atinge a saúde financeira das empresas machucadas pelo faturamento minguante e, *last but not least*, aumenta a prudência dos bancos.

Bretton Woods II, ou coisa assemelhada, não vai enfrentar conturbações geradas pela decadência americana. Vai, sim, acertar contas com os desafios engendrados pelo dinamismo da globalização, impulsionada pela grande empresa e ancorada na generosidade da finança privada dos EUA. O processo de integração produtiva e financeira das últimas duas décadas deixou como legado o endividamento sem precedentes das famílias consumistas americanas, causa e efeito da migração da indústria manufatureira para a Ásia produtivista e da acumulação de mais de US$ 5 trilhões de reservas nos cofres dos emergentes.

Em 2006, o déficit em transações correntes dos EUA bateu na casa dos US$ 800 bilhões. Qualquer outro país com um "buraco" externo dessa magnitude teria sofrido um ataque contra sua moeda. Se não parece estar à vista uma derrocada do dólar, é imprudente sustentar que o regime dólar-iuane possa reproduzir suas virtualidades depois de sanada a fase aguda da crise global.

As divergências movem-se em torno das razões dos déficits e superávits crônicos: de um lado, os partidários dos desequilíbrios entre poupança e investimento; de outro, a turma dos preços relativos, isto é, os que acusam os parceiros superavitários de manipular a taxa de câmbio. Sem menosprezar a importância do regime de câmbio administrado dos fanáticos exportadores do Oriente, o primeiro grupo reparte a responsabilidade pelos desequilíbrios globais entre dois vícios: a prodigalidade dos americanos, que poupam menos do que investem, e a sovinice dos superavitários (sobretudo, os asiáticos; não só a China, mas também o Japão e outros menos votados), que investem menos do que poupam. O segundo grupo sublinha a importância das estratégias de crescimento dos superavitários, impulsionadas pela expansão das exportações e ancoradas na manipulação do câmbio.

Bernard Ber, consultor de investimentos, publicou no blogue *Prudent Bear* um artigo interessante, intitulado "Crédito é a chave para a economia de hoje". O autor constrói um organograma das relações entre os protagonistas dos processos de desequilíbrio geral da economia globalizada. Introduzi algumas modificações no modelo original.

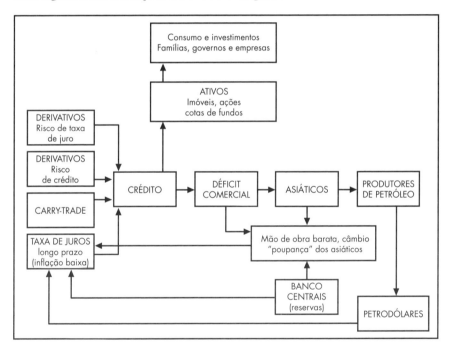

Uma demonstração prática das relações entre hegemonia do dólar, expansão de crédito, valorização de ativos, inovações financeiras, crescimento econômico e inflação baixa nos EUA e na Ásia emergente. O consultor Ber coloca em relevo os elementos que, ao mesmo tempo, movem a expansão global e incitam os desequilíbrios. No centro, estão a demanda e a oferta de crédito, ou seja, a alavancagem das famílias e das empresas produtivas que gastam em consumo e investimento.

Os americanos gastam para adquirir produtos finais e bens intermediários baratos fabricados por empresas localizadas no exterior — muitas americanas —, que buscam competir na arena global com a ajuda do cambio desvalorizado e da oferta de mão de obra barata dos produtivistas da Ásia.

Os capitais especulativos apostam na valorização de iuane e tentam furar os controles impostos pelas autoridades chinesas. Mas seus efeitos monetários — juntamente com os saldos acumulados em conta-corrente — são esterilizados mediante a emissão de títulos do Tesouro ou do Banco Central da China, justamente para impedir a valorização da moeda chinesa.

A força do crédito e do dispêndio privado e público nos EUA (os elementos ativos do macrossistema global) tem como contrapartida as posições superavitárias em conta-corrente e na conta de capitais, bem como as reservas acumuladas nos emergentes. Esta é a "poupança" (o elemento passivo) que financia o déficit externo americano.

Diante das assimetrias estruturais da economia global, a almejada correção de desequilíbrios mediante realinhamento entre as moedas é problemática. A dita correção passa necessariamente por uma redistribuição de déficits e superávits entre as regiões envolvidas. Isto exigiria não só a forte reativação das fontes de crescimento domésticas na Europa e no Japão, como também a moderação das estratégias mercantilistas nos emergentes asiáticos. Mas, como Keynes havia previsto em seus escritos preparatórios da reunião de Bretton Woods, tal coordenação de políticas supõe um verdadeiro sistema monetário internacional ou um sistema monetário verdadeiramente internacional.

Mesmo depois da queda do *subprime*, não vai ser fácil convencer os americanos a partilhar os benefícios implícitos na gestão da moeda reserva. Até agora, as soluções que vêm sendo aventadas para a prevenção das crises financeiras nos mercados "securitizados" têm procurado evitar a adoção de medidas capazes de estabilizar as taxas de câmbio e prover financiamento adequado para os desequilíbrios dos balanços de pagamentos. Esse tem sido o tom dos governos e das instituições multilaterais. Tal leniência aplica-se tanto à re-regulamentação dos sistemas financeiros domésticos, quanto ao controle dos movimentos de capitais.

CAPÍTULO 17

ERA UMA VEZ NO OESTE: O NEOLIBERALISMO E A CAPTURA DO ESTADO[1]

Na assim chamada "era dourada" — entre o fim da Segunda Guerra Mundial e o início dos anos 70 do século passado — conviveram em harmonia o crescimento rápido, a baixa inflação, reduzidas taxas de desemprego, aumento dos salários reais e integração das massas aos padrões modernos de consumo e convivência.

Na década de 70, o jogo virou. Entrou em campo a funesta combinação entre inflação e baixo crescimento. O bloco ideológico que se opunha às políticas "intervencionistas" e ao Estado do Bem-Estar tratou de atribuir o desarranjo à decrepitude das políticas e das práticas que buscavam controlar a instabilidade do capitalismo e impedir que o destino dos cidadãos ficasse à mercê das incertezas do mercado. Depois de 30 anos de desempenho brilhante, as economias capitalistas emitiam sinais de fadiga estrutural. A *Golden Age* agonizava.

No limiar dos anos 80, a eleição de Margaret Thatcher no Reino Unido e Ronald Reagan nos Estados Unidos refletiu o desconforto das classes abastadas e médias com a estagflação. As cargas tributárias elevadas, o excesso de regulamentação e o poder dos sindicatos eram, sem dúvida, os responsáveis pelo mau desempenho das economias.

A famosa curva de Laffer garantia que a sobrecarga de impostos sufocava os mais ricos e desestimulava a poupança, o que comprometia o

---

[1]. Publicado originalmente em: *Carta Capital*, maio-jun. 2009 (www.cartacapital.com.br/app/coluna.jsp?a=2&a2=5&i=4170).

investimento e, portanto, reduzia a oferta de empregos e a renda dos mais pobres. As práticas neocorporativistas, diziam os ideólogos do neoliberalismo, criavam sérias deformações "microeconômicas", ao promover, deliberadamente, intervenções no sistema de preços — nas taxas de câmbio, nos juros e nas tarifas.

Com o objetivo de induzir a expansão de setores escolhidos ou de proteger segmentos empresariais ameaçados pela concorrência, os governos distorciam o sistema de preços e, assim, bloqueavam os mercados em sua nobre e insubstituível função de produzir informações para os agentes econômicos. Tal violação das regras de ouro dos mercados competitivos culminava na disseminação da ineficiência e na multiplicação dos grupos "predadores de renda", que se encastelavam nos espaços criados pela prodigalidade financeira do Estado.

Ainda nos anos 50, tempo de esplendor e glória das políticas keynesianas e do Estado de Bem-Estar, o libertarianismo de Friedrich Hayek e o monetarismo de Milton Friedman formaram a comissão de frente da ofensiva contra "os inimigos da liberdade econômica". Para Hayek, o mercado é um processo de troca e de acumulação de informações, não um ambiente estático dotado de forças que o reconduzem ao equilíbrio. As intervenções do Estado são nefastas, pois só o processo de mercado torna possível a inovação nos métodos de produção e de organização, a partir do continuado fluxo de informações que surge da interação entre os indivíduos livres.

O importante nessa concepção é a ênfase na capacidade do mercado livre de empecilhos de mobilizar e fluidificar os recursos individuais. O corpo de propostas "reformistas" rotuladas de neoliberais está, portanto, comprometido com a ideia de que é preciso liberar as forças criativas do mercado. A renovação do capitalismo, em gestação desde o crepúsculo da era keynesiana, tinha o propósito de abrir caminho para a preeminência das relações entre indivíduos livres, dispostos aos objetivos do ganho monetário. Esta é a sociedade dos neoliberais.

Mas, na verdade, as reformas liberalizantes, empreendidas desde o crepúsculo dos anos 70 do século passado, trataram de mobilizar os recursos políticos e financeiros dos Estados nacionais para fortalecer os respectivos sistemas empresariais envolvidos na concorrência global. O Estado não saiu da cena, apenas mudou de agenda. Em sua obra maior, *Civilização material e capitalismo*, o historiador Fernand Braudel escreveu: "O erro mais grave [dos economistas] é sustentar que o capitalismo é um sistema econômico (...) Não devemos nos enganar, o Estado e o Capital são companheiros inseparáveis, ontem como hoje".

Na esteira do apoio decisivo do Estado, as corporações globais passaram a adotar padrões de governança agressivamente competitivos. Entre outros procedimentos, as empresas subordinaram seu desempenho econômico à "criação de valor" na esfera financeira, repercutindo a ampliação dos poderes dos acionistas. Aliados aos administradores, agora remunerados com bônus generosos e comprometidos com o exercício de opções de compra das ações da empresa, os acionistas exercitaram um individualismo agressivo e exigiram surtos intensos e recorrentes de reengenharia administrativa, de flexibilização das relações de trabalho e de redução de custos.

As estratégias de localização da corporação globalizada introduziram importantes mutações nos padrões organizacionais: constituição de empresas rede, com centralização das funções de decisão e de inovação e terceirização das operações comerciais, industriais e de serviços em geral. A cartilha neoliberal pretendia nos ensinar que a globalização nasceu de uma espantosa revolução tecnológica capaz de aproximar o homem do momento em que vai se livrar da maldição do trabalho e gozar dos encantos da vida cosmopolita. A microeletrônica, a informática, a automação dos processos industriais, etc. prometem nos libertar das limitações impostas pelo espaço e pelo tempo. O indivíduo livre pode trabalhar em casa e se tornar, além de patrão de si mesmo, um partícipe da prosperidade universal. A globalização, associando tecnologia e transformação das formas de trabalho, estaria realizando essa maravilhosa promessa da modernidade.

Mas a realidade da globalização neoliberal foi outra. A individualização das relações trabalhistas promoveu a intensificação do ritmo de trabalho, conforme estudos recentes da Organização Internacional do Trabalho (OIT) e de outras instituições que lidam com o assunto. O trabalho intensificou-se, sobretudo, entre os que se tornaram independentes das relações formais, os que negociam diariamente a venda de sua capacidade de trabalho nos mercados livres.

Isso aconteceu no mesmo período em que as novas formas financeiras contribuíram para aumentar o poder das grandes corporações em suas relações com os empregados e terceirizados. As fusões e aquisições suscitaram maior controle dos mercados e promoveram campanhas contra os direitos sociais e econômicos, considerados um obstáculo à operação das leis de concorrência. A abertura dos mercados e o acirramento da concorrência coexistiram com a tendência ao monopólio e, assim, impediram que os cidadãos, no exercício da política democrática, exercitassem o direito de decidir sobre a própria vida.

Os neorreformistas, na realidade, cuidaram de transferir os riscos para os indivíduos dispersos, ao mesmo tempo em que buscaram o Estado e sua força coletiva para limitar as perdas provocadas pelos episódios de desvalorização da riqueza. A intensificação da concorrência entre as empresas no espaço global não só acelerou o processo de financeirização e concentração da riqueza e da renda, como submeteu os cidadãos às angústias da insegurança.

Os efeitos do acirramento da concorrência entre empresas e trabalhadores são inequívocos: foram revertidas as tendências à maior igualdade observadas no período que vai do final da Segunda Guerra Mundial até meados dos anos 70 — tanto no interior das classes sociais, quanto entre estas. Na era do capitalismo "turbinado" e financeirizado, os frutos do crescimento concentraram-se nas mãos dos detentores de carteiras de títulos que representam direitos à apropriação da renda e da riqueza. Para os demais, perduravam a ameaça do desemprego, a crescente insegurança e precariedade das novas ocupações, a exclusão social.

O projeto da autonomia do indivíduo está inscrito no pórtico da modernidade. Significa a sua autorrealização dentro das regras das liberdades republicanas e do respeito ao outro. Opõe-se à submissão aos poderes — públicos e privados — que o cidadão não controla. A disseminação das formas mais agressivas de concorrência encontrou, até agora, pouca resistência em seu incessante trabalho de reduzir os "conteúdos" da vida humana às relações dominadas pela expansão do valor de troca. Mas pode se tornar intolerável para os indivíduos — ou para a maioria deles — a sensação de que o seu cotidiano e seu destino são governados pelas tropas de uma "racionalização" sufocante, destruidora do projeto de uma vida boa e decente.

BIBLIOGRAFIA

AGLIETTA, M. *Macroéconomie financière*. Paris: Editions La Decouverte, 1995.
ALLIEZ, E. Os estilhaços do capital. In: ALLIEZ, E. *et al. Contratempo: ensaios sobre algumas metamorfoses do capital*. Rio de Janeiro: Forense-Universitária, 1988, p. 149-214.
AMSDEM, A. *Asia's Next Giant*. New York: Oxford University Press, 1989.
_____, A. Convergence, Technological Competition, and Transmission of Long-Run Unemployment. In: EATWELL, J. (Ed). *Global Unemployment: Loss of Jobs in the '90s*. New York: M. E. Sharpe, 1996, p. 41-58.
_____, A. East Asian Financial Markets: Why so much (and fairly effective) government intervention? In: AKYUZ, Y. & HELD, G. (Eds.). *Finance and the Real Economy: Issues and Case Studies in Developing Countries*. Santiago de Chile: ESCAP/UNCTAD/WIDER, 1993, p. 69-101.
BELLUZZO, L. G. M. Dinheiro e transfigurações da riqueza. In: TAVARES, M. C. & FIORI, J. L. *Poder e dinheiro*. Petrópolis: Vozes, 1997, p. 151-194.
_____. O declínio de Bretton Woods e a emergência dos mercados globalizados. *Economia e Sociedade*. Campinas, Instituto de Economia da Unicamp, v. 4, n° 1 (4), p. 11-20, jun. 1995. [Capítulo 2 deste volume].
_____, L. G. M. & ALMEIDA, J. S. G. Enriquecimento e produção. *Novos Estudos Cebrap*. São Paulo, Centro Brasileiro de Análise e Planejamento (Cebrap), n° 23, p. 120-127, mar. 1989.
BRAUDEL, F. *Afterthoughts on Material Civilization and Capitalism*. Baltimore: Johns Hopkins University, 1977.

BRAUDEL, F. *Civilisation materielle et capitalisme: XV-XVIIIe siècle*. Vol. II. Paris:Armand Colin, 1979.

CANUTO, O. *Brasil e Coreia do Sul: os (des)caminhos da industrialização tardia*. São Paulo: Nobel, 1994.

CHESNAIS, F. *La mondialization financière*. Paris: Syros, 1996.

CIOCCA, P. & NARDOZZI, G. *The High Price of Money*. Oxford: Clarendon Press, 1996.

COUTINHO, L. G. & BELLUZZO, L. G. M. Desenvolvimento e estabilização sob finanças globalizadas. *Economia e Sociedade*. Campinas, Instituto de Economia da Unicamp, v. 5, nº 2 (7), p. 129-154, dez. 1996.

EICHENGREEN, B. *Globalizing Capital*. Princeton: Princeton University Press, 1996.

GLYN, A. Stability, in egalitarianism and stagnation: an overview of the advanced capitalist countries in the 1980s. In: EPSTEIN, G.A. & GINTIS, H. M. (Eds.). *Macroeconomic Policy after the Conservative Era: Studies in Investment, Saving and Finance*. New York: Cambridge University Press, 1995, p. 18-54.

HENWOOD, D. Wall Street. London/New York: Verso, 1997.

HOBSON, J.A. *The Evolution of Modern Capitalism*. London: Allen & Unwin, 1965.

IMF. *World Financial Markets*. Washington, Dec. 1997

KALECKI, M. *Selected Essays on the Dynamics of the Capitalist Economy (1933-1970)*. Cambridge: Cambridge University Press, 1971.

KEYNES, John Maynard. *Complete Works*. David Moggridge, editor. Vol. V. London: Macmillan, 1988.

_____. J. M. *Collected Writings*. Vol. XIX. David Moggridge (Ed.). London: Macmillan, 1979.

_____. J. M. *Teoría General de la Ocupación, el Interés y el Dinero*. México: Fondo de Cultura Económica, 1971.

KRUGMAN, P. *Japan: still trapped*. Nov. 1998. Disponível em: web.mit.edu/krugman/www/japtrap2.htlm).

MARX, K. *El Capital*. 3 vols. México: Fondo de Cultura Económica, 1966.

_____. K. *Elementos fundamentales de la crítica de la economía política*. México: Siglo Veinteuno, 1971.

MEDEIROS, C.A. Globalização e a inserção internacional diferenciada da Ásia e da América Latina. In: TAVARES, M. C. & FIORI, J. L. (Orgs.). *Poder e dinheiro: uma economia política da globalização*. Petrópolis: Vozes, 1997, p. 279-346.

MELIN, L. E. O enquadramento do iene: a trajetória do câmbio japonês desde 1971. In: TAVARES, M. C. & FIORI, J. L. (Orgs.). *Poder e dinheiro: uma economia política da globalização*. Petrópolis: Vozes, 1997, p. 27-54.

MINSKY, H. *John Maynard Keynes*. New York: Columbia University Press, 1995.

_____. H. *Stabilizing the Unstable Economy*. New Haven: Yale University Press, 1986.

MORISHIMA, M. *Why Has Japan "Succeeded"?* New York: Cambridge University Press, 1982.

PADOAN, P. C. *The Political Economy of International Financial Instability*. London: C. Helm, 1986.

POLANYI, K. *A grande transformação*. Rio de Janeiro: Campus, 1980.

SIKORSKI, T. M. *Financial Liberalization in Developing Countries*. Cheltenham: Edgar Elgar, 1996.

SINGH, A. Acertando o passo com o Ocidente: uma perspectiva sobre o desenvolvimento econômico asiático. *Economia e Sociedade*. Campinas, Instituto de Economia da Unicamp, v. 6, nº 1 (8), p. 1-49, jun. 1997.

TAVARES, M. C. & BELLUZZO, L. G. M. Uma reflexão sobre a natureza da inflação contemporânea. In: REGO, J. M., org. *Inflação inercial, teorias sobre inflação e o Plano Cruzado*. Rio de Janeiro: Paz e Terra, 1986, p. 47-71.

TORRES FILHO, E. A crise da economia japonesa nos anos 90 e a retomada da hegemonia americana. In: TAVARES, M. C. & FIORI, J. L. (Orgs.). *Poder e dinheiro: uma economia política da globalização*. Petrópolis: Vozes, 1997, p. 383-411.

TRIFFIN, R & LAWRENCE, R, *International Monetary System*. Colliers Encyclopedia, 1996.

Formato: 16 x 23 cm
Mancha: 11,6 x 18 cm
Tipologia: ITC Garamond
Papel: Chamois Fine 80g/m² (miolo)
Couchê fosco 130g/m² (capa)
Impresso pela Gráfica Prol